Werner Walther-Alispach

**Das Seidenband als Lebensband –
48 Jahre in der Bandweberei**

Quellen und Forschungen zu Geschichte und Landeskunde
des Kantons Basel-Landschaft, Band 74

Das Seidenband als Lebensband – 48 Jahre in der Bandweberei

Die Entwicklung der Bandweberei von der Landposamenterei zum Fabrikbetrieb

Aufzeichnungen von Werner Walther-Alispach

27. 11. 2000

2000

VERLAG
des Kantons Basel-Landschaft

Kommission «Quellen und Forschungen»:
Dr. Hans Utz, Ettingen, Präsident
Dr. Elsi Etter, Itingen
lic. phil. Doris Huggel, Pfeffingen
Dr. Matthias Manz, Sissach
lic. phil. Pascale Meyer, Basel
Dr. Kaspar Rüdisühli, Binningen
Fritz Sutter, Pratteln
lic. phil. Dominik Wunderlin, Basel
Max Zoller, Schönenbuch

Redaktion:
lic. phil. Doris Huggel
lic. phil. Pascale Meyer, Basel
Dr. Hans Utz, Ettingen

Layout: Albert Gomm SGD, Atelier für Buchgestaltung, Basel
Satz und Druck: Lüdin AG, Liestal
Bindearbeiten: Schumacher AG, Schmitten

 *LOTTERIEFONDS BASEL-LANDSCHAFT* Diese Publikation wurde mit Mitteln aus dem Lotteriefonds ermöglicht

ISSN 0480-9971
ISBN 3-85673-267-5

Inhaltsverzeichnis

Vorwort

Am 27. August 1987 konnte ich meinen 65. Geburtstag feiern und mich am letzten Arbeitstag bei der Firma Senn & Co. AG auf meine Pensionierung freuen. Ich gönnte mir dann zwei Wochen Ferien und begann Mitte September mit meiner textiltechnischen Beratungsaufgabe beim Kantonsmuseum Baselland in Liestal.

Herr Dr. Jürg Ewald, Vorsteher des Amtes für Museen und Archäologie des Kantons Basel-Landschaft, wünschte – zu Beginn meiner Tätigkeit als freier Mitarbeiter in seinem Amt – dass ich zu der grossen Seidenband-Sammlung der ehemaligen Firma Seiler & Co. AG noch etwas Persönliches über die Seidenband-Industrie beitragen sollte. Zu den wunderschönen Seidenbändern dieser riesigen Sammlung, die seit 1974 im Besitz des Kantons Basel-Landschaft ist, wollte man auch etwas Erlebtes von einem langjährigen Mitarbeiter aus dieser alten Basler-Industrie aufgeschrieben bekommen. Mir leuchtete dieser Wunsch ein, obschon es nicht leicht werden sollte – neben meinen andern Aufgaben fürs Museum – in der Zwischenzeit immer wieder über meine Erinnerungen zu schreiben.

Zum Glück hatte ich gleich zu Beginn meiner Tätigkeit als Betriebsleiter bei der Firma Senn & Co. AG in Ziefen ein Dossier «Historisches» angelegt. Aus dieser grossen Fülle von betrieblichen Aufzeichnungen und wichtigen Ereignissen konnte ich das Leitbild für meine Memoiren zusammenstellen. Damit konnte ich den ganzen Ablauf meiner Lebensgeschichte – trotz längeren Unterbrechungen – immer wieder korrekt weiterführen. So dauerte es dann zwölf Jahre, bis ich den ganzen Stoff beisammen hatte.

Es bereitet mir Freude und Genugtuung, wenn ich mit meinen Memoiren den Lesern und Leserinnen in der Region Basel die einstmals berühmte Basler Seidenband-Industrie wieder in Erinnerung bringen kann. Die ältere Generation mag sich bestimmt noch an ähnliche Erlebnisse und Aussagen ihrer Verwandten in Basel oder im Baselbiet erinnern. Und von der jüngeren Generation erhoffe ich eine gewisse Hochachtung für die kunstvolle Arbeit der Seidenband-Industrie während Jahrhunderten. Mit der grossen Seidenband-Sammlung besitzt der Kanton Basel-Landschaft ein Kulturgut von unermesslichem Wert. Ich hoffe, dass die nachfolgenden Generationen Sorge dazu tragen werden.

Bubendorf, 10. Oktober 2000   Werner Walther

Meine Jugendzeit

Am Sonntag, 27. August 1922, kam ich in Dornach zur Welt. Mein Vater Werner Walther stammte aus einer kinderreichen Lehrerfamilie aus dem Bernbiet. Es war die grosse Familie mit fünfzehn Kindern, die den Grossvater Rudolf Walther damals bewog, seinen Lehrerberuf im Kanton Bern aufzugeben und die besser bezahlte Bürostelle in der Firma Metallwerke AG Dornach anzunehmen. Seine Familie konnte dann eine grosse Geschäftswohnung in Neu-Aesch belegen. Mein Vater arbeitete als junger Mann zuerst auch im Betrieb der Metallwerke AG Dornach. Nach seiner Heirat im Jahr 1921 mit Margrit Bloch aus Dornach konnte er dann als Trambilleteur bei der Birseckbahn eine gesicherte Arbeitsstelle finden. Dort arbeitete er bis zu seiner Pensionierung im Jahr 1962.

Wir wohnten in Dornach, wo ich auch bis zur 5. Klasse zur Schule ging. Im Jahr 1933 starb leider meine liebe Mutter an Tuberkulose. Das veranlasste meinen Vater, mit meiner fünfjährigen Schwester Rösli und mir zu den Grosseltern Walther nach Neu-Aesch zu ziehen. Meine Grosseltern und die noch ledigen Onkel und Tanten nahmen uns mit Liebe und viel Verständnis auf. Da mein Vater – wegen des unregelmässigen Dienstes bei der Birseckbahn – nicht viel Zeit für uns Kinder übrig hatte, erfuhren wir eine grosse Fürsorge durch Onkel Eugen, Onkel Paul und Tante Erika. Sie achteten auch sehr darauf, dass ich meine Schulaufgaben richtig machte und das nötige Vertrauen zu ihnen bekam. In Dornach gehörte ich zu den mittelmässigen Schülern; in der neuen Schule in Aesch schon nach einem Jahr zu den Klassenbesten.

Der Lebensabschnitt in Neu-Aesch war für uns Kinder eine herrliche Zeit. Neben dem normalen Tagesablauf erlebten wir immer wieder lustige Sachen mit den Grosseltern, Onkeln und Tanten. Bei einer so grossen Familie gab es kaum einen Tag ohne Besuch. Und wenn Onkel Ruedi aus Belgien oder einer der Söhne von Tante Martha aus Küsnacht am Zürichsee bei uns in den Ferien weilten, dann ging es besonders lustig und unterhaltsam zu.

Grossvater Walther war ein origineller Mann mit einem vielseitigen Fachwissen. Die Imkerei war sein grosses Hobby, das er sehr liebte und pflegte. Er war ein geschätzter Experte auf diesem Gebiet und wurde von anderen Imkern immer wieder um Rat gefragt. Daneben hatte er auch viel Sinn für Musik und Gesang. Beides wurde in der Familie Walther mit grosser Hingabe ausgeübt und gepflegt. Grossvater war der gute und strenge Lehrer dazu. Im Alter, als es ihm gesundheitlich

Jugendfoto im Atelier eines Fotografen in der damals typischen Matrosenuniform.

nicht mehr so gut ging, sassen meistens viele Kinder von Neu-Aesch um ihn herum und hörten sich andächtig seine Märchenerzählungen an. Er war ein wahrer Meister im Erzählen. Der gute Grossvater musste immer wieder neue Märchen erfinden, um uns Kinder zufriedenstellen zu können.

Grossmutter Walther wurde von allen Leuten als die gütige Mutter von Neu-Aesch angesehen. Als tüchtige Bauerntochter, die sich stark mit der Natur verbunden fühlte, besass sie grosse Kenntnisse und eine reiche Erfahrung im Umgang mit Naturheilmitteln. Es war deshalb nicht verwunderlich, dass die meisten Leute in Neu-Aesch, bei Krankheiten in der Familie, immer zuerst ein Hausmittel von Mutter Walther ausprobierten, bevor sie einen Arzt aufsuchten oder herbeiriefen. Meistens halfen Grossmutters Hausmittel, so dass sich die Leute die teuren Arztkosten sparen konnten. Sie besass auch einen grossen Hof mit vielen Hühnern und einigen weissen Gänsen. Die vielen Eier von diesen Tieren waren ein willkommenes Nahrungsmittel für die grosse Familie; ab und zu ein Huhn im Topf wurde auch nicht verachtet. An Ostern bekam jedes Grosskind von der Grossmutter ein prächtiges Gänseei und mehrere Hühnereier geschenkt. Zuvor hatten die Onkeln und Tanten die vielen Hühner- und

Zusammen mit Mitpatienten 1933 im Lungensanatorium
Langenbruck (mittlere Reihe, erster von links), wo ich
zusammen mit der Mutter eine Tuberkulose ausheilte. Meine
Mutter verstarb in diesem Sanatorium. Als sie wieder einmal
die Schallplatte «Näher mein Gott zu dir…» abspielten,
wusste ich genau: Jetzt ist meine Mutter gestorben.

Gänseeier mit verschiedenen Pflanzenblättern umwickelt und dann in
einem Sud mit Zwiebelschalen braun gefärbt. Nach dem Ablösen der
Fäden und Blätter kamen die weiss gebliebenen Abdeckstellen auf den
Eiern zum Vorschein. Es waren zum Teil sehr schöne Blattmotive, welche
die braunen Eier zierten. Die Eier wurden am Schluss noch mit einer
Speckschwarte abgerieben und bekamen dadurch einen prächtigen Glanz.
Für uns Kinder waren die Ostereier aus Grossmutters Farbküche immer
die schönsten und besten.
Mein Vater heiratete in zweiter Ehe die Bauerntochter Anna Rychen
aus der Neuewelt in Münchenstein. Wir wohnten zunächst in einer
Wohnung einer Familie Stettler und nach zirka zwei Jahren in einem
eigenen Haus an der Tannenstrasse. In der Sekundarschule in Arlesheim gab ich mir wiederum grosse Mühe und zählte auch dort schon

bald zu den Klassenbesten. Meine Lehrer fanden, dass ich mit meiner guten Schulbegabung unbedingt in ein Gymnasium in Basel eintreten sollte. Durch ihre Veranlassung war es möglich, dass ich im neuen Schuljahr ohne vorherige Aufnahmeprüfung ins Realgymnasium in Basel übertreten konnte.

Während meiner dreijährigen Gymnasialzeit in Basel wohnte ich zwei Jahre bei meinen neuen Grosseltern Rychen auf dem Bauernhof in der Neuewelt (Gemeinde Münchenstein). Diese zwei Jahre gehörten zu den schönsten in meiner Jugendzeit. Auf dem Bauernhof gab es viel zu erleben; gleichzeitig lernte ich auch nützliche Dinge im Alltag und half in der Freizeit tüchtig mit. Zu meinen täglichen Pflichten gehörte beispielsweise das Ausführen von Kundenmilch auf einem gut gefederten Handwagen. Es waren etwa zwölf Kunden, die ich im Gebiet der Neuewelt zu bedienen hatte. Die Grosseltern Rychen betrieben neben der Landwirtschaft noch eine Sand- und Kiesgrube in Muttenz. An schulfreien Nachmittagen musste ich öfters die eingegangenen Kiesbestellungen in die Grube bringen. Mit dem Velo war dies eine Angelegenheit von einer knappen halben Stunde. Das Überbringen der Bestellungen war deshalb nötig, weil die Arbeiter in der Grube meistens den Telefonanruf nicht hörten, wenn die Steinbruchanlage lief. Jeden Herbst schlachtete man bei den Grosseltern Rychen zwei Schweine. Die Schlachtung führte immer Onkel Daniel aus, der ebenfalls Bauer war und dieses Handwerk exzellent beherrschte. Auch dann musste ich tatkräftig mithelfen und anderntags die willkommene «Metzgete» den besten Kunden bringen. Dabei konnte ich mein Sackgeld ordentlich aufbessern. Ich durfte mich zwar nie beklagen, denn die liebe Großmutter gab mir manchen Franken so nebenbei, wenn ich meine Schul- oder Hofarbeiten sauber und speditiv gemacht hatte.

Von dieser prächtigen Zeit auf dem Bauernhof gäbe es noch viel zu erzählen, auch von der eindrücklichen Zeit bei der Pfadfinderei. Dort hatte ich ausgezeichnete Führer, die mir viele Sachen beibrachten, welche ich im späteren Berufsleben und im Militär gut anwenden konnte.

Heute kann ich dankbar sein, dass es mir gegönnt war, einen kurzen Abschnitt meiner schönen Jugendzeit bei den Grosseltern in Neu-Aesch und in der Neuewelt verbringen zu können. Alle meine Verwandten waren nett zu mir und trugen viel dazu bei, dass ich den Verlust meiner geliebten Mutter gut überwinden konnte. Ich durfte mich auch auf dem Bauernhof in der Neuenwelt als willkommenes Grosskind fühlen, obwohl ich eigentlich ein Stiefgrosskind war.

Meine Schulzeit im Realgymnasium verlief nicht so perfekt, wie wir es uns vorgestellt hatten. Meine Lehrer in Arlesheim hätten mich eigentlich ins Mathematisch-Naturwissenschaftliche Gymnasium schicken müssen, wo doch meine Stärke bei den mathematischen Fächern lag. Ich musste fürs Realgymnasium mit Privatstunden in einem halben Jahr zwei Jahre Latein nachbüffeln. Da ich in der Naturkunde sehr gut Käfer, Frösche und Mäuse sezierte, wäre ich vielleicht ein guter Chirurg geworden. Und für einen solchen Beruf brauchte man unbedingt Latein. Als gebürtiger Berner hätte ich damals in Bern studieren müssen, und das wäre für unsere Familie finanziell nicht tragbar gewesen. Und weil mir das Latein aus begreiflichen Gründen viel Mühe machte, habe ich dann das Gymnasium aufgegeben.

Der akademische Berufsberater, Herr Dr. Meyer, vermittelte mir dann eine Lehrstelle bei der Firma Senn & Co. AG in Basel.[1] In dieser alten Seidenbandweberei lernte ich den Beruf eines Fergers (Bandwebereidisponenten), bei dem ich statt Käfer und Mäuse nun alle möglichen Seidenbänder zu zerlegen hatte. Das ist der Beruf des technischen Angestellten, der alle Sparten der Bandweberei kennen und beherrschen muss.

Zwischen meinem Austritt aus dem Realgymnasium und dem Beginn meiner Fergerlehre hatte ich öfters Wunsch- und Angstträume. Es begann für mich doch ein neuer Lebensabschnitt mit grossen Unbekannten. Welche Leute werde ich dort antreffen? Sind sie gut und verständnisvoll zu mir oder werde ich von ihnen schikaniert? In der Schule hatte ich mich an die verschiedenen Lehrer gewöhnt, die meistens gut zu mir waren und meine Leistung mit Noten bewerteten. Wie wird das wohl in einem Fabrikationsbetrieb mit Leuten verschiedener Rangstufen sein?

Herr Rudolf Senn hatte mir geraten, stets freundlich und dienstbereit zu sein, und alles Neue und Interessante zu verfolgen und in ein Handbuch zu schreiben. Diesen Rat habe ich die ganzen Dienstjahre hindurch befolgt und bin damit gut gefahren. Die Geschäftsherren Rudolf und Wilhelm Senn kannte ich ja schon von meiner Bewerbung her. Ich war damals sehr beeindruckt von ihnen, aber noch mehr vom schönen Empfangszimmer mit der Seidentapete, dem prächtigen Kachelofen, den schönen Stilmöbeln und den wertvollen Ahnenbildern. Überhaupt machte damals das historische Gebäude des Erlacherhofes einen grossen Eindruck auf mich. Eine Firma, die 1725 gegründet worden war und eine so bewegte Geschichte hinter sich hatte, musste ja solid und in jeder Hinsicht gesund sein. Das war auch der Beweggrund, der mir den nötigen Mut gab, dort einen neuen Lebensabschnitt zu beginnen.

---

1 Zur Firma siehe die unpublizierte Oberlehrarbeit von Marco Buscher: Der Niedergang der Basler Seidenbandindustrie und die Bewältigung der Krise am Beispiel der Bandfabrik Senn & Co. AG in Basel 1920–1939, Basel 1983, und die unpublizierte Facharbeit von Claudius Buser und Regula Hänggi: Die Heimposamenterei im Baselbiet und das Weben in der Schule. Reinach 1985

Die Basler Belegschaft im Jahr 1948 anlässlich des
50. Geschäftsjubiläums von Direktor Ernst Thommen.

So hatte ich mich dann am 17. April 1939 morgens um 08.00 Uhr im
Anmelderaum von Senn & Co. AG eingefunden und dort eine sehr hüb-
sche und attraktive junge Frau getroffen. Es war Frl. Margrit Meyer, die
zur gleichen Zeit ihre Bürolehre begann. Für mich bedeutete das ein
gutes Omen, denn ich war nun nicht allein. Nach einer kurzen Begrüssung führte uns Herr Rudolf Senn durchs ganze Geschäft und stellte uns
allen wichtigen Angestellten vor. Die Blicke ruhten natürlich mehr auf
der bildhübschen Margrit Meyer als auf mir. Von den netten Angestellten
bekamen wir freundliche und aufmunternde Worte, die Mürrischen
gaben uns schon gleich zu erkennen, welche Wertschätzung sie einem
Lehrling entgegenbrachten. Es gab während meiner dreijährigen Lehre
viele Sachen, die mir nicht gefielen und deren Zweck ich nicht verstehen
konnte. Bei Herrn Hafenbrack musste ich als Lehrling für Notizen altes
Papier aus dem Papierkorb nehmen, während er zum gleichen Zweck
sehr schönes, neues Papier verwendete. Mich dadurch zum Sparen zu
erziehen, war schon recht, nur hätte er das gleiche auch tun müssen. Oder
wenn Herr Epting seine schlechte Laune hatte, konnte man von ihm keine

1: Elisabeth Kuhn, 2: eine Sekretärin von Wilhelm Senn, 3: eine Sekretärin von Henry Piguet, 4: Ernst Thommen, 5: Margrit Meyer, 6: Trudy Liedvogel, 7: Theophil Jecker, 8: August Koller, 9: Peter Senn, 10: Eduard Freivogel, 11: Henry Piguet, 12: Gustav Senn 13: Trudy Gygax, 14: August Suter, 15: Robert Hauck, 16: Rudolf Senn, 17: Klärli Haerri, 18: Walter Gehrig 19: Wilhelm Senn, 20: Charlotte Schaer, 21: Martin Jenny, 22: Ernst Epting, 23: Leo Brunner, 24: René Linder, 25: Werner Knoepfli (der die Personen identifizierte).

neuen Ressortfederli* erhalten. Ich hätte sie mit seiner Erlaubnis ja selbst aus dem Materialkasten nehmen können, der in seinem Büro stand. Aber nein, als Prokurist jagte er mich dann einfach weg, so dass Meister Schwander oder ich in zeitraubender Arbeit die alten Ressorts* präparieren mussten, um doch noch brauchbare Bandmuster erreichen zu können. Bei Herrn Koller, dem Magazin- und späteren Farbstubenchef, war es noch schlimmer. Er brüllte seine Leute immer an und glaubte dadurch mehr Respekt und einen besseren Arbeitseinsatz zu erzielen. Dabei gab es immer wieder Missverständnisse und Fehler, nur weil die Untergebenen ihn nicht zu fragen wagten.
Im grossen Ganzen hatte ich aber eine schöne Lehrzeit mit viel Abwechslung und bestimmten Freiheiten. Mit offenen Augen und einem guten Ein-

Links der Judenhof und
rechts der Erlacherhof an
der St. Johann-Vorstadt im
St. Johannquartier von Basel:
der Geschäftssitz der Firma
Senn seit 1817.
Der Erlacherhof wurde im
15. Jahrhundert erbaut und
1786 im klassischen Stil
renoviert.

satz konnte man bei der Firma Senn & Co. AG ein selbstständiger und
geschätzter Mitarbeiter werden. Ich hatte mir fest vorgenommen, durch ein
persönliches, gutes Beispiel meinen Kollegen ein Vorbild zu sein. Dadurch
gab es weniger Friktionen, und das Arbeitsklima konnte erst noch verbessert werden.
In der Gewerbeschule und im textilfachlichen Unterricht bei Herrn
Kirchhofer, der technischer Angestellter und Visiteur bei der Konkurrenzfirma Thurneysen & Co. AG war, kam ich einigermassen zurecht.
Ich hatte mit Herrn Kirchhofer im zweiten Lehrjahr einen grossen Streit
wegen der Abwerbung eines Posamenters. Er hatte uns in Lauwil einen
Posamenter abgeworben, und ich revanchierte mich mit der Abwerbung
von zwei Posamentern in Titterten. Von diesem Moment an entstand ein
sehr gespanntes Verhältnis zwischen uns, und ich bekam es auch im
Unterricht immer wieder zu spüren. Die webtechnische Lehrabschlussprüfung sollte ich bei ihm absolvieren, weil es angeblich keinen anderen
Prüfungsexperten gab. Durch mein Aufbegehren bei unserer Direktion
wurde dann die gegenseitige Vereinbarung getroffen, dass während der

Der Innenhof des Erlacher-
hofs. Der Turm mit der
Wendeltreppe stammt aus
dem 15. Jahrhundert, die
beiden Seitenflügel wurden
vermutlich im 16. Jahrhundert angebaut.

ganzen Prüfungszeit ein neutraler Beobachter dabei sein musste. Herr
Kirchhofer gab sich dann von der besten Seite und prüfte mich in der
Maschinenkunde und bei praktischen Arbeiten an den Maschinen gar
nicht. Er wusste genau, dass ich diese Sparten der Bandweberei besser
beherrschte als er. So konnte ich meine Prüfung 1942 einen halben Tag
früher beenden und diese erst noch mit Auszeichnung bestehen. Die
Direktion war natürlich hoch erfreut darüber, und auch die mürrischen
Abteilungsmeister waren nachher etwas freundlicher zu mir.
Während der Lehre mussten wir Lehrlinge auch öfters Arbeiten verrichten, die nicht zum Lehrprogramm gehörten. Ich denke da an das Abbrechen und Einlagern von Webstühlen oder das Räumen und Umlagern
von Webstuhlmagazinen. Werner Knoepfli, Hans Schmid und ich mussten da als Lehrlinge schon kräftig zupacken, und manche dieser Arbeiten
dauerten doch einige Tage. Aber der Kontakt mit den humorvollen Hel-
fern Karl Hirner, Christian Dieter und Eduard Gisin tat uns allen immer
wieder gut. Es waren anstrengende, aber auch lustige Tage, die wir richtig genossen und die mir auch in guter Erinnerung geblieben sind. Chris-

Im Erlacherhof: der Empfangsraum mit den in der Fabrik in
Ziefen hergestellten Seidentapeten. Das Zimmer war 1786 vom
damaligen Hauseigentümer, dem berühmten Kupferstecher
und Kunsthändler Christian von Mechel, eingerichtet worden.

tian Dieter mit seinem schmackhaften Käse- und Rettichsalat zum Znüni
oder Zvieri und Karl Hirner mit seinen prägnanten Sprüchen und Witzen
konnten uns immer wieder «gluschtig» machen und erheitern. Bei solchen gemeinsamen Arbeiten kamen wir uns als Lehrlinge und Arbeitska-
meraden etwas näher. Wir drei Jungen arbeiteten ja selten in der gleichen
Abteilung und sahen uns deshalb meistens nur sehr flüchtig. Wenn aber
einer von uns einen groben Fehler machte oder sonst einen Ulk zum
besten gab, dann war das schnell in aller Munde. Beim nächsten Firmen-
fest wurde dann diese Sache nochmals im Schnitzelbank hervorgehoben
und verewigt. Vor allem unser Fergstubenchef Eduard Freivogel (genannt
Schorsch) hatte eine grosse Freude, wenn lustige Sachen passierten. Er
war ein lieber und tüchtiger Lehrmeister und uns Lehrlingen gegenüber
ein kameradschaftlicher Chef. Er wollte, dass wir unsere Arbeit fleissig
und sauber erledigten; daneben drückte er aber auch ein Auge zu, wenn

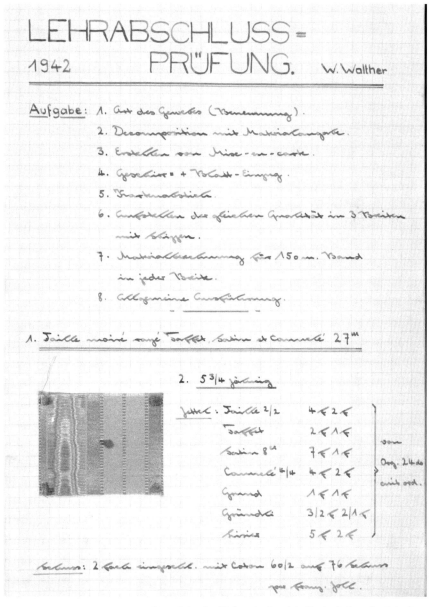

Erste Seite des Heftes, in dem ich die Aufgaben der Lehrabschlussprüfung löste. Es ging darum, das links unten ein-
geklebte Seidenbandmuster zu analysieren und die Arbeits-
vorbereitungen dafür zu treffen (Foto M. Ecklin, Kantonsmuseum Liestal).

Direktor Ernst Thommen an seinem
50. Geschäftsjubiläum. Er erfand das
Schrägband (Fillawant, aus dem Englischen
"fill a want", «erfüllt einen Wunsch») und
begründete damit den technischen Vorsprung der Firma Senn in der ersten
Jahrhunderthälfte.

man ab und zu nicht den besten Tag erwischte. Ein guter Chef zu uns
Jungen war auch Direktor Ernst Thommen, der für die Produktions-Auf-
träge verantwortlich war. Er war das älteste Direktionsmitglied bei Senn
& Co. AG, und wir Lehrlinge nannten ihn liebevoll «Papa Thommen».
Er machte jeden Tag zweimal seinen Betriebsrundgang und interessierte
sich vor allem für die neuen Bandmuster in der Musterstube. Weil ich die
praktische Arbeit in der Musterstube sehr schätzte und mir auch grosse
Mühe gab, sie tadellos auszuführen, bekam ich von ihm den Spitznamen
«Meister Hämmerli». Er hatte immer ein aufmunterndes Wort für uns
Junge, und das freute uns sehr. Mit Direktor Wilhelm Senn hatte ich als
Lehrling fast nichts zu tun. Er war ja für die Schrägbandabteilung in
Basel und für den Aufbau der Schrägbandfabrik in St. Louis zuständig.
Nur bei Schulfragen mussten wir Lehrlinge zu ihm gehen. Er war damals
Delegierter der Bandfabrikanten bei der Gesellschaft für Textilfachkurse
Basel, welche die webtechnische Ausbildung vermittelte. Bei meinem
Streit mit Herrn Kirchhofer wegen der Posamenterabwerbung war er
damals mein guter Beistand.
Direktor Rudolf Senn war der respektgebietende Patron, der unseren
Lehrgang bestimmte. Bei ihm mussten wir antreten, wenn wir einen gro-
ben Fehler oder einen zu starken Unfug getrieben hatten. Er konnte nach
aussen streng sein; manchmal freute er sich aber köstlich über unsere
Spässe. Was mich bei ihm beeindruckte, war seine korrekte Haltung und
seine tadellose Kleidung, die immer bis ins letzte Detail stimmte. Er galt

Die drei Lehrlinge der Firme Senn & Co. AG, Werner
Knoepfli, Jonny Schmid und ich beim Webstuhlmagazin in
Gelterkinden, 1940.

Die «Lehrlinge» im Ruhestand bei einem jährlichen Besuch
(von rechts nach links, Werner Knoepfli, Jonny Schmid und
ich). Vor mir mein Manuskript mit den Erinnerungen an den
Betrieb.

50-Jahr-Jubiläum von Direktor Ernst Thommen 1948 in der
Kunsthalle Basel. Ganz links der Visiteur Fritz Kopp.

Fest zum 50. Geschäftsjubiläum von Direktor Ernst Thommen: von links nach rechts, Peter Senn, Gustav Senn (Leiter
der britischen Filiale), Direktor Thommen, Rudolf Senn
und Wilhelm Senn.

Fest zum 50. Geschäftsjubiläum von Direktor Ernst Thommen: von links nach rechts, Trudy Liedvogel, August Suter (Maler), Edi Freivogel (Fergstubenchef resp. Oberferger).

Fest zum 50. Geschäftsjubiläum von Direktor Ernst Thommen: von links nach rechts, Mitlehrling Werner Knoepfli, ich, Alfred Küpfer (Chef Buchhaltung und Fakturierung) und Beat Senn.

Fest zum 50. Geschäftsjubiläum von Direktor Ernst Thommen: von links nach rechts, Ernst Epting (Chef Einkauf), Robert Hauck (Preis- und Garn-Kalkulation), Otto Hafenbrack (Chef Färberei) und August Koller (Chef Abmesserei).

Fest zum 50. Geschäftsjubiläum von Direktor Ernst Thommen: von links nach rechts, Leo Brunner (Fakturist/Buchhalter), Elisabeth Kuhn (Fakturistin/Buchhalterin), Fritz Albrecht (Arbeiter-Personalchef/Lohnbeamter), Margrit Meyer (Fakturistin/Sekretärin), Werner Knoepfli, Ferger-Lehrling, später Versicherungsmathematiker und Informatiker, ich, Alfred Küpfer, Chef Buchhaltung und Fakturierung.

Fest zum 50. Geschäftsjubiläum von Direktor Ernst Thommen: von links nach rechts, Rudolf Brodmann (Chef Schrägbandherstellung), Henry Piguet (Chef Auslandverkauf), Karl Christen (Kalkulator) und Frieda Brand (Sekretärin).

Fest zum 50. Geschäftsjubiläum von Direktor Ernst Thommen: von links nach rechts, Fritz Kopp (Visiteur), Heinz Trefzer, Kaufmännischer Lehrling, Emma Feiner, Telefonistin, Leo Brunner (siehe vorhergehende Abbildung) und Hans Erzer, Bandweberei-Disponent-Lehrling.

damals als einer der bestangezogenen Männer in Basel und zudem noch als ein weitgereist-weltgewandter sportlicher Gentleman. Seine Leidenschaft für die Jagd und sein vorzügliches weidmännisches Verhalten gegenüber dem Wild waren in Jägerkreisen bestens bekannt. So war es nicht verwunderlich, dass Herr Rudolf Senn zu vielen Jagden eingeladen wurde. Bei Konsul Schwarz, der die Jagd von Wittnau im Fricktal gepachtet hatte, war er auch jedes Jahr als Gast-Jäger eingeladen. Bei einer solchen Jagd im Wittnauerberg überquerte er einmal die Hauptstrasse von Rothenfluh nach Wittnau, als ich gerade mit dem Velo in grossem Tempo nach Wittnau hinunterfuhr. Ich musste dabei stark bremsen, sonst hätte ich ihn angefahren. Er freute sich natürlich sehr über das überraschende Zusammentreffen. Er als mein Patron auf der erholsamen Jagd und ich als Visiteur unterwegs zu den Posamentern in Wittnau.

Am 25. Tag jedes Monates brachte er persönlich den Angestellten und Lehrlingen des Basler Betriebes den verdienten Monatslohn. Diese Zeremonie führte er traditionsgemäss meistens in einem dunkelblauen Anzug mit Nadelstreifen, der exklusiven Jägerkrawatte mit gleicher Pochette und öfters noch mit dem vornehmen Edenhut oder der steifen Melone durch. Es war für mich immer ein grosser Moment, wenn er den Zahltag verteilte und so feierlich auf mich einwirkte. Eigentlich wäre mir ja lieber gewesen, wenn er in einem gewöhnlichen Anzug gekommen wäre und mir einen grösseren Lehrlingslohn gebracht hätte! Doch zur damaligen Kriegszeit war der Lohn nicht das Wichtigste; vielmehr musste man froh sein, überhaupt eine Lehrstelle gefunden zu haben. Ohne Sekundarschul- oder Gymnasialbildung gab es zu jener Zeit fast keine Lehrmöglichkeit. Die jungen Frauen und Burschen mit Primar- und Realschulbildung mussten sich meistens mit einem Anlernberuf begnügen. Das waren dann später die tüchtigen Arbeiterinnen und Arbeiter in den Betrieben. Und wenn diese Firma immer genügend Arbeit hatte und auch das Betriebsklima noch stimmte, dann konnte man schon sehr dankbar sein. So hatte ich es auf jeden Fall damals empfunden.

Nach meiner Lehre hätte ich gerne noch eine zusätzliche Ausbildung bei unserer Tochtergesellschaft Selectus Ltd. in England genossen. Das war aber während der Kriegszeit nicht möglich, und nach dem Krieg bekam ich bereits den Auftrag, die neue Fabrik in Ziefen aufzubauen. Ich hätte in erster Linie meine Sprachkenntnisse in Englisch verbessern wollen. Auch hätte ich gerne das grosse England mit seiner sprichwörtlichen Tradition und seinen vielen Sehenswürdigkeiten richtig kennen gelernt. So wäre für mich ein kurzer Aufenthalt bei Selectus Ltd. sehr wünschenswert gewesen, weil dieser Betrieb sehr dynamisch war und von

Herrn Gustav Senn auch sehr fortschrittlich geführt wurde. Aber während des Zweiten Weltkrieges war daran nicht zu denken.

Schon im zweiten Lehrjahr musste ich den Visiteurdienst in der Landposamenterei übernehmen, weil unser Visiteur Fritz Kopp im Militär als Motorfahrer Aktivdienst leistete. Es war eben das Jahr 1940 mitten im Zweiten Weltkrieg.

Als Visiteur bei den Heimposamen-terinnen und Heimposamentern

Das grosse Gebiet der Landposamenterei erstreckte sich von Bretzwil über das ganze obere Baselbiet bis nach Schupfart und Wittnau im Fricktal. Die Tagestouren mussten während der Kriegszeit per Bahn und mit dem Velo bewältigt werden, im Winter bei viel Schnee auch per Bahn und Skis. Weil das Benzin rationiert war, musste auch Herr Hauptvisiteur Kopp auf sein heissgeliebtes Auto verzichten. Deswegen übernahm er in der Regel die kürzeren Tagestouren, ich die weitläufigeren und beschwerlicheren. Eine solche Tour führte per Velo von Arlesheim nach Muttenz, per Bahn von Muttenz nach Liestal und von dort wieder mit dem Velo zu den Posamenterinnen und Posamentern in Bubendorf, Ziefen, Bretzwil, Lauwil, Reigoldswil, Titterten bis nach Arboldswil. Von dort dann wieder die Rückfahrt zu meinem Wohnort Arlesheim. Ich musste auf dieser Landtour etwa 30 Webstühle visitieren und nötige Korrekturen ausführen. Mein Tagespensum dauerte von morgens 06.30 Uhr bis abends etwa 19 bis 20 Uhr. Es war eine harte Arbeit, die physisch und psychisch viel Kraft kostete.

Vor allem im Winter, wenn es sehr kalt war und viel Schnee hatte, konnte eine Landtour sehr anstrengend und beschwerlich sein. Da die Kleidung und die Schuhe damals noch nicht so perfekt waren wie heute, fror ich auf meinen Tagestouren viel und erkältete mich öfters. Krank durfte ich ja nicht sein, weil ich während des Aktivdienstes von Herrn Kopp keinen Ersatzmann hätte organisieren können. So musste ich mich einfach durchkämpfen und konnte nur hoffen, dass es tagsüber keine allzu grossen Probleme gab. Am Abend, wenn ich meinen Tagesrapport schrieb, konnte ich die ganze Landtour mit allem Drum und Dran gedanklich nochmals durchgehen.

Ich hatte diese Arbeit mit viel Freude und grossem Einsatz gemacht, dabei auch viel gelernt und war dadurch schon in jungen Jahren sehr selbstständig geworden.

Die Aufgabe des Visiteurs

Ein guter Visiteur musste sich in allen technischen Belangen der Bandweberei auskennen und vor allem das Einstellen der Webstühle, das sogenannte Webstuhlrichten, gut beherrschen. Nach einem ausgiebigen Lehrjahr in der Musterstube (Musterweberei) verstand ich diese Arbeit schon ordentlich. Das war auch nötig, weil ich sonst mit den schlauen, älteren

Posamentern nicht zurecht gekommen wäre. Die meisten Visiteure waren ehemalige Posamenter, die den Posamenterkurs besucht hatten. In diesem Kurs lernten sie alle webtechnischen Belange, erhielten ein Abschlusszertifikat und durften sich dann Meister nennen.

Es gab auch Visiteure, die vom Webstuhlrichten nicht viel verstanden und deshalb in jedem Dorf den besten Posamenter respektive Meister zu dieser Aufgabe heranzogen. Diese Herrenvisiteure konzentrierten sich dann auf die Bandkontrolle und hatten dadurch ein schönes und ruhiges Berufsleben. Das gute Mittagessen im Restaurant und der anschliessende gemütliche Jass waren diesen Visiteuren sehr wichtig. Diese Herrenvisiteure wurden jedoch von den Posamentern nicht so ernst genommen und meistens auch gehänselt.

Das gute Rüstzeug zu meinem Visiteurdienst hatte ich von Meister Schwander in der Musterstube bekommen, und der Umgang mit der Landbevölkerung machte mir auch keine grossen Schwierigkeiten. Ich musste mich schon als 18jähriger Bursche bei den Landposamentern behaupten können. Am Anfang prüften mich einige Posamenter, ob ich vom Stuhlrichten etwas verstünde. Sie hatten ihren Webstuhl umgestellt («verrichtet») und wollten sehen, ob ich es merke und diesen wieder in Ordnung bringen könne. Da ich alle Webstuhlarbeiten schon gut beherrschte, war es für mich eine leichte Aufgabe, einen verrichteten Bandwebstuhl wieder in Ordnung zu bringen. Meistens lief dieser nachher noch besser als vorher und produzierte erst noch schönere und bessere Bänder. Durch meine guten Fachkenntnisse und einen grossen Einsatz in allen Belangen der Bandweberei wurde ich schon bald von den Posamentern respektiert und als ihr junger Visiteur akzeptiert. Und da ich auch sonst als ein umgänglicher Typ bekannt war, galt ich schon bald als einer der besten Visiteure.

Die Bänderkontrolle musste ich folgendermassen durchführen: Ich sah nach, ob die Schusszahl stimmte, die Bandbreiten richtig waren und die Bänder ein schönes Aussehen mit schnurgeraden Webkanten hatten. Zum weiteren Bereich gehörten auch die Ausführung von Bandkorrekturen und das eventuelle Richten resp. Einstellen des Webstuhles; ferner das Notieren der beanstandeten Fehler, der seit der letzten Kontrolle gewebten Meter und die Überwachung des genauen Produktionsprogrammes. Ich musste den endgültigen Abmachungstermin bestimmen und die korrekte Lohnzahlung an den Posamenter überwachen. Darin mussten auch die Aufmachkosten, das vorhandene Bandgutmass und die anderen Dienstleistungen des Posamenters wie Ladenputzen, Ressortwechsel etc. enthalten sein. Manchmal musste ich mich auch um einen Lohnzuschlag bemühen, wenn das Kettmaterial schlecht war und die gewünschte Tagesleistung trotz grossen Einsatzes des Posamenters nicht erreicht werden konnte.

Hinzu kamen auch die Bemühungen um neue Webaufträge für die Posamenter. Die konnte ich für einen fleissigen und zuverlässigen Posamenter eher bekommen als für einen Schlendrian («Langweiler»). Einzelne Posamenter reklamierten immer wieder, dass nur sie längere Zeit auf eine neue Stuhlrechnung warten müssten. Dass diese Angelegenheit jedoch im Zusammenhang mit ihrer Arbeitsleistung und Zuverlässigkeit stand, das wollten sie nicht wahrhaben. Wenn ein Bandauftrag zu einem bestimmten Termin fertig sein musste, dann konnte man ihn nicht einem Schlendrian oder einem Posamenter mit grösserem Bauernbetrieb geben. Wenn der Heuet oder die Kirschenernte begann, dann wurde der Webstuhl stillgelegt; es sei denn, dass sie eine ältere Tante hatten, die weben konnte und keine Feldarbeiten mehr machen musste.

Als Visiteur musste ich mich auch um die rasche Nachlieferung von Schussmaterial und Webutensilien bemühen. Das war manchmal nicht so einfach, weil die zuständigen Leute im Geschäft in Basel die Lieferung des verlangten Materials oftmals nicht als dringlich betrachteten. Diese Nachlässigkeit musste ich dann am Samstag beim Wochenrapport beanstanden. An diesem Rapport fielen öfters harte Worte, und es gab auch rote Köpfe. Es war halt schon wichtig, dass die schriftlichen Rapporte über die Tagestouren der Visiteure von den zuständigen Leuten im Hauptgeschäft richtig gelesen und speditiv erledigt wurden, damit es zu keinen Verzögerungen und Produktionsausfällen kam. Ich musste damals auch meine Handschrift ändern. Meine Schrift war sehr unkonventionell und zackig. Die meisten Angestellten im Betrieb Basel konnten sie gut lesen. Unser Prokurist jedoch, der den Materialeinkauf besorgte, wollte mein Gekritzel nicht akzeptieren und liess meine Materialbestellungen einfach liegen. Als ich auf eine neue und gut leserliche Schrift umgestellt hatte, wurden alle meine Materialbestellungen für die Posamenter auch von ihm erledigt.

Ich musste bei meinen Landtouren immer folgende Geräte mitführen: das Rapportbuch für alle wichtigen Eintragungen, Schreibzeug, Lupe, Linienmass*, Schusszähler*, Weberhäklein*, Schere, Ersatzlitzen*, Ressorts*, Schiffchenkrälleli*, Schnüre, Bindfaden usw., ferner verschiedene Werkzeuge wie Schraubenschlüssel, Schraubenzieher, Flachzange, Beisszange, Hammer, Riemenschlosse, Riemenharz, Kartendurchschlage*, Leim und diverse Ersatzteile für die Spülimaschinen.

Das alles gab in den Tragtaschen des Velos ein spürbares Gewicht. Die Posamenter hatten natürlich auch Werkzeug zu Hause. Aber ich wollte lieber mit meinem gewohnten, zweckdienlichen Werkzeug arbeiten können. Ich musste natürlich alle Arbeitsvorschriften kennen und den Posamentern erklären können. Es waren drei Vorschriften, die mit jedem Webauftrag mitgeliefert wurden. Auf der Webvorschrift waren alle technischen

Angaben über die Bandqualität aufgeführt; über Material, Bandbreiten, Schusszahl, Zettelaufmachung, Bremsgewicht, Anzahl Webschäfte, Webblätter, Farbdispositionen und Zettellängen. Ebenso der Weblohn pro Zettel für 150 m Band; die Vergütung für das Andrehen, das Blatteinziehen und das Webladeputzen inklusive Ressortwechsel.

Die zweite Vorschrift war ein Geschirreinteiler mit dem genauen Litzeneinzug und dem Kettfädeneinzug im Webblatt. Auch die Zahndichte des Webblattes, der sogenannte Blattstich, war auf dem Geschirreinteiler angegeben.

Als dritte Vorschrift kam noch der Kartenabstich hinzu. Auf diesem Kartenabstich war die Steuerung der Webschäfte der neuen Bandqualität aufgezeichnet. Jeder Punkt auf dem Kartenabstich bedeutete ein entsprechendes Loch in der Webkarte, die dann das Hochziehen des betreffenden Webschaftes durch die Schaftmaschine (Jacquärdtli) auslöste.

Land und Leute

Wie ich schon am Anfang andeutete, waren die Heimposamenter recht eigenwillige und manchmal auch «kurlige» Leute. Die Frauen waren meistens umgänglicher und exakter als die Männer. Aber auch unter den Männern gab es etliche, die das praktische Weben ausgezeichnet beherrschten und bereit waren, ihre Fachkenntnisse an andere Posamenter/innen weiterzugeben. In jedem Dorf gab es Posamenter/innen, bei denen man vielerlei Kenntnisse und Erfahrungen vorfinden konnte. Als junger Bursche empfand ich das Überraschende bei den Posamentern öfters als etwas Bedrückendes. Wenn ich jedoch einen Bandwebstuhl mit neuem Richten verbessern konnte und es dadurch schönere Bänder gab, dann war ich recht stolz und hatte auch meine Genugtuung. Dazu kamen noch die lobenden Worte des Posamenters für meine gute Arbeit, die mich natürlich freuten.

Und nun möchte ich kurz auf einige Posamenter/innen zu sprechen kommen, die mir wegen ihrer Arbeitsleistungen, besonderen Lebensgewohnheiten oder lustigen Ereignissen in Erinnerung geblieben sind.[2]

Anwil: das Dorf mit dem üppigsten Geranienschmuck im oberen Baselbiet
Johann Schaffner im Haus Nr. 50, der gute Lingeriebandweber mit dem Harmonium in der Posamentstube. Er stellte einmal seinen Webstuhl ab

---

2 Siehe auch: Werner Walther: Erlebnisse eines Visiteurs. Ein ehemaliger Visiteur in der Landposamenterei erzählt. In: Baselbieter Heimatbuch 17. Herausgegeben von der Kommission für das Baselbieter Heimatbuch. Liestal 1989, S. 65–76.

und spielte mir auf seinem Harmonium einen schönen Choral vor. Anschliessend durfte auch ich einige Töne auf seinem kostbaren Instrument probieren.

Ernst Ruepp, Haus Nummer 7, das Haus mit den netten Töchtern, die mich bei Gelegenheit mit Apfelküchli, Schenkeli, Weihnachtsgutzli und kunstvollen Ostereiern beschenkten. Diese «Bhaltis» liess ich mir dann beim Velofahren schmecken; sie brachten mich auch gedanklich zu den flotten Mädchen zurück!

Ernst Schaffner, Haus Nummer 28, der professionelle Weber für Nationalbänder*. Er war auf diese anspruchsvolle Bandqualität «eingefuchst» und lieferte auch immer schöne und exakte Ware (Bänder) ab.

Arboldswil:

In Arboldswil hatte unsere Firma keine Heimwebstühle. Die Firma Scholer mit dem einheimischen Visiteur Rudin, wegen seiner hohen Stimme «'s Wiehnachtschindli» genannt, betrieb dort die meisten Posamentstühle. Lustig war in Arboldswil die Dorfbeiz «vos Schange» mit dem Wildsaukopf an der Wand. Der Wirt war ein leidenschaftlicher Jäger mit grossem Humor und einem ausschweifenden Jägerlatein. Seine Frau Albertine war ebenfalls ein Dorforiginal und ergänzte ihn sehr gut. Dort trank ich meistens einen Schlussbecher, bevor ich nach der Tour im Hinteren Frenkental mit dem Velo zur Verladestation Liestal fuhr.

Bretzwil:

Hans Scheidegger-Abt, der ewige Meckerer und Nimmersatt. Er und seine Frau assen immer getrennt voneinander, damit der Schlagstuhl von frühmorgens bis spätabends durchlaufen konnte. Wehe, wenn die nachfolgende Stuhlrechnung nicht rechtzeitig bereit war!

Frau Jauslin-Hartmann, Hof Rot-Sabel. Sie war für mich damals die erste Frau, die mit Männerhosen herumlief. Sie wirkte auch sehr männlich und führte respektgebietend das Zepter zu Hause. Ich erfuhr erst viel später, dass sie sich längere Zeit als sehr gute Dorfjournalistin betätigte.

Bubendorf:

Emil Wahl-Spinnler, der tüchtige Posamenter und frühere Likör-Reisende. Seinen Webstuhl hatten wir aus der Liquidationsmasse der Firma De Bary & Co. übernommen. Dieser Webstuhl war speziell für das Weben von leichten Dekorationsbändern mit diffizilen Gold- und Silberfäden (Lamé-Fäden*) eingerichtet.

Buckten:
Die Schwestern Schmassmann, die Superweberinnen, die mit jeder Qualität zurechtkamen. Eine der beiden Frauen hatte auch viele Jahre als Weberin in der Bandweberei Seiler & Co. AG in Gelterkinden gearbeitet. Die Gebrüder Matter, die mir nach einem fürchterlichen Sturz mit den Skis in der schneefreien Bahnunterführung zwischen Häfelfingen und Buckten die vielen Wunden verbunden hatten. Sie hatten auf eigenen Bandwebstühlen elastische Binden gewebt; daneben noch auf einem Webstuhl von Senn & Co. AG die gute und schöne Viscose-Taffetqualität 23405.

Buus:
Die Geschwister Mangold, die den einzigen Bandwebstuhl der Firma Senn & Co. AG mit einer ungeraden Gangzahl (Anzahl Bänder) betrieben. Man musste wegen der kleinen Stube den Webstuhl kürzer machen und die Weblade von 16 auf 13 Bandgänge reduzieren. Sie hatten jedoch als tüchtige Posamenter/innen mit 13 Gängen so viel gewebt wie andere mit 16 Gängen. Da sie abseits des Dorfes wohnten und niemanden störten, konnten sie abends auch länger weben.

Häfelfingen:
Karl Bürgin-Gisin, der Hofbauer mit der speckigen Hose und dem köstlichen Kirschwasser. Er hatte mir einmal mit frisch gebranntem Kirsch einen kleinen Rausch angehängt. Von seinem Hof oberhalb von Häfelfingen konnte man im Winter die tollsten Skiabfahrten nach Buckten machen. Damals hatte es während vieler Wochen noch Schnee in Hülle und Fülle. Doch aufgepasst wegen der schneefreien Bahnunterführung vor Buckten!
Karl Bitterlin-Vogt und seine Frau, das tüchtige Posamenterehepaar mit drei Bandwebstühlen. Karl Bitterlin war später noch einige Jahre unser Musterweber in Basel anstelle von Meister Schwander, der in die neue Fabrik nach Ziefen versetzt wurde.
Walter Bürgin-Tschan, mit seiner hübschen, aufgeweckten Tochter, die Dorfschneiderin war. Von dieser Tochter bekam ich manchmal die schönsten Gutzeli, auf die sie sehr stolz war und die mir sehr mundeten.

Känerkinden:
Erhard Eglin, der Volksmusikant und das Dorforiginal von Känerkinden. Er konnte besser Geige spielen und die Gäste in der Dorfbeiz unterhalten als posamenten. Man durfte ihm keinen dringlichen Webauftrag geben; er wäre nicht rechtzeitig damit fertig geworden.

Kilchberg:
Albert Grieder-Rickenbacher, der exakte und zuverlässige Posamenter für Uhrenbänder. Er beschränkte sich nur auf das Weben dieser anspruchsvollen Lagerqualität*. Seine Hauptbeschäftigung war die Bewirtschaftung seines Bauernbetriebes.

Lauwil:
Jakob Dürrenberger-Schweizer, der Posamenter mit dem markanten Schnauz, der beim Weben seiner Leinenbänder immer staubig wurde. Damit beim Weben dieser kriegstechnischen Bänder* weniger Staub aufwirbelte und es auch besser lief, legte er immer nasse Tücher oder Säcke unter den Webstuhl.
Witwe Schweizer-Rudin, die ruhige und sehr tüchtige Posamenterin, die trotz ihres schweren Schicksals als Alleinverdienende für die Familie stets guten Mutes und guter Laune war.
Paul Schweizer-Schweizer, der riesige Mann mit der kleinen zierlichen Frau. Er hatte Finger wie Klöpfer und konnte dennoch die kleinen Randspüli in den Webschiffchen auswechseln. Sie hatten einen geistig behinderten Sohn, der mich immer mit einem grossen Geheul begrüsste. Anfänglich hatten sie diesen Sohn in einem Hinterzimmer von mir ferngehalten. Mich störte das Aussehen und Benehmen dieses armen Menschen nicht und deshalb wollte ich, dass er bei meiner Webstuhlkontrolle immer dabei sein konnte. Er verlor mit der Zeit die Scheu vor mir und betrachtete mich als seinen lieben Freund. Wegen seiner lauten Begrüssung wusste die ganze Nachbarschaft, dass der Visiteur ins Dorf gekommen war.

Oltingen:
Hans Dähler-Buess, ein sehr exakter Posamenter, der nebenbei noch Dorfcoiffeur war. Er liebte das Gespräch und war ein sehr aufgeschlossener Mann.
Marie Gisin, Haus Nummer 58, die sogenannte «Dorfzeitung», die immer das Neueste von Oltingen und den Nachbardörfern wusste. Sie lebte mit ihrer Mutter zusammen, und die beiden Frauen beherrschten das Posamenten ausgezeichnet.

Ormalingen:
Jakob Gass-Graf, der sogenannte Brummbär und Dauerweber von rohweissen Grosgrain*-Hutbändern, die nachher in verschiedenen Farben stückgefärbt wurden. Wegen des dicken Baumwollschusses brauchte er zum Weben sehr grosse Spüli und entsprechend dicke Webschiffchen. Nur mit solch «klobigen» Webschiffchen war es möglich, eine optimale Arbeitsleistung und Bänder mit schnurgeraden Sägekanten zu bekommen.

Jakob Meier-Schaub, der stramme Wachtmeister vom Schützenbataillon 5 während des Ersten Weltkrieges 1914/18. Er war ein pflichtbewusster, ausgezeichneter Posamenter für Spezialqualitäten. Seine Wohnstube mit dem Webstuhl glänzte vor Sauberkeit, und entsprechend schön waren auch die Bänder, die er produzierte.

Reigoldswil:
Die Firma Senn & Co. AG hatte hier nur wenige Webstühle, weil Reigoldswil die Hochburg der Firmen Sarasin, De Bary, Thurneysen und Scholer war. Umso besser kannte ich dort das berühmte Gasthaus zur Sonne, wo sich die Visiteure zum Mittagessen trafen.
Es waren die Herren Kirchhofer, Neukomm, Kopp, Dürrenberger und Rudin, die dort regelmässig speisten. Die Mittagsrast dauerte manchmal etwas länger, wenn es interessante Gesprächsthemen gab oder ein kurzer Jass geklopft wurde. Dort wurde von den Dorfjungen auch einmal das Auto des Visiteurs Rudin mit Holzspälten blockiert, und es dauerte längere Zeit, bis Herr Rudin den Ulk bemerkte.

Rothenfluh:
Lydia Buser und Hans Pfaff lebten im gleichen Haus auf zwei Etagen mit je einem Webstuhl. Sie lebten in zweiter Ehe miteinander wie Hund und Katze.
Karoline Pfaff war eine sehr eigenwillige und sportliche Frau, die viel mit dem Velo unterwegs war und auch längere Fussmärsche machte. Ihre körperliche Verfassung war so gut, dass sie auch als ältere Frau auf dem Webstuhl eine grosse und saubere Arbeit vollbringen konnte. Man musste sie als freundliche und motivierte Frau einfach gern haben.
Anna Nyffeler, die gute Weberin und bekannte Fürsorgerin im Dorf. Sie war immer hilfsbereit, wenn man sie brauchte; der Webstuhl musste dann einfach stehen bleiben. Unsere Firma tolerierte diese Lebenseinstellung und teilte ihr demzufolge nur weniger dringliche Lagerqualitäten zu.

Rümlingen:
Mina Bär, die tüchtige Witwe, die ihre Familie mit zwei Kindern durch Posamenten und Wäscheglätten durchbringen musste. Tochter und Sohn unterstützten sie schon im Kindesalter tatkräftig. Als willige und fleissige Kinder sind sie dann später zu guten und wertvollen Berufsleuten herangewachsen.

Rünenberg:
Albert Bitterlin-Blind beschäftigte noch den letzten Weberknecht im Dorf, Jakob Sacher. Sie arbeiteten mit drei Webstühlen von Senn & Co.

AG. Albert Bitterlin war ein sehr nervöser und anspruchsvoller Posamenter, der viel reklamierte und öfters eine Lohnaufbesserung herauszuholen versuchte. Seine Arbeitsleistung mit den drei Webstühlen war sehr hoch und er konnte die kürzeste Lieferzeit erfüllen, wenn er mit seinem Weberknecht bis spät in den Abend hinein webte.

Paul Grieder war der letzte männliche Posamenter im Baselbiet. Er bedient heute noch (2000) an bestimmten Sonntagen, zur Begeisterung der Besucher/innen, die Bandwebstühle im Kantonsmuseum in Liestal. Er war schon immer ein tüchtiger und vielseitiger Posamenter, der mit grossem Einsatz seine Webarbeiten verrichtete.

Frau Graf-Grieder, die vornehme und begeisterungsfähige Posamenterin für Spezialqualitäten. Ihre ruhige und vornehme Art strahlte Wohlwollen aus, auch wenn die verschiedenen Bandfarben beim Weben oftmals ihre Tücken hatten. Sie meisterte alle Probleme.

Ernst Börlin-Grieder, der Bauer und Posamenter neben dem Restaurant Löwen. Er hatte nach meinem Gutdünken die schönste Posamentstube im Baselbiet. Der Bandwebstuhl präsentierte sich prächtig neben der stilgerechten Stubeneinrichtung mit schönen Bauernmöbeln. Ich hatte in dieser schönen Bauernstube die Bänder jeweilen mit grosser Sorgfalt und mit Wohlempfinden visitiert.

Tenniken:

Oskar Plattner, der Naturheilpraktiker, der nebenbei noch posamentete. Auf ihn war kein Verlass, so dass man ihm keine dringliche Stuhlrechnung zuteilen konnte. Im Volksmund nannte man ihn den «Posamenterdoktor».

Emilie Schaub, die lustige Posamenterin mit dem Kaminfeger-Freund. Regelmässig verlangte sie vom Geschäft in Basel und später von der Fabrik in Ziefen die ihr zustehenden Haarbandresten, welche sie dann an die kleinen Schulmädchen verteilte. Sie war bei der Bevölkerung sehr beliebt und wurde auch als Dorforiginal betrachtet.

Titterten:

Albertine Schweizer, die freundliche Posamenterin mit dem Holzbein. Trotz dieser Behinderung war sie sehr beweglich und leistungsfähig. Sie galt bei uns als tüchtige und pflichtbewusste Weberin mit einem feinen Humor. Ich freute mich immer auf die Webstuhlkontrolle bei «Albertine». Alle schmalen Bändeli sahen schön und exakt gewebt aus, und ich konnte bei ihr viel Lebensweisheit erfahren, die mir später von Nutzen war.

Frau Dettwiler-Schweizer, die lustige Posamenterin und Hebamme, die immer fröhlich und zu einem Spass aufgelegt war. Sie bedeutete mir sehr viel und hätte gut meine Mutter sein können. So war ich jeweils enttäuscht, wenn sie bei meiner Stuhlvisite nicht zu Hause war, sondern bei einer Wöchnerin aushelfen musste. Die gewebten Bandmeter hatte sie für mich dann auf ein Papierzettelchen geschrieben und dieses auf den Fenstersims gelegt und mit einem Stein beschwert.

Wenslingen:
Die Geschwister Buess, Haus Nummer 74, die Grossbauern und nebenbei auch tüchtigen Posamenter für breite Bänder. Während des Krieges hatten sie grosse Felder mit allerlei Gemüse angepflanzt. Auf der Hochebene von Wenslingen wurde das von den meisten Bauern so gemacht; der Absatz für das Gemüse war ihnen von den Spitälern und der Markthalle in Basel zugesichert. Weil die Grenze zum nahen Frankreich teilweise geschlossen war, konnten die Elsässerbauern damals nicht das gewohnte Gemüse in die Stadt Basel bringen.

Wittinsburg:
Karl Gisin-Thommen, der legendäre und treue Posamenter, der sein ganzes Leben lang bis ins hohe Alter von 92 Jahren immer nur für die Firma Senn & Co. AG gewebt hatte. Er arbeitete mit seiner Frau auf drei Webstühlen, meistens auch teure Spezialqualitäten. Anlässlich seines 90. Geburtstages spielte er Herrn Beat Senn und mir noch einige Volkslieder auf seiner geliebten Geige vor. In jungen Jahren war er im oberen Baselbiet ein bekannter Musikant, der oft zum Tanze aufspielte.

Wittnau:
Siegfried Hochreuter. Seine Frau hatte einen Schnauz und Bart fast wie ein Mann. Die Hühner waren meistens in der Küche, wenn ich zur Webstuhlkontrolle kam. Ihr Mann war Staatswegmacher, den ganzen Tag unterwegs und hatte die lange Naturstrasse auf den Wittnauerberg instand zu halten. Die meisten Feldarbeiten musste Frau Hochreuter besorgen, und dadurch hatte sie nur wenig Zeit zum Weben. Weisse Bänder konnte man diese Frau nicht weben lassen; diese Bänder wären sonst durch die lange Standzeit vom Staub grau geworden.
Frau Brogle-Dublanc hatte bei ihrem Haus eine hölzerne Aussentreppe mit schrecklich ausgelaufenen Stufen und einen dünnen, löchrigen Laubenboden. Aus Sicherheitsgründen lief ich immer sehr nahe der Wand entlang, um über die Laube in die Webstube zu gelangen. Ich hatte immer Angst vor einem Unfall und war auch einmal die Treppe hinuntergefallen, ohne jedoch Schaden zu nehmen.
Ida Keller war eine sehr sorgfältige, aber auch komplizierte Posamenterin. Sie hatte meistens eine grosse Unordnung in der Webstube und während der Kaffeepause das Kochrechaud auf der hinteren Webstuhlschwelle stehen. Sie wusste auf ihre Art den Platz in der Webstube gut auszunützen.

Anna Liechty war eine ausgezeichnete Weberin von heiklen Spezialqualitäten, wie Ordenbänder für die US-Army. Sie hatte noch für zwei behinderte Geschwister zu sorgen. Als gläubige Frau meisterte sie ihr Schicksal glänzend und behielt auch ihr heiteres Gemüt. Sie war als Frau und Posamenterin eine Perle.

Zeglingen:
Walter Nussbaum-Rickenbacher, der Politiker und Landrat und nebenbei manchmal auch Posamenter für die Firma Senn & Co. AG. Er wollte mir die Augen für die Anliegen des oberen Baselbietes öffnen und beschimpfte dann die ungerechte Politik, die von den Unterbaselbietern bestimmt wurde.

Ziefen:
Die Geschwister Frieda und Walter Aerni vom Hof Fraumatt. Die Landwirtschaft wurde von einem verheirateten Bruder und einer anderen Schwester betrieben. Frieda und Walter hatten auf einem Bandwebstuhl mit einer mehrschiffligen Weblade Bonbonsäckli gewebt, die man mit einem Bändelizug zusammenziehen konnte. Diese Säckli wurden fixfertig mit einem eingelegten Bändeli zum Zusammenziehen des Säcklis gewebt. Es brauchte für dieses komplizierte Ecossais-Schlauchgewebe* eine riesige Webkarte mit Hunderten von Lochkarten. Um auf das Einlegen des Zugbandes aufmerksam zu machen, war auf dem Webstuhl eine starke Glocke montiert. Einige Webschüsse* vor dem Bandeinlegen wurde diese Glocke von der Jacquard mit einer Schnur gezogen und gab dann ein lautes, heimeliges Läutsignal. Dann musste Walter Aerni gut aufpassen und den Webstuhl im rechten Moment und bei der richtigen Geschirrfachstellung abstellen. Nachher schob er bei jedem Band das Zugbändeli durchs offene Fach. Jedes Zugband war auf ein kleines, flaches Kartonstück gewickelt und konnte dadurch gut durch das offene Webfach geschoben werden. Die Bändelikartons wurden bei der ganzen Prozedur immer wieder auf dem Liegbank* des Webstuhles abgelegt. Sie blieben dort auch bis zum nächsten Einlegen liegen.
Aernis kleine Webstuhlglocke wurde später vom Dorfweibel Heinrich Furler-Rudin, genannt «Chnöpflerheiri», zum Ausschellen von wichtigen Meldungen im Dorf verwendet. Bei seiner eigenen alten Handglocke war nämlich ein Stück vom Glockenmantel ausgebrochen, so dass die Glocke keinen schönen Klang mehr hatte. Er war natürlich hell begeistert von der schön hergerichteten, ehemaligen Webstuhlglocke. Da der Dorfweibel heute der Vergangenheit angehört, befindet sich diese Weibelglocke nun im Dorfmuseum Ziefen.
Beide Geschwister Aerni webten dann ab 1946 in der neuen Fabrik (siehe S. 112).

Euser Baselbiet

Mir si 2 vo obe abä, usem schöne Baselbiet,
euse Vater het es Güetli und das heisst me Oberried.
Mir si aber no vom alte guetä Schlag,
wo me in der Stadt gwüss nümme finde mag.
Mir hei Chees und Fünfliber-Säckli,
und hei viel Schnitz und guetä Speck.
Letschthin seit is euse Vater, dir heit g'schafft wie d'Ross, i sägs,
Wenn dr euch weit öbis leischte, chönnt ihr wohl, denn i vermags.
Weit ihr nit emol uff Basel abä goh,
Und goh luege, was es schöns und guets git do.
Passet uf und lueget überall hi,
Mängs mol wird me gscheit derbi.
Und so si mer denn uff Basel mit emene Sack voll Speck und Schnitz,
Wo mir wei der Bäsi bringä, si wohnt in der Stadt grad zmitts.
Aber wo mer si vom Bahnof abä gloffä,
Het is vor Schreck fascht es Schleegli troffä.

Chunnt do über d'Stross grad eini uf is zue,
Wiss vom Chopf bis zu de Schueh.
S'erscht a derä wisse Jumpferä isch die kurzi Juntä gsi,
Chum bis ans Chnü isch sere gangä, ganz verdutzt si mer do gsi.
Und mir dänke, he si wird is wohl nit frässe,
Rüefä, Jumpfere, dir heit glaub der Rock vergässe.
Die blibt stoh, schimpft vor Wuet, i ghör's no hüt,
doch was si gseit het, seit me nit.
Und so si mer witer gangä und no mängi isch dehär cho,
wo mer gmeint hei, dass si heigi ihre Rock deheime gloh.
Wissi Bei hei alli gha und wissi Schueh,
und au derä höchä Absätz no derzue.
Und si umme ghüpft grad imene Gitzi zgliech,
Mit ere Frisur wie ne Vogelg'schüch.
Wo mer si zum Bäsi cho und verzählt hei alles bald,
het der Vetter nume glachet, dir sit Buräträmpel halt.
Meinet dir, do in der Stadt het's anderi Fraue,
was die alles schöne, würdet ihr ne nit zuetraue.
Si hei's Stimmrächt jetzt und wähle d'Pfarrerslüt,
und rede bald im Grosserot no mit.

Wo mer möndrisch hei si gfahre, het mi Chopf no alles zuckt,
und mir hei deheime brichtet, z'Basel isch gar mängs verruckt.
Mir si froh, das mer vergnügti Lütli si
und d'Natur rächt kenne und si gsund derbi.
Buretrampi si mer, wei jo gar nit meh,
euser Baselbiet hei mer gärn, juhee.

Eine spezielle Landtour

Und nun möchte ich noch auf eine spezielle Landtour nach Schupfart zu sprechen kommen. Sobald unser Visiteur Fritz Kopp vom militärischen Aktivdienst zurückkam und wieder seine geliebten Landtouren absolvieren konnte, teilten wir die verschiedenen Landtouren auf. Auch er musste während der Kriegszeit auf sein bequemes Auto verzichten und wie ich die Landtouren per Bahn und Velo bestreiten. Selbstverständlich hatten wir es so eingerichtet, dass er, als älterer Herr, die weniger anstrengenden Touren machen konnte. Die Dörfer Schupfart und Wittnau gehörten in seinen Rayon.

Und nun traf es sich aber, dass Fritz Kopp in Schupfart bei einem Posamenter eine sehr schwere, rohweisse Doppelatlasqualität zu weben gegeben hatte. Die Anfangsmuster, die dieser Posamenter nach Basel schickte, waren abscheulich anzusehen. Die Fergstube (technisches Büro) in Basel war mit diesem Resultat gar nicht zufrieden. Und nachdem auch nach einer Woche die Bänder noch nicht schöner wurden, bekam ich vom Fergstubenchef eine Postkarte nach Hause geschickt. Darauf schilderte er mir das ganze Problem und beauftragte mich zugleich, diesen Webstuhl neu zu richten und die Ware zu verbessern. Damit es zu keinem Konflikt mit Herrn Kopp kommen könne, müsse ich zur genau bestimmten Zeit dorthin gehen. Er habe zur gleichen Zeit Herrn Kopp wegen einer anderen Reklamation nach Rünenberg geschickt. Wenn ich die Qualität korrigieren könne, so wäre das toll, und ich müsse dann nur dem Posamenter einschärfen, dass er Herrn Kopp gegenüber von meinem Besuch nichts erwähnen dürfe. Er solle Herrn Kopp einfach sagen, dass er mit einem anderen Posamenter zusammen die Verbesserungen habe ausführen können. Ich fuhr dann, wie mir befohlen worden war, zur vorgeschriebenen Zeit zu diesem Posamenter nach Schupfart. Unterwegs überlegte ich mir schon, was ich alles ausprobieren wollte. Der Posamenter war im ersten Moment erstaunt, als ich und nicht Herr Kopp zu ihm kam. Er war aber auch sehr erfreut, mich wieder einmal sehen zu können und vor allem froh, weil ich ihm den Webstuhl in Ordnung bringen wollte. Wir mussten zuerst beim Webgeschirr unten viel Gegengewicht anhängen, damit die Baumwolllitzen straffer wurden. Auch bei den Zettelrollen musste man das Bremsgewicht fast verdoppeln. Zu diesem Zweck mussten wir die stark verstaubte Gewichtskiste hinter dem Webstuhl ausräumen. Es war einfach schrecklich, wieviel Staub und Gerümpel bei den

◀ Abschrift eines handgeschriebenen Gedichtes, das ich am 14. September 1962 vom Bandweber August Börlin-Furler erhalten habe.

Dem Visiteur Fritz Kopp-Vögtli zum 50. Dienstjubiläum

im April 1959 von den Angestellten der Senn & Co. AG Ziefen

Das het au euse Jubilar erfahre,
die Zyt woner über Land isch gfahre;
in guete Zyte isch er mit em Auto greist,
während em Chrieg aber mit em Velo gschteisst.

Hesch en gseh wie der Ferdi National,
mit Volldampf über Berg und Tal.
Si Humor dä het er bis hütte bhalte,
und 's Härz für d' Arbet nie loh verchalte.

Villi heinen scho beniede um sy freye Poschte,
obwohl 's ä mänge Tropfe Schweiss duet choschte.
Bim Visitördienscht bi de Posamänterlüt,
muesch mängs in Kauf näh, wo dr gar nit lyt.

Das het au dr Kopp Fritz glehrt und erfahre,
die ville Johr, woner zieht an däm Chare.
Triffsch suberi, flissigi Fraue,
wome cha schänke 's nötig Vertraue.

He nu so denn und sig 's wie 's well,
dr Egli isch bigott ä glungene Gsell;
er isch ä Junggsell, nit aber Wyberhasser
und im Dorf no ein vo de beschte Gschpasser.

In Schupfart do isch ä bsunderi Gfohr,
es bisst di am Ranze, es bisst di am Rohr.
An die Lüüs und Flöh muess i hütte no dänke,
nach der Tour muesch di im DTT tränke.

In Wittnau düen d' Hüehner sogar d' Wohnig regiere,
und Tisch und Füürhärd mit Abfall verschmiere.
E so cha me sogar der Hüehnerstall spare
und erscht no Grundsätz vom Tierschutzverein wahre.

Ziefen, im April 1959 [Auszüge aus einem längeren Gedicht]

verschiedenen Gewichten lagen. Nach gut zwei Stunden harter Arbeit waren wir dann soweit, dass wir wieder weben konnten. Zur grossen Freude von uns beiden wurde die Qualität nun schön, und das für die Fergstube abgeschnittene Ausfallmuster konnte sich sehen lassen.

Plötzlich juckte es mich am ganzen Körper, so dass ich mich heftig kratzen musste. Das anhaltende Jucken wurde dann so schlimm, dass ich nur noch den einen Wunsch hatte, auf schnellstem Wege nach Hause zu fahren. Ich pedalte in einer tollen Zeit die Strecke von Schupfart nach Arlesheim. Dort stieg ich dann sofort ins Bad, und meine Mutter warf alle meine Kleider in einen Waschzuber mit heissem Wasser. Die Ursache war uns beiden klar. Ich hatte beim Ausräumen der vielen staubigen Stuhlgewichte Flöhe erwischt. Das gehörte damals eben auch zu den Tücken des Visiteurdienstes. Zum Glück passierte das mir und nicht Herrn Kopp.

Als Leiter der Textilfabrik

Unmittelbar nach meiner ausgezeichneten Lehrabschlussprüfung im Jahr 1942 absolvierte ich die Infanterie-Rekrutenschule in Liestal. Im Anschluss daran konnte ich als Angestellter bei der Firma Senn & Co. AG Basel weiterarbeiten. Zur Hauptsache wurde ich neben Herrn Kopp als zweiter Landvisiteur eingesetzt. Da ich mich auch militärisch gut bewährte, konnte ich Unteroffizier und dann Offizier werden. Das war während der Kriegszeit gar nicht so einfach, weil sehr viele Männer militärisch weitermachen wollten. In der Aspirantenschule in Zürich wurden von anfänglich 150 Aspiranten am Schluss nur etwa die Hälfte als Offiziere brevetiert. Diese harte militärische Schulung gab mir ein gutes Selbstvertrauen und den starken Willen zur Bewältigung anspruchsvoller Aufgaben. Der damalige Ausbildungschef der Armee, Herr Divisionär Probst, sah mich nach meinem Abverdienen als Leutnant zur Weiterausbildung als Militärinstruktor vor. Als ich Herrn Rudolf Senn, meinem damaligen Patron bei Senn & Co. AG, meine militärischen Aussichten mitteilte, hatte er natürlich keine Freude. Er wollte mich unbedingt in seiner Firma behalten und machte mich deshalb auf seine grossen Pläne aufmerksam. Da die Firma Senn & Co. AG seit dem Verkauf des Fabrikareals an der Schanzenstrasse ans Bürgerspital keinen Vorwerkbetrieb* mehr hatte und auch die Bandweberei nur bei den Landposamentern betrieb, musste sie unbedingt einen neuen, grösseren Fabrikbetrieb ins Auge fassen.

Zuerst wurde vorgesehen, eine neue Fabrik im Kanton Tessin zu bauen. Dort glaubte man besser Mitarbeiter/innen aus der näheren Umgebung und vor allem Grenzgänger/innen aus Oberitalien erhalten zu können. Der Süd-Tessin und das angrenzende Oberitalien galten damals als ausgeprägte Textilregionen mit grosser Zukunft.

Den Hauptsitz der Bandweberei Senn & Co. AG wollte man allerdings in Basel nicht aufgeben, weil dieser Standort seit Jahrhunderten weltweit bekannt war. Aus diesem Grunde liess man dieses Projekt dann fallen und blieb im Raume Basel.

So lagen dann schon vor dem Kriegsende am 8. Mai 1945 die detaillierten Pläne für einen grossen Fabrikbau in Ziefen bereit. Der Standort Ziefen wurde damals von der Baselbieter Regierung empfohlen. Das Hintere Frenkental, das «Fünflibertal», war schon immer eine Hochburg der Posamenterei und hatte noch wenig Industrie. Und Ziefen lag im Zentrum dieses Gebietes. Auch die Gemeinde Ziefen begrüsste ein solches Fabrikvorhaben und kam der Firma Senn & Co. AG mit dem Landpreis

Als junger Leutnant 1944. Ich führte später
als Oberleutnant eine Kompanie, aber
verzichtete aus beruflichen Gründen auf eine
Weiterbildung zum Hauptmann.

und anfangs auch mit steuerlichen Erleichterungen entgegen. So wurde
dann im Jahr 1945 mit dem Bau der neuen Fabrik in Ziefen begonnen.
Vorgesehen waren Werkstätten für die Holz- und Metallbearbeitung, ein
umfassendes Vorwerk* und eine Weberei für etwa 100 Bandwebstühle.

Der Aufbau der Fabrik in Ziefen

Ich war noch nicht 23 Jahre alt, als mir Herr Rudolf Senn mitteilte, dass
man mich für die Leitung und den Aufbau dieses neuen Betriebes vorgesehen hätte. Im ersten Moment war ich natürlich als so junger Mann fast
schockiert ob einer so schweren Aufgabe, gleichzeitig aber auch hocher-
freut über das grosse Vertrauen, das mir von der Direktion entgegenge-
bracht wurde. Da ich ja meinen interessanten Beruf sehr liebte und mich
in der altbewährten Firma Senn sehr wohl fühlte, war es für mich gleich
klar, diese reizvolle und herausfordernde Aufgabe anzunehmen. Von einer
militärischen Laufbahn wollte ich nun nichts mehr wissen.
Im Juni 1945 begann ich unter der Führung von Herrn Rudolf Senn mit
den Maschinen-Vorbereitungsarbeiten. Es musste eine Aufstellung über
alle Vorwerkmaschinen* gemacht werden. Diese Maschinen befanden
sich bei der Firma De Bary & Co. AG im Gemeinschaftsbetrieb mit Senn

& Co. AG und in unseren Kellern in Basel. Zu den vorhandenen Weg-mann-Strangwindmaschinen wurden noch drei neue Brügger-Windma-schinen bestellt, die für Strangen- und Kuchenware* gebraucht werden konnten; ferner die vorhandenen Benninger-Sektionalzettelmaschinen* und noch einige neue dazu. Als Webstühle waren in erster Linie die auf Lager liegenden Sägerstühle* vorgesehen. Der Sägerstuhl hat eine Web-lade, deren Webschiffchen mit einer Zahnschrift* und Zahnrädchen angetrieben werden. Im Gegensatz dazu steht der Schlagstuhl* für sehr schmale Bänder, dessen Webschiffchen mit einem Ladenrechen* durchs Webfach* geschlagen werden. Diese Sägerstühle mussten mit einem neuen Antrieb, neuen Stäubli-Schaftmaschinen* mit Trittvorrichtun-gen*, teilweise neuen Webladen und einem verbesserten Bandabzug aus-gerüstet werden.

Die ersten Stäubli-Schaftmaschinen mit Trittvorrichtungen und Federzug-registern* brachte der Camionneur Recher Ende 1945 noch auf einem Brückenwagen, der von zwei schönen und kräftigen Pferden gezogen wurde. Damals war der Autoverkehr auf der Kantonsstrasse Liestal–Ziefen noch sehr gering, und für den Fuhrmann und die Pferde bedeutete es eine willkommene Abwechslung. Das waren noch schöne Fuhrmannszeiten!

Für diese Maschinenverbesserungen brauchte es eine exakte Planung, damit alles seinen richtigen Lauf nahm und zur genauen Zeit fertig wurde. Die grösste Arbeit dazu leistete natürlich Herr Rudolf Senn, der auch ein ausgezeichneter Planer war und das richtige Konzept für diese grosse Auf-gabe gefunden hatte. An mir lag es dann, die Kleinarbeit zu planen und mit den ersten Mitarbeitern für den Betrieb Ziefen auszuführen.

Einen grossen Teil der neuen Maschinen und Zubehörteile für die geplante neue Fabrik in Ziefen kauften wir an der MUBA 1945 in Basel ein. Damals stellten noch alle bedeutenden Textilmaschinenhersteller der Schweiz jähr-lich ihre neuen Produkte an dieser Messe aus. Ihre Stände waren alle in der Holzhalle gegenüber dem Hauptgebäude untergebracht. Es war immer eine attraktive Schau für die Messebesucher, wenn sie die vielen Textilma-schinen zu bestimmten Vorführzeiten im Einsatz sehen konnten. Damals hatte die Textilindustrie in der Schweiz noch einen grossen Stellenwert, so dass sich diese jährliche Ausstellung für die Maschinenhersteller noch lohnte. Einige Jahre später wurde die Holzhalle abgebrochen und durch ein neues Messegebäude ersetzt. Mit dieser Erneuerung verschwand dann die Ausstellung von Textilmaschinen und konzentrierte sich auf die ITMA (Internationale Textilmaschinen-Ausstellung), die nur alle vier Jahre statt-findet. Diese internationale Ausstellung ist natürlich viel umfassender und zeigt die neuesten Textilmaschinen aus vielen Ländern.

Für die MUBA 1945 hatten Herr Rudolf Senn und ich ein genaues Pro-gramm über alle Maschinen und Zubehörteile zusammengestellt, die wir dort anschauen, vergleichen und dann bestellen wollten. Es war eine grosse Stückliste, die wir an einem Messetag durchgehen wollten. Unser erster Lieferant, den wir an diesem Tag besuchten, war die Firma Grob & Co. AG, Horgen. Dieser Firma gaben wir eine riesige Bestellung von Webschäften* und Metalllitzen* für die Bandwebstühle der neuen Fabrik auf. Mit diesem neuen Geschirrmaterial (Schäfte und Litzen) sollte es möglich werden, einen wesentlich schnelleren und besseren Lauf der Ware (Bänder) herbeizuführen. Dazu gehörten auch die neuartigen Schaftmaschinen («Jacquärdtli») der Firma Stäubli AG Horgen. An diesem Messetag bestellten wir auf Abruf eine erste Rate der neuen Schaftmaschinen und die entsprechenden Federzugregister dazu. Die Federzugregister ersetzten die bisherigen losen Schlenken (Webschaftgewichte) und gaben den Webschäften eine sichere Führung und optimale Spannung.

Nach diesen riesigen Bestellungen waren die beiden Lieferfirmen so erfreut, dass sie uns zu einem Apéro und Mittagessen in der Walliserstube einluden. Die Tafelrunde zog sich dann so in die Länge, dass wir an diesem Tag keine weiteren Lieferanten mehr besuchen konnten.

In der Walliserstube machten wir noch die Bekanntschaft mit vier Kapuzinerpatern aus dem Kloster in Dornach, die sich dort auch vergnügten und den guten Wein in vollen Zügen genossen. Es wurde uns dabei bewusst, dass die Kapuziner, neben dem Beten und Meditieren, auch das leibliche Wohl zu schätzen wussten. Dazu wurden sie jedes Jahr einen Tag vom Fabrikanten Walter Stöcklin aus Dornach zur MUBA eingeladen. Eine noble Geste von einem Fabrikanten, der an der MUBA nicht nur seine Geschäfte machte, sondern diesen Kirchenleuten immer wieder einen vergnügten Tag bieten wollte.

Da die neue Fabrik zu dieser Zeit noch im Rohbau war, mussten die vielen Vorbereitungsarbeiten noch längere Zeit im Betrieb Basel erledigt werden. Die drei ersten Mitarbeiter mussten demzufolge während einiger Monate täglich von Reigoldswil und Ziefen mit dem Postauto nach Basel zur Arbeit kommen.

Die Planungs- und Aufbauarbeiten für die neue Fabrik in Ziefen

Am 8. Mai 1945 wurde das Ende des Zweiten Weltkrieges mit dem Geläute aller Kirchenglocken kundgetan. Jedermann freute sich, dass dieser grässliche Krieg ein Ende genommen hatte. Alle hofften auf eine bessere Zukunft mit genügend Arbeit und mehr Wohlstand. Der Militärdienst an der Landesgrenze war zu Ende, und man konnte sich nun voll seinem Beruf widmen. In einem so erhebenden Moment kamen mir richtig die Tränen, als tags darauf Herr Rudolf Senn alle Angestellten mit einer Extragratifikation überraschte. Die Geschäftsleitung war froh

Beim Bau der Fabrik; 6. August 1945.

darüber, dass wir den Krieg ohne Schaden überstanden hatten und es uns auch geschäftlich relativ gut ging. Mit unserer Treue und dem tatkräftigen Einsatz hatten wir viel zum guten Gelingen beigetragen. Dieser finanzielle Zustupf sollte uns aufmuntern und zu neuen Taten anspornen. Psychologisch gesehen kam dieser Anreiz im richtigen Moment, galt es doch, eine neue Fabrik zu bauen und einzurichten. Nachdem sich viele Grenzen wieder öffneten, bestand auch die Möglichkeit, neue Absatzmärkte zu erschliessen und weltweit einen grossen Nachholbedarf zu decken. Es waren alle Mitarbeiter hoch erfreut über diese noble Geste und demzufolge auch voll motiviert für die neuen, grossen Aufgaben.

Die Rationierung der vielen Lebensgüter konnte vorerst noch nicht aufgehoben werden. Herr Kopp musste seine Landtouren immer noch per Bahn und Velo machen und brauchte nach wie vor Lebensmittelcoupons für seine Mittagsmahlzeiten in den Restaurants. Die neue Fabrik in Ziefen erhielt, wegen der Kontingentierung von Eisen und Zement, eine Shedkonstruktion und den Fabrikboden aus Holz und die Grundmauern aus Bruchsteinen. Wegen dieses Materialmangels musste man auch auf einen ausgebauten Fabrikkeller verzichten. Die Situation im Baugewerbe war damals recht schlimm.

Beim Bau der Fabrik, Dezember 1945.

Aber unsere Architekten Otto und Walter Senn in Basel waren so tüchtig und flexibel, dass sie trotz der Knappheit an Baumaterial eine zweckdienliche und schöne Fabrik planen und bauen konnten. Der ausgezeichnete Planer und im modernen Bauen wegweisende Architekt Otto Senn konnte auch etliche Neuentwicklungen in die Tat umsetzen. Neben einer damals noch neuartigen Fabrikbeleuchtung mit Neon-Leuchten wurden ähnliche Beleuchtungskörper auch bei den Maschinen verwendet. Die Shed-Innendecken wurden mit Pavatex-Schallschluckplatten ausgekleidet, um den Maschinenlärm wirksam dämpfen zu können. Und die Dachziegel wurden weiss gestrichen, damit die Fabrikhallen heller wurden. Dieser weisse Anstrich nützte allerdings nur kurze Zeit, weil alle Ziegel auf den Sheds wegen eines Fehlbrands (Fabrikationsfehler) im ersten Winter erfroren und dann durch neue rote Ziegel ersetzt werden mussten. Ferner verwendete man für die Shedrinnen und Aussenkänel erstmals Aluman statt Eisenblech. Die Spenglerei Maritz in Arlesheim war damals die einzige Installationsfirma im Raume Basel, die Aluman fachgerecht verarbeiten konnte. Das Zusammenschweissen dieses neuen Materiales musste gelernt sein und wurde am Anfang nur von der Firma Maritz beherrscht. Die Flachdächer auf dem Heizungsgebäude und dem Velounterstand wurden ebenfalls mit Aluman abgedeckt und mit einer

Beim Bau der Fabrik, März 1946.

neuartigen Materialfaltung zusammengefügt. Dieses Material hatte den grossen Vorteil, dass es form- und witterungsbeständig blieb.

Mit dem schönen und warmen Holzparkettboden in der ganzen Fabrik
bekam das grosse Gebäude eine wohltuende, vornehme Note. Man fühlte
sich darin wie in einer grossen Stube mit heiteren Menschen und vielen
schönen Farben. Die neue Fabrik konnte damals wirklich als Bijou im
Hinteren Frenkental bezeichnet werden. Die Firma Senn & Co. AG wollte
mit diesem neuen Betrieb zeigen, dass sie für die Zukunft gut gerüstet
war und mit den modernsten Mitteln dieses Ziel auch erreichen konnte.

Während der Bauzeit gab es leider auch einen tödlichen Unfall. Ein Zimmer-
mann der Firma Häring & Co. AG fiel von einem Holzbinder der Shedkonstruktion auf den Fabrikboden hinunter und brach sich dabei das Genick.
Leider konnte die rasche ärztliche Hilfe den Mann nicht vor dem Tode retten.
Auch die Architekten mussten am Anfang noch per Bahn und Velo zur
Baustelle in Ziefen fahren, um dort die nötigen Anweisungen zu geben.
Es war eine beschwerliche Bauzeit mit grossem Arbeitsaufwand und
natürlich auch vielen materialbedingten Verspätungen. Ich habe das nur
am Rande mitbekommen dadurch, dass mein Start in Ziefen immer wieder hinausgeschoben werden musste.

Suche nach Arbeiterinnen und Arbeitern

Die Personalwerbung für die neue Fabrik in Ziefen

Es stand von vornherein fest, dass wir versuchen wollten, neben ehemaligen Heimposamentern und Heimposamenterinnen vor allem jüngere Arbeitskräfte für den neuen Bandwebereibetrieb zu gewinnen. Und damit wir uns rasch ein Bild über die Arbeitslage im Hinteren Frenkental machen konnten, beschloss Herr Rudolf Senn, zuerst die Pfarrämter und Gemeindebehörden von Ziefen und den umliegenden Gemeinden über unsere neue Fabrik in Ziefen zu orientieren. Der erste persönliche Kontakt mit Herrn Pfarrer Alder und dem Gemeinderat Ziefen war sehr erfreulich und verheissungsvoll. In Ziefen gab es mehrere junge und ältere Leute, die sich für eine Beschäftigung in der neuen Fabrik interessierten und sich als erste anmelden wollten. Damit jedoch die ganze Werbeaktion einen guten Verlauf nehmen konnte, führte man zunächst in jeder Gemeinde einen Orientierungsabend durch. An diesen Dorfabenden gab Herr Rudolf Senn den Interessenten einen Einblick in die Betriebsstruktur und die Arbeitsverhältnisse in den verschiedenen Abteilungen. Es konnten dabei auch vielerlei Fragen gestellt werden, die von Herrn Senn oder mir beantwortet wurden. Zum Schluss wurde an die Interessenten ein Fragebogen abgegeben, den sie auszufüllen und an mich zurückzuschicken hatten. Anhand dieses Fragebogens konnten wir uns ein vages Bild über die Bewerberinnen und Bewerber machen und sie zu einer persönlichen Vorstellung einladen oder ihnen absagen.

Diese Werbemethode hatte sich als gut und speditiv erwiesen, zumal wir einige Leute wegen der vielen Anmeldungen auf einen späteren Zeitpunkt vertrösten mussten. Da der Betrieb schrittweise eingerichtet werden musste, konnten die Bewerber nur nach und nach bei uns eintreten und in die Arbeit eingeführt werden. Die ganze Personalwerbung war für Herrn Senn und mich eine interessante Angelegenheit. Wir konnten dabei viele Leute kennenlernen, die uns positiv oder negativ auffielen. Es gab uns auch einen Einblick in die sozialen Verhältnisse der verschiedenen Dörfer des Hinteren Frenkentales und den grossen Mentalitätsunterschied von Dorf zu Dorf. Wir konnten recht intelligente, aufgeschlossene und gutaussehende Mitarbeiter/innen auswählen, mussten aber auch Personen mit geringeren Fähigkeiten einstellen für Arbeiten, die niemand gerne machen wollte. Daraus entstand dann eine vielfältige, interessante Belegschaft, die zum Gelingen eines optimalen Betriebsablaufes nötig war.

In der damaligen Nachkriegszeit (Herbst 1945) mussten Herr Senn und ich mit den Velos zu den Orientierungsabenden in die Dörfer fahren. Auch er bekam damals noch kein Benzin für seinen sportlichen Ford-Personenwagen. Die Schuss-Abfahrten von den hochgelegenen Dörfern ins

Die erste Fabrik in Ziefen, erbaut im Jahr 1945. Links vorn
das Ökonomiegebäude mit Kantine, unserer Wohnung,
Heizung und Holzschopf, rechts der Produktionsbetrieb.

Plan des Fabrikareals nordöst-
lich des Dorfes Ziefen (aus der
Schrift: Seidenbandweberei in
Ziefen bei Liestal. Separatausdruck aus dem «Werk», Heft
10, Oktober 1946, 33. Jahrgang, Winterthur, o. S.).

1 Dorf
2 Bauverbotszone
3 Industriezone
4 Neues Siedlungsgebiet

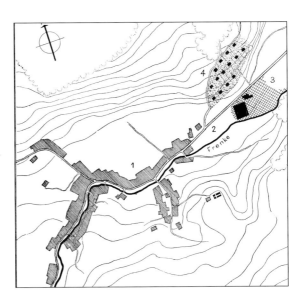

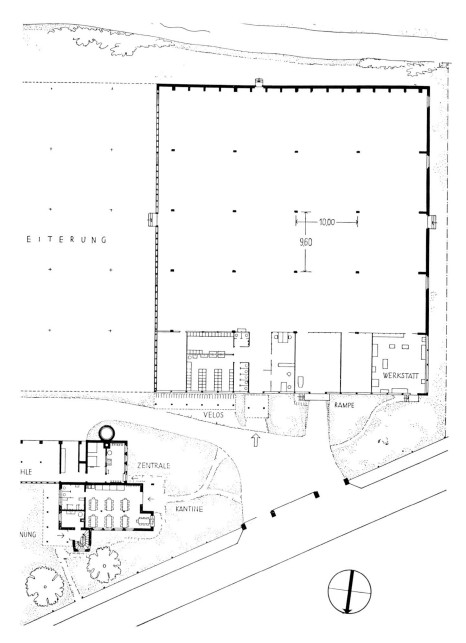

Plan der Fabrikgebäude (aus der Schrift: Seidenbandweberei
in Ziefen bei Liestal. Separatausdruck aus dem «Werk», Heft
10, Oktober 1946, 33. Jahrgang, Winterthur, o. S.).

Tal der Hinteren Frenke bis zur Verladestation in Liestal war für uns jeweils ein schönes Erlebnis; erst recht, wenn der Orientierungsabend ein Erfolg war. Wir hatten in den späteren Jahren noch öfters an diese Anfangszeit zurückgedacht und über lustige Gespräche mit komischen Leuten gelacht. Unsere Aufgabe war damals sehr heikel, aber auch spannend und herausfordernd. Ich hatte dabei sehr viel gelernt und profitiert.

Basel, den 25. Oktober 1945

An die
Stellenbewerber und -bewerberinnen
der Bandweberei Senn A.G., Ziefen

Aus Gründen, die nicht vorauszusehen waren, können wir in unserer Fabrik in Ziefen erst ab 1. November mit der Montage der Maschinen beginnen.

Wir sehen uns genötigt, dies Ihnen mitzuteilen, damit Sie sich entsprechend einrichten können. Sobald wir nun mit der Arbeit beginnen, werden wir Ihnen nähern Bericht geben.

Wir hoffen, dass Sie sich noch etwas gedulden werden und zeichnen hochachtungsvoll. Bandweberei Senn A.G.

Meine ersten Mitarbeiter/innen für die neue Fabrik in Ziefen

Hans Tschopp-Schneider (6. August 1945 bis 20. Juni 1946) «dr Tannehans», weil im Restaurant zur Tanne aufgewachsen, war der erste Mitarbeiter für die neue Fabrik in Ziefen. Er begann am 6. August 1945 mit verschiedenen Maschinen-Vorbereitungsarbeiten in Basel und beendete seine Arbeit am 20. Juni 1946 in Ziefen. Ich sehe ihn heute noch vor mir, wie er in Basel gusseiserne Bandrollen ins heisse Wasser eines Waschzubers legte. Nach einer kurzen Zeit fischte er die Bandrollen mit einer Lochkelle aus dem heissen Wasser und entfernte anschliessend das losgelöste Glaspapier von den Rollen. Nachher wurden die Bandrollen mit einer Stahlbürste gereinigt und in möglichst heissem Zustand neu mit Glaspapier umspannt. Als Klebstoff wurde Wasserglas verwendet. Das war für Herrn Tschopp eine anstrengende und unangenehme Arbeit, weil die Hände durch die grosse Wärme der Gussrollen und das rauhe Glaspapier stark litten. Die Bandrollen mussten warm aufgezogen werden, da sonst das Glaspapier nicht genügend satt aufgeklebt werden konnte. Mit schützen-

Die ersten Mitarbeiter vor der Werkstatt; von links nach
rechts: Emil Roth (Werkstattchef), Wilhelm Löffel, Hans
Jenny, Karl Spiess, Hans Löffel und Werner Tschopp.

den Handschuhen konnte diese Arbeit nicht exakt genug gemacht werden, und so arbeitete er die meiste Zeit eben ohne Handschuhe. Er
schützte seine Hände mit einem Leinenlappen, den er aufs rauhe Glaspapier legte, bevor er dieses andrückte. Dadurch wurden die Hände nicht
vom Glaspapier aufgerissen. Es waren Hunderte von Bandrollen, die er neu mit Glaspapier überziehen musste.

Emil Roth-Stohler (10. September 1945 bis 14. Mai 1978, seinem Todestag)
war unser lieber und tüchtiger Werkstattchef, der viele wertvolle Maschinenverbesserungen und Neukonstruktionen ausführte. Er gehörte zu den
treibenden Kräften, die dazu beitrugen, dass der Betrieb Ziefen eine gut
ausgerüstete, moderne Bandweberei wurde. Im Verlauf meiner Aufzeichnungen werde ich noch öfters auf seine ausgezeichneten Ideen zurückkommen. Nach seinem frühen Tod im Alter von 58 Jahren gaben wir

dann die Konstruktion von neuen Maschinen in Ziefen auf. In der redu-
zierten Werkstatt wurden nur noch Reparaturen und kleinere Verbesserungen erledigt.

Mit dem Werkstattchef Emil Roth und dem Schreiner Karl Spiess hatten
wir im Laufe der Zeit viele bedeutende Maschinenverbesserungen heraus-
gebracht. Wir liessen diese Verbesserungen nie patentieren, weil die Konkurrenz sonst die Patentschrift hätte einsehen können. Nach Einsicht in
die Patentschrift konnte man jederzeit eine ähnliche Konstruktion nachbauen, ohne das Patent zu verletzen. Wenn man aber nur durch eine
fremde Information auf eine bedeutende Maschinenverbesserung aufmerksam wurde, dann war eine Nachkonstruktion schon viel schwieriger
und wurde meistens unterlassen.

*Gottfried Wermuth-Häring (24. September 1945 bis 28. März 1947, seinem
Todestag)* arbeitete mit Hans Tschopp zusammen an den vielen Maschinen-Vorbereitungsarbeiten. Viele Jahre zuvor hatte er in der chemischen
Industrie gearbeitet und dort auch seine heimtückische Blasenkrankheit
aufgelesen. Leider starb er im besten Mannesalter von nur 46 Jahren an
dieser Krankheit, und wir hatten einen fleissigen und zuverlässigen Mitarbeiter weniger. Zwei seiner Söhne und seine Frau haben später auch
einige Zeit bei uns gearbeitet.

Alfred Moser-Furler (3. September 1945 bis 30. Mai 1957) war als kaufmännischer Angestellter für das Personal- und Lohnwesen des neuen
Fabrikbetriebes Ziefen eingestellt worden. Er wurde mir am 3. September 1945 in Basel durch Herrn Rudolf Senn vorgestellt, als er zur Einarbeitung fürs Lohnwesen bei Herrn August Suter seine zukünftige Arbeit
begann. Herr Suter besorgte schon seit vielen Jahren das Personal- und
Lohnwesen für Senn & Co. AG Basel. Dazu gehörte neben dem Ausrechnen der Arbeitslöhne des Betriebes Basel auch die ganze Lohnabrech-
nung für die Landposamenterei. Herr Suter war ein guter Lehrmeister
mit grossen Sachkenntnissen und einer tiefen Menschlichkeit. Sein tro-
ckener Humor war beispielhaft und half über manch prekäre Geschäfts-
situation hinweg.

Herr Moser war begeistert von ihm, weil Herr Suter auch noch schöne
Handschriften im alten Stil schreiben und verzieren konnte. Herr Suter
war bei der Firma Senn & Co. AG in Basel auch der Entwerfer von Band-
etiketten. In seiner Freiheit malte er schöne Landschaftsbilder oder
kopierte Bilder von seinem Lieblingsmaler Hans Holbein, der einst in
Basel gelebt und gemalt hatte. Von einem so vielseitigen Mann konnte
Herr Moser natürlich viel lernen und profitieren. Herr Suter, der früher
die Windereiabteilung in der ehemaligen Fabrik an der Schanzenstrasse

leitete, konnte ihm viele Tipps für die sachgemässe Disposition und Leitung einer Windereiabteilung geben.

Herr Moser besorgte nämlich einige Jahre neben dem Lohnwesen noch die Windereiabteilung in Ziefen. Er war mein treuer Büro-Mitarbeiter, den ich sehr schätzte und auf den ich mich verlassen konnte. Nach zwölfjähriger Zusammenarbeit mussten wir ihn leider als Kaderperson verlieren. Er konnte den lukrativeren Posten eines Buchhalters bei der Kantonalen Psychiatrischen Klinik in Liestal übernehmen. Unser Werkstattchef Emil Roth bedauerte den Weggang von Alfred Moser sehr, weil er dadurch seinen ehemaligen Schulkameraden und Jugendfreund als vertrauten Mitarbeiter im Betrieb Ziefen verlor. In der damaligen Zeit war es für uns nicht leicht, einen gleichwertigen Mitarbeiter fürs Personalwesen zu finden. Zum Glück hatten wir im Büro Basel den vielseitigen Mitarbeiter Karl Christen, der vorübergehend in die Lücke springen konnte und den Nachfolger Kurt Salathe aus Lausen gründlich ins Personal- und Lohnwesen einführen musste.

Josef Herzog-Schmid (17. September 1945 bis 2. Juli 1946) war als gelernter Stuhlschreiner von der Webstuhlfabrik Jakob Müller AG Frick zu uns gekommen. Seine erste Aufgabe war der Bau eines fahrbaren Bandhaspels für die Fabrikstühle. Weil die meisten Bandwebstühle damals noch keine automatische Bandaufwicklung hatten, musste man die gewebten Bänder beim Webstuhl in Strangenform haspeln. Das war eine mühsame und zeitraubende Arbeit, zudem ein Produktionsverlust während der ganzen Zeit des Haspelns. Herr Herzog hatte uns nach kurzer Zeit wieder verlassen, weil ihm der Arbeitsweg von Gipf nach Ziefen zu lange war und er mit seiner Familie nicht ins Baselbiet übersiedeln wollte.

Rosa E. (Name geändert) (27. September 1945 bis 28. August 1947) war unsere erste Zettlerin, die von Fräulein Emma Winteregg in der Musterzettlerei in Basel angelernt wurde. Es wurde damals zur Hauptsache Viscose und Acetat gezettelt und etwas Weniges in Naturseide, Baumwolle, Zellwolle und Leinen. Frl. E. war auch Kassierin der gewerkschaftlich organisierten Belegschaft von Ziefen. Am 28. August 1947 verschwand sie dann mit einem grösseren Geldbetrag aus der Gewerkschaftskasse ins Elsass, wo sie einen Franzosen heiratete. Den kleinen Rest in der Kasse schickte nachher der Präsident der Arbeiterkommission, Hans Dietrich-Schaad, an die Lawinengeschädigten von Mattmark. Danach trat die ganze Belegschaft aus der Gewerkschaft aus. Sie konnte ihre sozialen Forderungen auch ohne die Unterstützung der Gewerkschaft durchbringen und sparte erst noch die Beiträge.

Schreiner Werner Tschopp.

Werner Tschopp (5. November 1945 bis 1949), unser ausgezeichneter Schreiner, der auch die feinsten Webstuhlarbeiten ausführen konnte. Er verfertigte uns die vielen Holzbrettchen zur Verbesserung der automatischen Behenkabwicklung* und zur Vereinfachung und Reduzierung des Bremsgewichtes bei den Zettelrollen*. Zu einem Jubiläumsfest von Direktor Ernst Thommen in der Kunsthalle Basel baute er als Geschenk des Betriebes Ziefen eine prächtige Zigarrenkiste aus Nussbaumholz mit passendem Schloss und wunderschönen Eisenbeschlägen. Natürlich hatten wir das Kistchen mit Winston-Churchill-Zigarren, der Hausmarke von Herrn Thommen, gefüllt. Herr Thommen war hoch erfreut über dieses nützliche Geschenk, das ihn immer an den Betrieb Ziefen erinnern sollte. Werner Tschopp ging später als Betriebsschreiner in die Höhenklinik Barmelweid, wo er für alle Unterhaltsarbeiten an Haus und Mobiliar zuständig war. Dieser Posten brachte ihm nicht nur eine finanzielle Besserstellung, sondern auch eine grosse Mitverantwortung. Bei seinen späteren Familienbe-

Die ersten Schweizerinnen 1946 vor der Kantine der Fabrik.
Hintere Reihe von links nach rechts: Emma Senn-Schweizer,
Mathilde Rudin, Selma Aerni, Berta Baumgartner; vordere
Reihe: Rosa Wirz-Baumann, Sophie Rudin, Dora Hertner (bei
den damals nicht Verheirateten jeweils die ledigen Namen).

suchen in Ziefen kam er regelmässig zu uns in die Fabrik, um sich über
den neuesten Stand der Maschineneinrichtungen zu informieren.

Heinrich Tschopp-Dunkel (8. Oktober 1945 bis 13. Januar 1951) war unser
erster Heizer und Packer, der am Anfang noch mit ganzen «Holzspälten»
heizen musste, weil es damals an Kohle und Heizöl fehlte. Ich hatte für
den Winter 1945/46 insgesamt 96 Ster Buchenholz für die Fabrikheizung eingekauft. Mit dem Waldchef Nägelin von Reigoldswil konnte
ich, nach einem guten Fussmarsch, diese grosse Holzmenge an der Strasse
oberhalb des Zingelentunnels bei der Wasserfalle begutachten. Heinrich
Koch-Sterchi transportierte dann dieses wertvolle Holz mit seinem Last-
wagen von dort oben zu uns in die Fabrik, wo es im Holzschopf eingelagert wurde.

Alfred Wahl-Baumgartner (5. November 1945 bis 30. September 1987) half
zuerst auch bei Vorbereitungsarbeiten mit. Ich sehe ihn heute noch, wie er

damals, mit Ledergamaschen und einem Allwetterhut ausgerüstet, den Waschhafen feuerte und mit heissem Sodawasser die vielen Webstuhlteile und Stotzen wusch. Es war eine harte Arbeit, die bei jeder Witterung unter einem Vordach im Freien gemacht werden musste. Da Alfred Wahl im Bauernhof «Fraumatt» in Ziefen aufgewachsen war und dort auch alle möglichen Arbeiten verrichten musste, fiel ihm diese harte Arbeit nicht schwer. Später half er dann mit bei vielen Montagearbeiten und beim Webstuhleinrichten. Dank seiner ruhigen und besonnenen Art war er auch zu mehr fähig. So wurde er dann unser zuverlässiger Zettlermeister, der während 42 Jahren seine Abteilung pflichtbewusst und mit grosser Sachkenntnis führte. Er hatte ein gutes Gedächtnis und konnte nach Jahren noch die Auftrags-Nummer* einer gearbeiteten Qualität im Bereich von etwa 50 Nummern sagen. Er war auch sehr ordnungsliebend und dienstbar und galt quasi als unser menschlicher Computer im Betrieb Ziefen.

Hans Dietrich-Schaad (5. November 1945 bis 2. Juli 1949) war ein guter Ecossaisweber*. Durch seine aufgeschlossene und resolute Art war er der richtige Mann für das Präsidium der Arbeiterkommission. Er setzte sich für die Belange der Arbeiterschaft ein und erreichte die sozialen Ziele nötigenfalls mit grosser Beharrlichkeit. Mit ihm als Präsidenten der Arbeiterkommission konnten auch disziplinarische Missstände bei den ehemaligen Heimposamentern behoben werden. Diese waren das eigenständige Arbeiten zu Hause gewohnt und hatten am Anfang sehr Mühe, sich in die Fabrikordnung einzufügen. Er verliess uns im Jahr 1947, um im neueröffneten Kleinbetrieb der Firma Scholer & Co. AG in seiner Wohngemeinde Reigoldswil zu arbeiten. Dort wurde er als Meister eingesetzt und trug dann die Verantwortung für eine gute und exakte Produktion.

Adolf Vogt-Rudin (4. Dezember 1945 bis 20. Februar 1954) und Friedrich Vogt (5. Dezember 1945 bis 1947). Die beiden Brüder waren unsere ersten Weber in der neuen Fabrik. Zuerst mussten sie auch wacker bei der Webstuhlmontage mithelfen. Sie waren Zuträger der gewaschenen Webstuhlteile.

Jakob Tschopp-Hug (10. Dezember 1945 bis 30. April 1979) war unser treuer und zuverlässiger Haspler, der am Anfang mit seinem fahrbaren Haspel noch bei den Webstühlen die Bänder haspeln musste. Mit den neuen Bandaufwicklungen bei den umgeänderten Webstühlen konnte er dann später einen festen und zentral gelegenen Haspelplatz bekommen. Alle Ware wurde dort gehaspelt und auf Tischen für die Kontrolle bereit gelegt. Ich selbst visitierte dort alle Bänder, worauf sie J. Tschopp für den Transport nach Basel sehr sorgfältig und fachgerecht in starke Spezialkis-

ten verpackte. Bei fehlerhafter Ware wurde der schuldige Weber herbei-
gerufen und es wurden ihm die Fehler gezeigt. Das war für den Betroffe-
nen schon eine genügende Strafe, wenn er vor aller Augen eine Rüge von
mir entgegennehmen musste. Es war aber auch eine gute Methode, um
die Mitarbeiter zu einer exakten Arbeit zu erziehen. Jakob Tschopp hatte
während seiner 34jährigen Dienstzeit Bänder in der Länge von mehreren
Erdumfängen gehaspelt und dabei auch viele Dessins mit schönen Farbdispositionen darunter gehabt. Es gab aber auch öfters Ärger für ihn,
wenn gewisse Arbeiter ein Durcheinander in den Bandkisten hatten. Nur
mit viel Mühe und grossem Zeitaufwand konnte er diese Ware haspeln.
Er musste sie auch öfters zerschneiden, weil das «Gnusch» nicht mehr
aufgelöst werden konnte. Die Ware war dann meistens zerdrückt und
musste in der Appretur in Basel wieder in Ordnung gebracht werden.

Frieda Antonini-Heid (20. Dezember 1945 bis 26. Juni 1964) war unsere
erste Andreherin, die das Andrehen der Kettseide schon lange bei den
Webstühlen der Heimposamenter in Bubendorf besorgt hatte. Sie
beherrschte diese Arbeit perfekt und lernte dann durch die beiden Frauen
Stein und Hulftegger aus Basel noch das richtige Vorbereiten und Einziehen von Webgeschirren. Sie war eine sehr geschickte und intelligente
Frau, die es auch sehr gut verstand, neuen Mitarbeiterinnen diese Arbeiten beizubringen. Noch viele Jahre nach ihrer Pensionierung durften wir
sie immer wieder zur Aushilfe herbeirufen, wenn eine Andreherin krank
oder in den Ferien war.

Mathilde Rudin (14. Januar 1946 bis 31. Juli 1989). «Mathilde», wie wir
sie alle nannten, war unsere zuverlässigste Winderin. Sie hatte alle Arten
der Winderei ausgeführt, von der Strangen- zur Kuchenwinderei* auf den
Wegmann-, Brügger- und Rattimaschinen, bis zu der Konenspulerei* auf
den Schärermaschinen. Zuletzt musste sie noch das Spulenwinden auf
Vollautomaten lernen. Sie hatte auch beim Aufbau der Nylon- und Poly-
esterzwirnerei* mitgeholfen. Die Mathilde war einfach immer da und
führte alle diese Arbeiten mit grossem Fleiss und Zuverlässigkeit aus.
Dank ihrer Aufgeschlossenheit und ihres gesunden Humors war sie in
allen Situationen eine grosse Stütze für unsern Betrieb. Sie arbeitete
immerhin 43½ Jahre für Senn & Co. AG, eine Leistung, die grosse Hochachtung verdient. Sie hatte grosse Angst vor Mäusen. Den Herren A.
Wahl und E. Recher machte es grossen Spass, wenn sie Mathilde mit
einer gefangenen Maus erschrecken konnten. Wegen ihres exakten Arbei-
tens war sie ein gutes Vorbild für die Lehrtöchter, die bei ihr das Winden,
Spulen und Zwirnen lernten. Sie zeigte auch den anderen Mitarbeiterinnen, wie man mit Geduld und Können selbst schlechtes Material noch

winden konnte. Man musste sie einfach bewundern und gernhaben, die Mathilde!

Ruth Althaus-Hertner (12. Dezember 1946 bis 5. November 1949 und 27. März 1951 bis 1991) war unsere erste und langjährige Behenkzettlerin*, die wir leider 1949 wegen schlechter Auftragslage entlassen mussten. Ab 1951 hatte dann das Geschäft wegen des Koreakrieges wieder stark angezogen, so dass wir sehr froh waren, dass Frau Althaus wieder bei uns arbeiten wollte. Sie war eine schüchterne Person, die viele Schicksalsschläge erleiden musste. Trotzdem erfüllte sie in ihrer gewohnten, stillen Art die jahrzehntelange Zettlerarbeit in unserer Vorwerk-Abteilung bestens. Sie war die treue und fleissige Mitarbeiterin, die einfach zu unserem Geschäft gehörte, und die wir alle sehr schätzten.

Margrit Furler-Rudin (14. Januar 1946 bis 27. Juni 1952 und 11. November 1975 bis 31. Juli 1988). Sie war am gleichen Tag wie ihre Schwester Mathilde Rudin bei uns eingetreten. Als ruhige und exakt arbeitende Person war sie eine zuverlässige Stütze in der Sektionalzettlerei. Bei ihr galt auch der Grundsatz: «Gut gezettelt ist halb gewebt!» Nachdem ihre Kinder erwachsen waren, wollte sie auch wieder einen halben Tag bei uns arbeiten. Wir waren ja immer froh über jede tüchtige und zuverlässige Arbeitskraft.

Johannes Furler-Schlumpf (21. Januar 1946 bis 27. Juli 1949), «dr Jonathane Hans». Mit dem Jahrgang 1882 war er unser ältester Weber in der Fabrik. Er galt während der ganzen Zeit als unser bester und zuverlässigster Weber von 4-schiffligen Ecossaisbändern. Selbst mit dem schwierigsten Viscosematerial kam er immer zurecht. Es gab manchmal Farben, die miserabel liefen, und bei denen er immer wieder aufgerissene Fäden, sogenannte «Böllen», herausbrechen musste. Durch sein ruhiges und exaktes Arbeiten war er der richtige Mann für das Weben von sehr schönen, aber auch heiklen Ecossaisqualitäten. Als Posamenter hatte er vorher viele Jahre zuhause gewebt und nebenbei noch ein wenig Landwirtschaft betrieben. Am 23. Oktober 1951 wurde er als erster Ziefner auf der neu erstellten Friedhoferweiterung bestattet.

Rosa Furler-Widmer (21. Januar 1946 bis 27. Juli 1949), «'s Tanne Rosi». Sie war mit dem Jahrgang 1873 unsere älteste Arbeiterin, nämlich bei ihrem Eintritt schon 73 Jahre alt. Wir waren am Anfang über jede Person froh, die von der Posamenterei etwas verstand und vor allem Spezialarbeiten ausführen konnte. Anfänglich hatte sie Strangenware gewunden und wurde dann als Andreherin eingesetzt. Diese Arbeit machte sie sehr exakt und auch gern. Wenn es aber auf die Fasnacht hin ging, dann konnte man sie nicht mehr bei der geliebten Arbeit halten. Am schmutzigen Donnerstag meldete sie sich immer für zwei Wochen Fasnachtsferien ab. Am Donnerstag nach der Basler-Fasnacht erschien sie dann wieder zur Arbeit, meistens erkältet und mit einer heiseren Fasnachtsstimme.

Hans Mundschin (18. Februar 1946 bis 9. Februar 1962) war ein guter Weber, der den Weberberuf sogar einige Jahre in Budapest ausgeübt hatte. Er war ein schalkhafter Typ, der sich sehr gut mit den jungen Mitarbeitern verstand. Bei jedem Streich in der Fabrik hatte er seine Hand im Spiel. Sein Nebenmann in der Weberei, Heinrich Straumann-Wahl, wurde oftmals aufgeschreckt, wenn beim Weben ein Gewichtstein auf den Holzboden polterte, den ihm Hans Mundschin während der Mittagspause auf die hintere Webstuhlschwelle gelegt hatte. Mit unschuldiger Miene fluchte dann Hans Mundschin über die jungen Mitarbeiter, die solche Streiche machten und konnte damit seinen Arbeitskollegen Straumann wieder beruhigen.

Die jungen Schäferbrüder hatten ihn dann aber selber an die Kandare genommen. Zweimal nahmen sie ihm seine Znüniwurst aus dem Garderobekasten und assen sie. Mit grossem Zorn beklagte er sich darüber und verlangte von mir, den Sünder ausfindig zu machen. So wie ich den Sachverhalt beurteilte, konnten für diese Tat nur die Gebrüder Schäfer in Frage kommen. Ich rief dann zuerst den älteren Max Schäfer zu mir und sagte zu ihm: «Gäll, du hast dem Hans Mundschin die Wurst gestohlen?» Auf die direkte und unerwartete Frage antwortete er: «Ich nicht, aber mein Bruder Marcel.» Beide Brüder mussten sich dann bei Hans Mundschin entschuldigen und ihm den Schaden vergüten. Mit beidseits heiterer Miene endete dann diese heikle Angelegenheit.

Eines Morgens bei meinem Rundgang sass Hans Mundschin auf dem Gewichtstrog in der hinteren Fabrikecke und klagte über schreckliche Zahnschmerzen. Ich schaute ihm dann in den Mund und sah ein wüstes Bild von lauter Zahnruinen. Meine Aufforderung, dass er zum Zahnarzt gehen müsse, beantwortete er mit einem ängstlichen Abwinken. Darauf ging ich sofort in mein Büro und teilte telefonisch diesen schwierigen Fall meinem Zahnarzt, Herrn Dr. Hans Lenzin, in Liestal mit. Zu meiner Befriedigung war Herr Dr. Lenzin bereit, Herrn Hans Mundschin am nächsten Morgen um 10 Uhr zu behandeln. Hans Mundschin wirkte wie gelähmt, als ich ihm mitteilte, dass er am kommenden Tag um 10 Uhr beim Zahnarzt sein müsse und ich diesen ersten Behandlungstermin auch seiner Mutter gemeldet habe. Überhaupt solle er erst wieder zur Arbeit kommen, wenn nach der bevorstehenden Prozedur die Nachschmerzen einigermassen erträglich seien. So wie ich den Mundschin Hans einschätzte, war es gar nicht so sicher, dass er anderntags zum Zahnarzt gehen werde. Ich fuhr deshalb an diesem Morgen mit dem Motorrad nach Liestal und begab mich hinter dem Gerichtsgebäude in Deckung. Zu meinem Erstaunen stieg Hans Mundschin beim Bahnhof wirklich aus dem Postauto und bewegte sich sofort Richtung Allee. Auf der Treppe beim Herwegh-Denkmal blieb er dann kurz stehen und wollte wieder umkehren. In diesem Moment trat ich aus meiner Deckung heraus und ging auf ihn zu. Es brauchte noch einen aufmunternden Zuspruch, bis er nachher mit mir zu Herrn Dr. Lenzin ging. Der Zahnarzt empfing ihn mit freundlichen Worten und führte ihn anschliessend ins Behandlungszimmer. Nachdem er auf dem Zahnarztstuhl Platz genommen hatte, munterte ich ihn nochmals auf und verabschiedete mich dann. Nach einer Woche erschien er wieder zur Arbeit und meldete mit Stolz, dass er die ganze Zahnausräumung tapfer durchgestanden habe. Herrn Dr. Lenzin habe ihn auch entsprechend gelobt, und er sei sehr stolz darauf. Er bekam dann ein schönes, künstliches Gebiss, sah viel vorteilhafter aus und konnte natürlich wieder besser essen. Nach kurzer Zeit schon hatte er an Gewicht zugelegt und seine Spässe kamen wieder wie gewohnt. Der grosse Teil der Belegschaft mochte den Mundschin Hans sehr gut, weil er ein interessanter und glatter Kerl war.

Dora Rudin (18. Februar 1946 bis 13. März 1980), «Flüeli Dorli» (ein Dorfname mit Bezug auf das Restaurant «Flüeli» in Arboldswil). Sie war am gleichen Tag wie ihr Bruder Traugott Rudin-Thommen bei uns eingetreten. Die Geschwister kamen noch einige Jahre zu Fuss von Arboldswil nach Ziefen zur Arbeit. Erst mit der Verbesserung der Autobusverbindung konnten sie sich diesen täglichen Fussmarsch ersparen, den sie bei jedem Wetter hatten zurücklegen müssen. Ihr mitgenommenes Mittagessen konnten sie in einem Wärmeschrank in der Fabrikkantine aufwärmen.
Dora Rudin machte bis 1972, d. h. bis fast zum Ende der Schiffchenweberei, Spüli. Zuerst auf der grossen Schweiter-Kreuzspülimaschine, bei der sie die vollen Spülchen von Hand wegnehmen musste. Sie legte sie dann schön säuberlich und nach Farben getrennt in die betreffenden Stuhl-Spülchenkistchen. Mit ihren feinen und geschickten Händen steckte sie nachher die leeren Spülchen an und liess die Spulstelle* wieder laufen. Ihre Exaktheit wurde von den ordentlichen Webern sehr geschätzt und gelobt. Wie oft musste sie sich doch ärgern, wenn die schöne Ordnung im Spülchenkistchen von einem schussligen Weber zerstört wurde. Mit viel Geduld stellte sie jeweils diese Ordnung wieder her. Beim nächsten Mal konnte es aber auch bei der so ruhig wirkenden Dora ein Donnerwetter absetzen. Und manchmal schaute für Dora auch ein Stückchen Schokolade oder ein Bonbon dabei heraus.

Später kamen dann der Bobinen-Halbautomat von Schärer, die englischen Kreuzspulautomaten von Muschamp-Tailor und die deutschen Hakoba-Spulautomaten, welche die Schweitermaschine ersetzten. Mit diesen neuen Maschinen war die manuelle Arbeit leichter. Sie hatten aber auch ihre Tücken und mussten öfters von den Mechanikern repariert und wieder neu eingestellt werden. Vor allem die Messer der Hacoba-Automaten, die den Spülifaden beim Wechsel abschnitten, mussten öfters neu geschliffen werden. Das synthetische Nylon- und Polyestermaterial entschärfte die Messer viel schneller als die weichere Viscose. Dafür gab es bei diesen beiden Materialien weniger Maschinenstillstand wegen Fadenbruchs. Dora Rudin arbeitete dann später bis zu ihrer Pensionierung im Jahr 1980 noch als exakte und zuverlässige Mitarbeiterin in der Einzieherei.

Albert Waldner-Tschopp (25. Februar 1946 bis 4. April 1952), «dr Sattler Albärt». Nur während sechs Jahren arbeitete er als vielseitiger und tüchtiger Weber in der Fabrik. Vorher war er Dorfcoiffeur und Posamenter gewesen. Seine Frau löste ihn jeweilen beim Weben ab, wenn er Haare schneiden musste. Und als er in der Fabrik arbeitete, übte er seinen Coiffeurberuf noch am Abend aus. Seine Frau posamentete dann alleine weiter. Vor allem die älteren Männer im Dorf schätzten es sehr, wenn sie nach Feierabend noch zum Coiffeur gehen konnten. Er verstand es auch sehr gut, mit aufmunternden Worten die kleinen, ängstlichen Kinder zu beruhigen, wenn er ihnen das «Tschübbeli» wegschnitt. Als Belohnung für das ruhige Hinhalten bekamen sie dann meistens ein hausgemachtes Rahmtäfeli. Diese Coiffeurromantik bleibt mir ewig in Erinnerung.

Walter Weber (11. März 1946 bis 31. Juli 1976) war ein kauziger, seltsamer Junggeselle mit grossen Hemmungen und oftmals geistiger Abwesenheit. Die Webstühle wurden ihm öfters von den Mitarbeitern abgestellt, wenn er so vor sich hindöste. Dadurch konnte ein grösserer Schaden vermieden werden. Er war ein sehr belesener und intelligenter Mensch, der sich dauernd mit aktuellen Problemen auseinandersetzte. Sehr glücklich war er, wenn ich mir ab und zu die Zeit nahm, um mit ihm über ein wichtiges, aktuelles Thema zu sprechen. Dann konnte er mit schönen und gewählten Worten seine Ansicht dazu äussern. Ich fand in diesem Moment immer, dass er besser Schriftsteller statt Bandweber geworden wäre.

Ernst Schlumpf (1. April 1946 bis 31. August 1976), «dr Lixe-n Ärnscht». Er war quasi das «Mädchen für alles» in unserem Betrieb. Alle Putz- und Aufräumarbeiten, die sonst niemand machen wollte, konnten ihm anvertraut werden. Seine Hauptaufgaben bestanden darin, die Webgeschirre zu wechseln, die Webstühle aufzumachen, die Stuhlgewichte anzuhängen und die Webladen zu putzen, ferner die Abfallkübel zu leeren und das Abfallpapier zu pressen. Er war ein sehr eigenwilliger Kerl, der die Arbeiten nur nach meinem schriftlichen Programm ausführte. Manchmal gab es sogar Unstimmigkeiten mit den Meistern, wenn sie ihm zwischenhinein Arbeiten zuweisen wollten, die nicht auf seinem schriftlichen Programm standen. Es brauchte dann einen kurzen Befehl von mir, und schon lief er wieder wie ein Örgeli und führte auch diese Arbeit ordnungsgemäss aus. Ernst Schlumpf lebte bescheiden und fühlte sich glücklich, wenn er am Sonntag mit seinem Freund Ernst Hug durch Feld und Wald spazieren konnte. Er beobachtete die Natur und verglich sie mit früheren Jahren. Meistens gingen sie zum Abschluss noch in ein Restaurant und löschten dort den Durst mit einem guten Glas Wein oder einem kühlen Bier. Er war während seiner langen Dienstzeit nie ernsthaft krank; er war immer da, wenn man ihn brauchte. Unser Werkstattchef Emil Roth sagte immer wieder, dass Ernst Schlumpf für mich (aber nur für mich) durchs Feuer liefe oder ins Wasser spränge, wenn ich es von ihm verlangen würde. Eine so grosse und treue Ergebenheit eines Mitarbeiters kann man sich heute kaum mehr vorstellen. Auch später noch strahlte sein ganzes Gesicht, wenn ich ihm unterwegs begegnete und wir alte Erinnerungen auffrischen konnten. Er war ein lieber, jedoch eigensinniger Mensch in unserer Belegschaft. Bei unseren schönen Geschäftsausflügen kam er nie mit. Da nützte auch mein Zureden nichts, weil er sich in seinem vertrauten Dorf am wohlsten fühlte und das Fremde und Gesellige nicht so mochte. Mit der Gewerkschaft stand er auf Kriegsfuss, da sie ihn immer wieder aufforderte, Mitglied zu werden. Die ganze Angelegenheit endete dann mit einem groben Brief, den er an sie gerichtet hatte. Die Kopie dieses Briefes bekamen wir von der Gewerkschaft zugestellt mit dem Hinweis, dass sie auf ein so unverschämtes Mitglied gerne verzichten möchten.

Heinrich Straumann-Wahl (9. April 1946 bis 3. Januar 1957) war ein sehr geschickter und zuverlässiger Weber, den man den kleinen, molligen «Brummbär» nannte. Die Spülimacherin Dora Rudin hatte er einige Male angebrummt, weil sie ihm angeblich zu wenig Spüli machte. Wenn sie dann weinend ins Büro kam und mir beteuerte, dass sie viele Spüli gemacht habe, musste ich den ganzen Sachverhalt genau abklären. Meistens stellte sich heraus, dass ein anderer Weber die Spüli aus dem Kistchen von Heinrich Straumann genommen hatte, um ihn zu ärgern. Zudem gab es dann immer wieder dasselbe Trauerspiel zu beobachten, an dem sich der Verursacher insgeheim erfreuen konnte. Als wir ihn dann schlussendlich erwischten und ein grosses Donnerwetter von allen Seiten her über ihn erging, hörte diese Schikaniererei augenblicklich auf.

Es gab schon immer schadenfreudige Leute, deren Genugtuung es war, andere Leute ärgern zu können. Und es wird auch in Zukunft so bleiben, wenn sich die Menschheit nicht grundlegend ändert. Dazu dürfte es wohl nie kommen.

Gerhard G. (Name geändert) (22. Juli 1946 bis 21. Februar 1947) war ein guter und fleissiger Weber, wenn er nüchtern war. Jeden Tag und bei allem Wetter pedalte er mit seinem Velo von Liestal nach Ziefen. Etwa eine halbe Stunde vor Arbeitsbeginn wartete er schon vor dem Fabriktor und nahm regelmässig einen grossen Schluck Alkohol aus seiner Feldflasche. Es war schade für diesen tüchtigen Weber, dass er – trotz mehrerer Ermahnungen – sich nicht mässigen konnte und wir ihn wegen des grossen Unfallrisikos schliesslich entlassen mussten. Er wollte sich danach einer Entzugskur unterziehen, jedoch ohne Erfolg, weil er den nötigen Durchhaltewillen dazu nicht hatte. Leider sind öfters gute Facharbeiter dem Alkohol verfallen.

Albert Bitterlin-Blind (14. Januar 1946 bis 11. April 1946) war unser erster Webermeister in der Fabrik Ziefen. Als erfahrener, tüchtiger Landposamenter in Rünenberg hatte er die Fähigkeit, die neuaufgemachten Webstühle in Betrieb zu setzen. Der tägliche Arbeitsweg von Rünenberg nach Ziefen passte ihm aber nicht. Er hätte eigentlich bis Ende Juli, d.h. bis zur Ablösung durch Meister Walter Schwander, in Ziefen ausharren müssen. Wegen seiner Nervosität und grossen Ungeduld mit den Untergebenen war es für alle eine Erlösung, als er seine Meistertätigkeit schon nach drei Monaten aufgab. Er war eben der eingefleischte Landposamenter, der die Selbstständigkeit gewohnt war und sich nicht in ein Arbeitsteam einfügen konnte.

Wilhelm Löffel-Salathe (21. Oktober 1946 bis 22. Juni 1956). Zuerst arbeitete er als Hilfsarbeiter in der Werkstatt. Er wurde dann Nachfolger von Heinrich Tschopp-Dunkel als Heizer und Packer. Willy Löffel war ein vielseitig begabter Mann und vor allem ein grosser Naturfreund. Das Fotografieren seltener und wichtiger Dinge war schon immer sein Hobby. Ab 1956 arbeitete er dann bei der Basellandschaftlichen Zeitung, wo er vermehrt Gelegenheit hatte, seine schönen Fotos mit dem zutreffenden Kommentar publik zu machen. Auf diese Art blieben auch viele wichtige Ereignisse aus dem Dorf der Nachwelt erhalten.

Walter Schwander-Besch (2. August 1946 bis 31. Januar 1961) war vor seiner Tätigkeit in Ziefen unser Musterweber im Betrieb Basel. Er war auch mein webtechnischer Lehrmeister, von dem ich sehr viel profitiert hatte.

Vom 2. August 1946 bis zu seiner Pensionierung im Jahr 1961 war er Webermeister in Ziefen. Leider war er stark schwerhörig. Seine Schwerhörigkeit machte ihn sehr misstrauisch und auch wortkarg. Er hatte oft unnötige Auseinandersetzungen mit seinen Untergebenen. Ich musste manchen Streit schlichten und mit viel Geschick vorgehen, um die Arbeiter am Weglaufen zu hindern. Besonders die strenggläubigen Mitarbeiter hatte er in der Nase. Nach der Pensionierung betätigte er sich noch einige Jahre als Hilfsbriefträger in Ziefen. Bei dieser Arbeit hatte er eine grosse Freiheit, fühlte sich wohl dabei und schätzte auch den Kontakt zur Dorfbevölkerung.

Rosa Tschopp-Rudin (15. Oktober 1946 bis 31. März 1976), «'s Höfli Rosi». Da sie auch andrehen konnte und eine sehr exakte und dienstbare Person war, haben wir sie als unsere vielseitigste Weberin betrachtet. Sie kam mit den schwierigsten Aufgaben zurecht und konnte mit ihrer sprichwörtlichen Ruhe und Geduld an heikle Webstühle versetzt werden, was man von vielen anderen Webern und Weberinnen nicht erwarten konnte. Sie war immer der freundliche und gute Hausgeist in der Weberei!

Georg Rudin (25. November 1946 bis 30. Oktober 1961) war ein wohlerzogener, arbeitsfreudiger und hilfsbereiter Bauernsohn vom Hof Rosacher in Ziefen. Er hatte auch eine schnelle Auffassungsgabe und vor allem viel Geduld. Nach einem umfassenden Praktikum in Weberei und Werkstatt und der Absolvierung von webtechnischen Abendkursen in Basel war er der geeignete junge Mann, den wir zunächst als Hilfsmeister einsetzen konnten. Weil er es als strenggläubiger Christ oft mit Meister Schwander schwer hatte, musste vor allem ich mich um seine Weiterbildung kümmern. Er war jedoch sehr gelehrig und musste auf mein Verlangen hin alle wichtigen Erkenntnisse beim Stuhlrichten und Weben in ein persönliches Nachschlageheft eintragen. Mit der Zeit hatte er ein gutes Fachheft, auf das er bei Schwierigkeiten zurückgreifen konnte. Dadurch war er auch nicht auf die Ratschläge seines Rivalen Schwander angewiesen. Er kam auch sehr gut mit den Werkstattleuten aus, die ihm jederzeit mit Rat und Tat beistanden. Zum grossen Bedauern mussten wir ihn dann als tüchtigen Webermeister verlieren, weil er sich zum Prediger berufen fühlte. Nach der Predigerschule bei der Chrischona-Gemeinschaft war er dann Prediger in Känerkinden und Seewis. Da ihn das Heilige Land Israel sehr anzog, war es nicht verwunderlich, dass er dort längere Zeit in einem Kibbuzzim arbeiten wollte. Er studierte in dieser Zeit auch die jüdische Religion und besuchte ihre Kultstätten. Wenn er ferienhalber wieder ins Heimatdorf zurückkam, machte er regelmässig einen Höflichkeitsbesuch in unserer Fabrik. Er wollte sich informieren, wie weit wir mit der

Automatisierung vorangekommen waren und welche Pläne wir noch hatten. Der Kontakt mit seinen ehemaligen Mitarbeitern bereitete ihm immer grosse Freude. Ich entsinne mich noch gut, wie beseelt und begeistert er jeweilen von seinen religiösen Studien und entsprechenden Erfahrungen sprach. Seine ganze Lebenseinstellung und das Erdulden vieler Unannehmlichkeiten beeindruckten mich immer wieder. Später war er glücklich verheiratet und betätigte sich als Telefonseelsorger in Chur.

Hans Urwyler (8. April 1947 bis 17. März 1956), «dr Ätti». Nach dem frühen Tod seiner lieben Gattin nahmen meine Frau und ich ihn in unsere Familie auf. Seine verheiratete Tochter war die ehemalige Schulfreundin meiner Frau. Wir waren also nicht verwandt miteinander. Bei einem Gottesdienst in Arlesheim sahen wir ihn wie ein Häufchen Elend vor uns in der Kirchenbank sitzen. Nach dem Gottesdienst sprachen wir noch einige Worte mit ihm. Danach reifte in uns der Gedanke, diesen ruhigen, braven Mann zu uns nach Ziefen zu nehmen, um ihn wieder in seine geliebte Posamenterarbeit zurück zu führen. Er hatte in jungen Jahren als Posamenter in Lauwil gearbeitet und zog erst nach der Verheiratung nach Neu-Arlesheim ins untere Baselbiet. Dort arbeitete er seit vielen Jahren in der Zwirnerei Schappe AG, wo verschiedene Garne hergestellt wurden. Demzufolge war er dem textilen Arbeiten stets treu geblieben. Mangels qualifizierter Arbeitskräfte war er natürlich im Betrieb Ziefen sehr willkommen. Nach einer längeren Webzeit konnten wir ihn neben Meister Schwander als Hilfsmeister einsetzen. Weil beide Männer fast gleich alt waren, kamen sie relativ gut miteinander aus. Und weil «dr Ätti» ein gewissenhafter Mensch war, hatte er auch keinerlei Mühe im Umgang mit den Mitarbeitern. Alle schätzten ihn sehr und unterstützten ihn tatkräftig, wo immer sie konnten. Er hatte dann in zweiter Ehe die Ziefnerin Hanna Rudin («'s Diegmatt Hanny») geheiratet. Zur grossen Freude und mit Genugtuung konnte er nach der Pensionierung doch noch seinen Jugendtraum verwirklichen. In der Diegmatt, seinem neuen Heim, konnte er sich als Kleinbauer betätigen. Er hegte und pflegte seine Kuh und die beiden Rinder, dass es eine wahre Freude war. Unsere Kinder liebten den Ätti und nutzten auch jede Gelegenheit, um mitarbeiten zu können. Das tat ihnen nur gut; lernten sie doch, wo das tägliche Brot herkam und wie hart man es erschaffen muss.

Man darf nicht vergessen, dass unsere Fabrikweber/innen meistens langjährige Heimposamenter/innen gewesen waren, die ein sehr eigenständiges Leben geführt hatten. Für viele von ihnen war es schwer, sich an die Fabrikordnung mit den eindeutigen Verhaltensvorschriften zu halten.

Der grösste Teil der Belegschaft fand sich schnell damit ab; mit einigen Eigenbrötlern gab es aber immer wieder Anstände. Sie gingen dann nach kurzer Zeit wieder weg, oder wir mussten ihnen kündigen. Sogenannte Störenfriede sind für jeden Betrieb schädlich und können nicht akzeptiert werden.

Der Anfang

Während dieser Anfangszeit ereigneten sich auch viele lustige Dinge. Wir hatten damals nur die Werkstatt als geschlossenen und beheizbaren Aufenthaltsraum. In der grossen Fabrikhalle wurden zuerst der tannene Blindboden und darauf der Parkettboden aus Eschenholz montiert. Parallel dazu verglaste man unten die Shedfenster und hängte sie dann oben ein. Die Heizung konnte erst anschliessend in Betrieb genommen werden. In dieser kritischen Übergangszeit hatten wir in der Werkstatt einen Holzofen, dessen Ofenrohr durch ein Fenster ins Freie geführt wurde. In diesem geheizten Raum stand auch mein Stehpult, an dem ich meine laufenden Schreibarbeiten erledigen konnte. Alle Korrespondenzen mit der Schreibmaschine musste ich noch längere Zeit am Abend auf meinem Zimmer erledigen. Ich wohnte vom 23. Okt. 1945 bis zu meiner Heirat am 25. Mai 1946 bei der Familie Walter Recher-Recher. Sie hatte in Ziefen eine grosse Hühnerfarm und eine mechanische Werkstätte, in der sie die ersten und bekannten Chroma-Waschmaschinen herstellten. Dort war ich die ganze Woche über gut aufgehoben und durfte auch im Kreise der ganzen Familie das reichhaltige Frühstück und Abendessen einnehmen. Für das Mittagessen begab ich mich ins Restaurant Rössli, wo ich auch sehr gut bedient wurde. Dort konnte ich neue Leute kennen lernen und war froh über jeden menschlichen Kontakt als Abwechslung zu meiner grossen Arbeitslast und Verantwortung. Der Kontakt zu «Vater» Walter Recher blieb auch in späteren Jahren immer gut, und er kam öfters zu mir ins Büro, wenn ihn ein Problem beschäftigte und er meine Meinung dazu hören wollte.

(Hätte er damals meinen Rat befolgt, dann wäre die neugebaute Chroma AG nicht schon nach wenigen Jahren eingegangen. Dann wäre an erster Stelle eine maximal eingerichtete Produktionsstätte gekommen und nicht zur Repräsentation schöne Büroräume und ein luxuriöser Ausstellungsraum. Zuerst kommt immer die Produktion, welche dann die Mittel für den «Luxus» bringen kann.)

Mein definitives Büro konnte ich erst im Februar 1946 beziehen. In der Anfangsphase des Fabrikaufbaues mussten wir öfters frieren und trotzdem die uns aufgetragenen Arbeiten verrichten. Es waren alle froh, wenn sie in der Znüni- und Mittagspause in der geheizten Werkstatt die Hände am warmen Ofen wärmen konnten. Die Gebrüder Vogt nahmen ihr Essen immer im Rucksack mit, der in der Werkstatt an einem Nagel hing. Weil der Fabrikkeller während der Bauzeit noch offen war, hatten wir viele Mäuse, die nach oben kamen und sich an alles Essbare heran machten. Adolf Vogt musste eines Mittags mit Entsetzen feststellen, dass eine Maus ein Loch durch seinen Rucksack und das Brot und den Käse gefressen hatte, obschon der Rucksack an der Wand hing. Von diesem Moment an nannte man ihn in der Fabrik nur noch den «Mausvogt». Ich erinnere mich auch noch gut, wie die beiden Vogtbrüder beim Tragen einer Weblade jeder in der Gegenrichtung gehen wollte und sie dadurch nicht vom Fleck kamen. Es gab dann eine gegenseitige Beschimpfung zur Ergötzung der anderen Mitarbeiter. Sie waren zwei gemütvolle Arbeiter, die sonst nicht aus der Ruhe zu bringen waren und an denen man seine helle Freude haben konnte. Die Gebrüder Vogt waren auserkoren, auf den beiden ersten Webstühlen zu weben, die in der hintersten, linken Fabrikecke standen. Auf diesen beiden Webstühlen war die Qualität 23405 als Viscose-Taffet mit Langende aufgemacht. Ein Webstuhl mit 44 Bändern, 11 Französische Linien* breit, alle in der Farbe Blanc 1; der andere Webstuhl mit 32 Bändern, 17 Französische Linien* breit, alle in der Farbe Coquelicot 74. Ich selbst hatte die ganze Nacht zuvor durchgearbeitet, damit die beiden Webstühle auf die Einweihungsfeier hin betriebsbereit waren. Es war eine schauerliche Nacht bei kalter Temperatur, schlechtem Licht und vielen Geräuschen von Mäusen und anderem Getier. Leider gelang dieses Vorhaben nicht ganz, weil die Endefäden auf beiden Webstühlen wegen der handgeknüpften, rauhen Baumwolllitzen immer wieder kaputt gingen. Wir ersetzten dann diese Speziallitzen durch die normalen, maschinengeknüpften Baumwolllitzen und bekamen dann sofort einen guten Lauf der Ware und sehr schöne Haarbänder.

Später verloren wir dann die Gebrüder Vogt an die Firma Scholer & Co. AG, und zwar wegen des kürzeren Arbeitsweges.

Die offizielle Fabrikeinweihung vom 24. Dezember 1945

Die damals noch kleine Anfangsbelegschaft der neuen Bandweberei in Ziefen, die Direktion und Angestellten des Hauptgeschäftes von Basel und ein grosser Teil der Bevölkerung von Ziefen erwarteten mit grossem Interesse den 24. Dezember 1945, den offiziellen Tag der Fabrikeinweihung. Als Gäste waren erschienen: Herr Dr. H. Früh, Vorsteher der Direktion des Innern, als Vertreter des Regierungsrates Baselland, die Gemeindebehörde von Ziefen, Herr Pfarrer Philipp Alder, die Lehrerschaft mit den Schülern und eine grosse Schar der

Dorfbevölkerung. Von der Firmenleitung waren anwesend die Herren Rudolf, Wilhelm und Gustav Senn sowie Direktor Ernst Thommen und die Architekten Otto und Walter Senn. Dabei waren natürlich auch Herr Dr. Ing. Gruner, der die statischen Berechnungen ausgeführt hatte, ferner die vielen Handwerksmeister, die tatkräftig mitgebaut hatten.

Die offizielle Feier begann am 24. Dezember 1945 nachmittags, in der historisch bedeutenden Kirche St. Blasius ob Ziefen, wo der Dorfpfarrer Philipp Alder eine kirchliche Feier durchführte. In seiner kurzen Predigt drückte er seine Hoffnung auf ein gegenseitiges Vertrauen und Verständnis zwischen den «Herren und Arbeitern» des neuen Betriebes aus. Er erwähnte auch, dass die bisherigen Aufbauarbeiten und eingeleiteten Kontakte zur Bevölkerung sich erfreulich angebahnt hätten und in Zukunft gute Resultate bringen könnten.

Nach diesem feierlichen Akt marschierte man vom Kirchhügel zur neuen Fabrik ins Tal hinunter. Im Fabrikhof pflanzten dann die Ziefner Schüler – unter der kundigen Anleitung von Gärtnermeister Heinis – zwei Maulbeerbäume. Diese Maulbeerbäume sollten als Symbol für die Seidenbandindustrie dienen und später das Futter für eine Seidenraupenzucht liefern, die wir mit den Schülern von Ziefen durchzuführen beabsichtigten. Dieser Anschauungsunterricht sollte den Schülern zeigen, wie der kostbare Grundstoff Seide entsteht. Die Schüler begeisterten zum Schluss die Feiernden mit dem erfrischenden Baselbieterlied.

Anschliessend begann unter der sachkundigen Führung des Patrons Rudolf Senn die Besichtigung der modernen Bandweberei. Die Anwesenden konnten sich davon überzeugen, dass die Firma Senn AG gewillt war, für die Talschaft ein sauberer und gut geführter Fabrikationsbetrieb zu werden. Die Voraussetzungen dazu waren gegeben und der Wille zum guten Gelingen auch.

Nach einem gemeinsamen Nachtessen im Gasthaus Rössli in Ziefen verbrachte die kleine Festgemeinde noch frohe Stunden, in deren Verlauf durch manches kluge Wort nochmals des vollendeten Werks und seiner Zukunft gedacht wurde. Ich erwähne hiezu die Ansprachen der Firmenleiter Rudolf und Wilhelm Senn und des Direktors E. Thommen, des Herrn Pfarrer Alder, der im Namen der Gemeindebehörde Ziefen sprach, und des Herrn Dr. H. Früh als Vertreter des Regierungsrates des Kantons Basel-Landschaft.

Die Angestellten des Stammhauses in Basel boten obendrein noch glänzende Unterhaltung mit witzigen Produktionen und bewiesen damit, wie gut der Geist und die Zusammenarbeit bei der Firma Senn AG war. Es war eine würdige und schöne Einweihungsfeier, die allen Anwesenden in bester Erinnerung geblieben ist.

Unsere Wohnung und meine spätere Familie

Parallel zur Fabrik wurde im Vorhof ein schönes Ökonomiegebäude gebaut. In diesem Gebäude war im Parterre ein grosser Aufenthaltsraum für die Belegschaft und ein Nebenraum mit WC-Anlage und drei Duschen eingerichtet. An das Ökonomiegebäude wurden die Fabrikheizung, ein grosser Kohleraum und der unentbehrliche Holzschopf angebaut. Im Aufenthaltsraum konnten die auswärtigen Mitarbeiter/innen das mitgebrachte Mittagessen aufwärmen und einnehmen.

Weil die wenigsten Arbeiter/innen damals zu Hause ein Badzimmer besassen, konnten sie an den zugeteilten Tagen gratis unsere Duschenanlage benützen. Am Anfang wurden die Duschen regelmässig gebraucht, später dann immer weniger, weil die Arbeiterinnen und Arbeiter vermehrt Badezimmer zu Hause einrichten liessen.

Die schöne Wohnung im Obergeschoss dieses Gebäudes war für mich und meine spätere Familie vorgesehen. Herr Rudolf Senn fragte mich deshalb schon im Herbst 1945, ob ich schon eine ernste Bekanntschaft habe und nach der Fertigstellung der Wohnung im Frühjahr 1946 heiraten könne. Dies sei nötig, da sonst die Gemeinde Ziefen wegen der grossen Wohnungsnot die Wohnung beschlagnahmen könnte.

Weil ich meine Freundin Elsy Alispach – die Schwester meines besten Schulkameraden Gotti Alispach – schon längere Zeit kannte, entschlossen wir uns, im guten Einvernehmen mit den Eltern, an Weihnachten 1945 die Verlobung zu feiern und am 25. Mai 1946 zu heiraten und in die nagelneue Fabrikwohnung einzuziehen. In dieser Wohnung sind wir dann 42 Jahre geblieben und erst nach meiner Pensionierung in unser Eigenheim nach Bubendorf weggezogen.

Wir verlebten in Ziefen sehr schöne und bewegte Jahre und fühlten uns in der schönen Wohnung und dem grossen Garten sehr glücklich. Unsere drei Kinder Peter, Esther und Beatrice hatten ein schönes Zuhause und einen riesigen Spielplatz. Im gepflegten Garten und im grossen Fabrikareal hatten sie genügend Freiraum, um mit ihren Kameraden und Kameradinnen aus der näheren Umgebung zu spielen. Wir mussten unseren Kindern praktisch keine Spielsachen kaufen, weil sie lieber mit den Holz- und Metallabfällen aus den Fabrikwerkstätten etwas Sinnvolles basteln wollten. Das war natürlich auch ein grosser Anziehungspunkt für die Nachbarskinder. Dass bei Walthers auch die Spielkameraden von einem guten Znüni oder Zvieri profitieren konnten, war für alle sehr erfreulich, mit der Zeit sogar selbstverständlich.

Wir hatten die vielen Jahre hindurch immer Kinderbesuch und später auch Klassentreffen im grossen Aufenthaltsraum des Ökonomiegebäudes. Die Jungen hatten ihr Vergnügen bei Musik und Tanz. Meine Frau und

Elsy Alispach und ich als
Brautpaar, etwa 1945.

ich durften die Getränke und Esswaren liefern und den Lärm bis zum
späten Aufbruch anhören. Da diese Zusammenkünfte nie überbordeten,
gönnten wir den Jungen diese kameradschaftlichen Anlässe, bei denen sie
sich privat etwas näher kennenlernen konnten. Daraus resultierte später
auch die Heirat unseres Sohnes Peter mit der Schulkameradin Margreth
Sutter aus Esthers Klasse. Unsere jüngere Tochter Beatrice lernte bei
einem Klassentreffen des Bruders Peter auch ihren späteren Mann Gilbert
Metzger kennen. Gilbert war in der gleichen Klasse in Basel wie Peter.
Zu unserem grossen Glück sind unsere drei Kinder gut geraten und
haben nach einer optimalen Ausbildung auch schönen Erfolg in ihrem
Berufsleben gehabt. Auch unsere fünf Enkelkinder bereiten uns viel
Freude und sind ebenfalls auf dem besten Wege, tüchtige Erwachsene zu
werden. Es ist ein grosses Glück, wenn man erleben kann, wie die Fami-
lie wächst, alle Angehörigen sich gut verstehen und sich zu wertvollen
Menschen entwickeln.

Eine revolutionäre Heizung

Unsere Fabrikheizung System Menckhoff war die erste Heisswasser-Speicherheizung dieser Art in der Schweiz. Herr C. Menckhoff, der Pionier dieses neuen Heizungssystemes, war ein hochintelligenter und aussergewöhnlicher Mann. Während des Ersten Weltkrieges war er einer der berühmtesten deutschen Jagdflieger gewesen, der etwa 50 feindliche Flugzeuge abschoss. Im Jahr 1931 gründete er seine erste Heizungsfirma in Berlin. Er besass in verschiedenen Ländern Filialbetriebe und vom Jahr 1945 an auch die Firma Caliqua AG in Basel. Weil das Heizöl im Jahr 1945 für das Militär und wichtige kriegstechnische Produktionsanlagen reserviert blieb, konnte praktisch nur mit Holz und Kohle geheizt werden. In dieser Situation war das Speicherheizsystem von Carl Menckhoff etwas Revolutionäres und Zweckmässiges. Es war auch billiger und wirtschaftlicher, weil der Heisswasserspeicher mit 27 Kubikmeter Wasserinhalt während des Tages aufgeheizt werden konnte. Der Heizer konnte dadurch noch als Packer in der Fabrik eingesetzt werden. Aus diesem Speicher wurde dann das 110° heisse Wasser – das unter Druck stand – durch die Heizaggregate gepumpt. Das heisse Wasser lief durch ein Lamellensystem in den Aggregaten (Klimatiseuren), die in der Fabrik gegeneinander versetzt auf etwa 4 Meter Höhe aufgehängt waren. Bei den Klimatiseuren wurde die Innen- oder Aussenluft angesaugt, am Lamellensystem erwärmt und dann in den Fabrikraum geblasen. Mit der Luftumwälzung entstand eine gleichmässige Wärme in der Fabrik. Dieses Heizsystem funktionierte gut, und es war sogar möglich, gleichzeitig kaltes Wasser zu zerstäuben, um eine höhere Luftfeuchtigkeit zu erhalten.

In jeder neuzeitlichen Weberei wird eine regelmässige relative Luftfeuchtigkeit von etwa 65 Prozent angestrebt, damit eine optimale Webleistung erreicht werden kann. Im Sommer konnten wir durch das gleiche Leitungssystem kaltes Wasser aus dem tiefen Grundwasserbrunnen pumpen und dadurch die Raumtemperatur um 2–3 Grad abkühlen. Beim Speicher-Heizungssystem von Prof. Menckhoff wurde das heisse Wasser leider nicht aufbereitet, d. h. nicht enthärtet und entsäuert. Dadurch bekamen wir nach einigen Jahren Probleme mit verstopften und durchgerosteten Leitungsrohren. Auch die Innenwand des grossen Speichers wurde beschädigt, so dass man unbedingt etwas dagegen unternehmen musste. Zur Verbesserung baute man dann im Heisswasserspeicher eine Elektro-Anode System Guldager ein, welche die aggressive Kohlensäure neutralisieren und den hohen Kalkgehalt im Wasser ausscheiden musste. Das gab für einige Heizperioden eine merkliche Verbesserung und weniger Leitungsdefekte. Der Aufwand und die Unsi-

Elsy und ich mit unserem «Prinz» auf einem Spaziergang gegen Schloss Wildenstein hin im Jahr 1946.

cherheit mit dem stark havarierten Leitungsnetz waren jedoch so gross, dass man sich entschloss, die alte Heizung nach etwa 20 Dienstjahren zu ersetzen. Bei der neuen Heizung wurde dann eine Wasser-Aufbereitungsanlage installiert, welche das Heizungswasser enthärtete und entsäuerte. Den Heisswasserspeicher mit der Elektro-Anode brauchten wir nicht mehr, weil diese vollautomatische Heizung direkt ab dem Heizkessel beheizt wurde. Selbstverständlich geschah diese Beheizung mit Leichtöl. Und damit man über Jahre hinweg Ruhe und Sicherheit haben sollte, wurde auch der im Freien eingegrabene Öltank ersetzt. Im hinteren Teil des früheren Seidenkellers wurden zwei Öltanks mit je 50 000 Liter Inhalt eingebaut, so dass wir das Heizöl günstig einkaufen konnten und eine grosse Reserve hatten. Diese neue Heizungsanlage mit der verbesserten Dampfbefeuchtung wurde dann von Herrn Salathe und später vom Betriebsmechaniker Hanspeter Recher betreut. Es zeigte sich schon bald, dass wir mit diesem neuen Heizungssystem mehr Glück hatten und zufrieden sein konnten.

Hochwasser und Drainage

Bei der Fabrikplanung im Jahr 1944 und beim Bau der Fabrik im Jahr 1945 waren Zement und Eisen immer noch kontingentiert. Deshalb gab es für die Architekten Otto und Walter Senn gar keine andere Möglichkeit, als den grössten Teil der neuen Fabrik aus Holz zu bauen. Die Stützen und Querträger für die Shedkonstruktion wurden aus Holz gefertigt, wobei ein neues Verfahren mit verleimten Holzträgern von der Firma Häring & Co. AG Pratteln erstmals ausprobiert wurde. Der Fabrikboden musste wegen Zementmangels auch mit Holz fabriziert werden. Bei den damaligen Schiffchen-Bandwebstühlen war ein dicker Holzboden für die Tragfähigkeit durchaus genügend. Das Gewicht eines Webstuhles verteilte sich auf etwa zehn Quadratmeter Bodenfläche und die Maschinenerschütterung war auch nicht zu gross. Die Grundmauern der Fabrik wurden mit Reigoldswiler Bruchsteinen gebaut, damit man Zement einsparen konnte. Und weil die Fabrik gleich neben dem Flusslauf der Hinteren Frenke erstellt wurde, hatte man auf einen ausgebauten Fabrikkeller verzichtet. Der Fabrikkeller blieb dadurch niedrig und konnte nur sehr mühsam und in gebeugter Haltung begangen werden. Da der Keller nur über eine schmale Nottreppe betreten werden konnte, wurde dort offiziell auch kein Material gelagert. Ausser den Reserveziegeln konnten in diesem feuchten Halbkeller weder Eisen- noch Holzmaterial aufbewahrt werden. Als Lagerraum für Holz- und leichtere Eisenteile konnte damals nur der niedrige Estrich über dem Büro- und Werkstatttrakt via Zugleiter benützt werden, so dass dort oben praktisch kein Material eingelagert werden sollte. Weil jedoch ein Fabrikationsbetrieb mit Werkstätten für die Holz- und Metallbearbeitung unbedingt Lagerraum braucht, musste dieser in mühsamer Arbeit später nachgebaut werden.

Nach mehrtägigen starken Regenfällen hatten wir im Frühjahr 1947 das seit vielen Jahrzehnten grösste Hochwasser im Hinteren Frenkental. Der Bach trat beim alten Schulhaus im Dorf über das Bett und schwemmte alles weg, was nicht niet- und nagelfest war. Die Hauptstrasse war ab dieser Stelle ein zusätzlicher Fluss, der viel loses Holz und ganze Harassen samt Inhalt mitriss. Es sah fürchterlich aus an diesem Morgen, und mein erster Gedanke galt dem Keller im Wohnhaus und in der Fabrik. Von der Fabrik bis zu den ersten Häusern von Ziefen entstand im Nebengelände des Baches ein kleiner See, und im Fabrikkeller stand das Wasser 35 Zentimeter hoch. Natürlich waren auch alle anderen Keller im Unterdorf voll Wasser, und die Feuerwehr musste in erster Linie die vielen Sachen wegräumen, die den Abfluss des reissenden Wassers behinderten. Da ich in unserem Fabrikareal kaum mit der Unterstützung der Feuerwehr rechnen konnte, liess ich von der Firma Rüet-

Schiffchen-Samtwebestühle mit dem neuen Ablaufsystem von Senn & Co. AG bei der Produktion der rohweissen Nylon-Samtqualität, 1950.

schi in Brugg per Bahnexpress eine Wasserpumpe mit Benzinmotor kommen. Diese kleine und handliche Pumpe hatte eine relativ grosse Saugkraft und – was noch wichtiger war – einen möglichst flachen Saugkopf. Damit hatten wir die Möglichkeit, das eingedrungene Wasser restlos aus den Kellern zu pumpen. Die Werkstattleute und ich vernachlässigten damals die Betriebsarbeiten. Eine gezielte Hilfe bei dieser Wassernot war wichtiger.

Nachdem das schreckliche Unwetter nachgelassen hatte und die Hintere Frenke nach einigen Stunden wieder in ihrem Bachbett floss, konnten wir erst richtig mit den Pumparbeiten beginnen. Da der Fabrikkeller im unmittelbaren Einflussbereich des Baches lag und der Grundwasserspiegel sehr hoch war, dauerte es einige Tage, bis er leergepumpt war. Zuvor halfen wir mit unserer praktischen Pumpe noch das Wasser aus zwei Kellern im Dorf zu pumpen. Es waren die Keller der beiden Dorfläden bei «'s Koch Becke» und beim «Stohler Beck», die mit vielen Waren gefüllt waren. Damit ein Teil dieser Waren noch gerettet werden konnte, brauchte es eine schnelle Hilfe. Bei einem Unwetter war der Einsatz der ganzen Bevölkerung unerlässlich.

Der Schaden in unseren Kellern war zunächst nicht so gross, weil darin kein verderbliches Material eingelagert war. Da jedoch der Fabrikkeller nicht genügend durchlüftet werden konnte, wollte er in den nächsten

Blick in die Einzieherei, wo
die Webgeschirre vorbereitet
und die Fäden eingezogen
wurden, 1950.

Monaten gar nicht trocken werden. Wir liessen dann im Fabrikkeller pro
Shed einen starken Ventilator installieren, um mit ständiger Durchlüf-
tung den Boden trocken zu bringen. Trotz unserer Trocknungsaktion
machte sich beim Holzgebälk und auf der Unterseite des hölzernen
Fabrikbodens der Schimmelpilz bemerkbar. Aus Sicherheitsgründen
mussten wir demzufolge alle diese Holzteile durch eine Spezialfirma säu-
bern und imprägnieren lassen.
Es war eine fürchterliche Arbeit für diese Leute, die quasi in Kauer- oder
Liegendstellung die ganze Kellerdecke der grossen Fabrik abkratzen und
besprühen mussten. Das Tragen einer Schutzmaske war für sie noch eine
zusätzliche Belastung. Nach diesem kostspieligen Aufwand mussten wir
überlegen, auf welche Art wir einem nochmaligen Hochwasser mit Kel-
lerüberflutung begegnen könnten. Unsere Architekten liessen sich von
verschiedenen Wasserspezialisten und Tiefbauingenieuren beraten. Diesem Übel konnte nur mit einer guten Drainage im ganzen Fabrikkeller
abgeholfen werden. Nach den Plänen des Ingenieurbüros Gruner AG
Basel wurde dann die Kellermauer gegen Bubendorf hin durchbrochen.
Dieser Mauerdurchbruch musste natürlich mit starken Holzbalken abge-
stützt werden. Dann brachte die Baufirma Burri-Mangold von Liestal
ein langes Schienensystem, auf dem nachher das Aushubmaterial von der
Drainage aus dem Fabrikkeller gefahren werden konnte. Das tiefer gele-

gene Terrain zwischen dem Wohnhaus und dem Holzschopf wurde dann mit dem Aushubmaterial aufgefüllt. Meine Familie bekam dadurch einen grossen ebenerdigen Vorgarten mit Rasen, Bäumen, Sträuchern und Zierpflanzen. Verloren gingen nur der grosse, schöne Hundezwinger und die prächtigen Weichselkirschenbäume an der Schopfwand. Unser Berner Sennenhund «Prinz» bekam nachher eine Laufkette längs des Holzschopfes und einen Plattenweg aus Reigoldswiler Natursteinen. Dazu sein gut isoliertes Hundehaus und davor eine dicke Liegepritsche aus Tannenholz. Die Umstellung vom freien Lauf im grossen Hundezwinger zur neuen Laufkette machte ihm keine grosse Mühe. Das Gegenteil trat ein. Unsere Kinder kamen dadurch viel näher mit dem lieben «Prinz» in Berührung und konnten ihn richtig verwöhnen.

Das Drainagesystem im Fabrikkeller bestand aus einem grossen Hauptstrang pro Shed mit vielen kleinen Seitensträngen. Es waren Zementröhren mit Sickerlöchern, die in die von Hand ausgehobenen Gräben verlegt wurden. Während der ganzen Aushubarbeiten musste das Grundwasser aus den Gräben in den nahen Bach gepumpt werden. Es war eine aufwendige, nasse und mühsame Arbeit, welche die Grabenarbeiter während mehrerer Wochen ausführen mussten. Das Grundwasser floss dann in eine grosse Sammelleitung und durch sie in ein Reservoir, der Wasserüberlauf vom Reservoir nachher durch eine lange Leitung in den Bach. Man hatte damals dieses Reservoir gebaut, um im Sommer daraus Grundwasser für die Fabrikkühlung pumpen zu können. Später wurde dann dieses Drainagegewässer nicht mehr gebraucht. Durch den Bau eines viel tieferen Grundwasserbrunnens bekamen wir dann Kühlwasser, das 3–4 Grad kälter war. Da der Grundwasserspiegel im Sommer auch meistens zu niedrig lag, lieferte die Grundwasserdrainage zu wenig Wasser für eine ausreichende Fabrikkühlung. Durch die Drainage wurde der Naturboden im Keller schön trocken, und es bestand keine Fäulnisgefahr mehr für den hölzernen Fabrikboden.

Wenn ich auf die vielen nachfolgenden Jahre zurückblicke, in denen es keine Hochwasser mehr gab, hätten wir uns diese kostspielige Drainage vielleicht ersparen können. Als verantwortungsbewusste Firma wollte man sich jedoch für alle Eventualitäten absichern.

Ab dem Jahr 1971 wurde dann der Holzboden im Fabrikteil von 1945/46 etappenweise ausgebrochen und durch einen dicken Betonboden ersetzt. Darauf klebte man einen schönen Parkettboden, so dass der Eindruck des gepflegten, ansprechenden Fabrikraumes erhalten blieb. Die neuen, schnelllaufenden Nadelwebautomaten brauchten unbedingt einen soliden Boden, damit die Maschinenvibration möglichst klein blieb.

Mit der Drainage und dem frei gewordenen Aushubmaterial bekam aber auch der Garten um das Ökonomiegebäude und vor der Fabrik eine neue

Gestaltung; man könnte fast sagen, ein herrschaftliches Aussehen. Ich war sehr stolz auf diesen schönen Garten, und auch die Belegschaft und Besucher hatten Gefallen daran. Nach einem harten Arbeitstag genoss ich es sehr, wenn ich mich im schönen und gepflegten Fabrikgarten umschauen und erholen konnte. Auch das Blumengiessen oder das Ballspielen mit den Kindern machte mir Spass.

Die Suche nach Kühlwasser

Die heissen Sommermonate in den ersten Betriebsjahren zeigten schon bald, dass bei hohen Aussentemperaturen und der zusätzlichen Wärme von den vielen Antriebsmotoren der grosse Fabrikraum viel zu warm wurde. Zur übermässigen Wärme kam noch eine hohe Luftfeuchtigkeit, so dass das Raumklima in der Fabrik fast unerträglich wurde und das heikle Kunstseidematerial sehr schlecht verarbeitet werden konnte. Es führte zu vielen Fadenverletzungen und Fadenbrüchen und demzufolge zu fehlerhaften Bändern. Für die Zukunft musste etwas dagegen unternommen werden. Es hätte die Möglichkeit gegeben, durch eine Kühlung der Raumluft auch die Luftfeuchtigkeit zu reduzieren. Zu einem solchen Schritt hätte es allerdings viel und vor allem sehr kühles Wasser gebraucht. Und das konnte auf keinen Fall vom Leitungsnetz der Gemeinde Ziefen genommen werden. Die Gemeinde hatte schon damals eher knapp Wasser, und für eine Fabrikkühlung wäre dieses Wasser auch zu kostbar und zu teuer gewesen.

Weil unsere Fabrik im Talboden neben dem Bach der Hinteren Frenke liegt, war es naheliegend, an die Verwendung von Grundwasser zu denken. Nach einer Vorabklärung mit Herrn Dr. Walter Schmassmann, dem damaligen Chef des Kantonalen Wasserwirtschaftsamtes, nahmen unsere Architekten Otto und Walter Senn dann Verbindung zum Tiefbauspezialisten Fritz Bertschmann in Basel auf. Herr Bertschmann hatte schon einige Grundwasserbrunnen im Elsass gebaut und deshalb eine grosse Erfahrung auf diesem Gebiet. Dazu kam noch die Unterstützung von Herrn Fritz Senn, einem Bruder unseres Seniorchefs Rudolf Senn, der ein bekannter Geologe war und das Gebiet von Ziefen schon vor Jahren geologisch untersucht hatte. Anhand seines geologischen Gutachtens stand fest, dass sich ein unterirdischer Felsrücken von beiden Bergseiten ins Tal hinunter zieht und dieses quasi abriegelt. Diese Abriegelung befindet sich zirka zehn Meter westlich der Fabrikmauer gegen das Dorf hin. Man konnte deshalb annehmen, dass der Grundwasserspiegel im Fabrikgelände unabhängig von demjenigen im Dorfgebiet sein könnte. Und das wäre für das ganze Vorhaben von grossem Vorteil.

Beim Bau des Grundwasserbrunnens durch die Firma Burri-
Mangold AG im Jahr 1948.

Nach dem Projekt von Fritz Bertschmann sollten zuerst einige Sondierschächte um die Fabrik herum gebaut werden, um die Wassermenge an
verschiedenen Stelle messen zu können. Nachher sollte an der ergiebig-
sten Stelle der gewünschte tiefe Grundwasserbrunnen gebaut werden.
Spenglermeister Willy Rippas, der Brunnmeister von Ziefen, bekundete
natürlich auch ein grosses Interesse für einen solchen Grundwasserbrunnen. Und mit dem Einsatz des Wünschelrutengängers Hans Schlumpf
(«Murerhans»), der damals Feuerwehrkommandant und Wasserchef der
Gemeinde Ziefen war, konnten auch die wasserreichsten Stellen für die
Sondierschächte ermittelt werden. Unsere Direktion in Basel war mit
dem vorgeschlagenen Brunnenprojekt einverstanden und vergab den Bau-
auftrag an Herrn Fritz Bertschmann.
Die Firma Burri-Mangold & Co. AG Liestal baute dann unter der tüchtigen Führung von «Vater Fink» zuerst die Sondierschächte und nachher
den grossen Grundwasserbrunnen. Die Wassermenge in den fünf Sondier-
schächten war sehr unterschiedlich. Der Schacht in meinem Gemüsegarten unterhalb der Fabrik brachte die grösste Wassermenge, und dort
wurde dann auch der Grundwasserbrunnen gebaut. Die Wasserproben aus
diesem ausgiebigen Schacht wurden im Kantonslabor untersucht und

Beim Bau des Grundwasserbrunnens durch die Firma Burri-
Mangold AG im Jahr 1948.

zeigten interessante Resultate. Dieses Grundwasser war weniger kalkhal-
tig als das Wasser aus dem Leitungsnetz, das die Gemeinde Ziefen von
einer Quelle in Reigoldswil bezog. Ferner war es gut drei Grad kühler als
das Leitungswasser, und das war zur Kühlung der Fabrik von grosser
Bedeutung. Es war grösstenteils Bergwasser aus dem Höhengebiet Stei-
nenbühl-Rebhalde, und es schien unerschöpflich zu sein. Und da auch die
bakteriologische Untersuchung dieses Grundwassers gut ausfiel, hätte
man dieses Wasser sogar dem Leitungsnetz der Gemeinde zuführen können. Nach so positiven und viel versprechenden Resultaten war es allen
klar, dass dieser Grundwasserbrunnen in mancher Hinsicht ein grosser
Gewinn sein werde.
Die Gemeindebehörden von Ziefen und Bubendorf verfolgten deshalb
mit grossem Interesse den Bau des Grundwasserbrunnens. Die Behörde
von Ziefen freute sich auf eine willkommene Wasserreserve. Die
Gemeinde Bubendorf hatte gewisse Bedenken, dass wir mit unserem
Brunnen ihre Grundwasserentnahme im Gebiet des Beuggenhofes beeinflussen könnten. Damit das nicht geschehen konnte, wurde das Einzugs-

gebiet unseres Grundwasserbrunnens eingeengt. Zirka 100 Meter tal-wärts vom Brunnen wurde ein sogenannter Tal- oder Wasserriegel gebaut. Es wurde ein langer tiefer Graben von der Kantonsstrasse bis zum Bach ausgehoben und mit Lehm aufgefüllt. Die Gemeindebehörde von Bubendorf konnte danach beruhigt sein, dass ihr Beuggen-Pumpwerk nicht weniger Zufluss bekam.

Unser Grundwasserbrunnen wurde bis auf die Felsschicht bei 7,90 m Tiefe ausgehoben und dann mit grossen Sickerrohren ausgekleidet. Es war eine fachmännische Aushub- und Holzspriessarbeit, die uns «Vater Fink» mit seinen Mitarbeitern bis zur Brunnentiefe von 7,90 m vorführte und die wir alle bewunderten. Als Laie hatte man ja keine Ahnung, wie man ein solches Bauwerk angehen und ausführen musste. Dabei spielt die Sicherheit beim ganzen Bau des Brunnens eine grosse Rolle. Bei «Vater Fink» ging alles so planmässig und überlegt vor sich, dass es für uns eine grosse Bereicherung war, die Arbeiten vom Anfang bis zum Schluss zu verfolgen.

Nachher zeigte sich, dass unser Grundwasserbrunnen ergiebiger war als das Quellwasser aus Reigoldswil. Der Brunnen lieferte bei einem norma-len Grundwasserspiegel zirka 500 Minutenliter Wasser. Und die Gemeinde Ziefen bekam damals maximal 400 Minutenliter Wasser aus der Weiermattquelle in Reigoldswil zugeleitet. Unser Brunnen konnte deshalb als wertvolle und beruhigende Wasserreserve für Ziefen angese-hen werden.

Der Brunnen wurde zuletzt vom Wasserwirtschaftsamt im vollen Aus-mass geprüft und offiziell abgenommen und ins Kantonale Brunnenregis-ter eingetragen. Es wurde eine Wasseruhr eingebaut und wir mussten dem Kanton eine jährliche Gebühr für das entnommene Grundwasser bezahlen. Uns gehört der Grundwasserbrunnen, aber das Wasser daraus ist Eigentum der Allgemeinheit resp. des Kantons Basel-Landschaft. Des-halb brauchten wir vom Kanton eine Konzession für die Nutzung des Grundwasserbrunnens und mussten pflichtgemäss auch eine jährliche Wassergebühr bezahlen.

Leider mussten wir die Kühlwasseranlage von Hand bedienen und konnten dadurch die Kühlung nicht optimal ausnützen. Man dachte immer an das kostbare Wasser und brauchte nur soviel wie gerade nötig war. Es wurden sogar Pläne geschmiedet, mit diesem Wasser eventuell zu späteren Zeiten ein öffentliches Schwimmbad beliefern zu können. Das Land dazu hätten wir sogar im grossen Fabrikareal gehabt. Wir waren damals noch jung und voller Tatendrang. Die massgebenden und bestimmenden Leute im Dorf waren allerdings eher altmodisch und konservativ eingestellt und hätten ein solches Projekt niemals akzeptiert. Zudem brauchte das Dorf zuerst ein neues Schulhaus mit Turnhalle, die längst fällige Friedhoferweiterung und anderes mehr. Es war eben immer noch ein Bauern- und Handwerkerdorf und erst am Anfang zur Industrialisierung. Und die Steuereinnahmen der Gemeinde waren sehr bescheiden und reichten gerade aus für die nötigsten Ausgaben und Neuanschaffungen.

Die Betriebsfeuerwehr

Am 13. Juli 1946 um 07.30 Uhr erhielten wir den telefonischen Anruf, dass in der Unteren Bütschen, einem Hof zwischen Ziefen und Reigoldswil, ein Brand ausgebrochen sei. Die Feuerwehrpflichtigen von Ziefen und Reigoldswil, welche in unserem Betrieb arbeiteten, mussten sofort zur Brandbekämpfung ausrücken. Es waren Karl Rudin-Christen und Walter Weber aus Reigoldswil sowie Gottfried Wermuth-Häring, Ernst Schlumpf, Hans Löffel, Jakob Tschopp-Hug und Emil Hertner aus Ziefen. Da die meisten von ihnen mit dem Velo zur Arbeit fuhren, ging es relativ rasch, bis sie bei der Brandstätte sein konnten. Einige von ihnen wurden gar nicht mehr gebraucht und konnten sofort wieder zurückkommen. Der Brand konnte schnell gelöscht werden, und der Schaden war zum Glück auch nicht so gross.
Auf diesen Brandfall hin stellten wir dann eine kleine Betriebsfeuerwehr zusammen, die bei einem Brandausbruch sofort die Fabriklöschgeräte einsetzen musste. Die Löschgeräte wurden jährlich vom Feuerexperten Heinrich Würtner aus Basel überprüft und nötigenfalls durch neue Geräte ersetzt. Unsere Betriebsfeuerwehr wurde dann auch immer wieder neu instruiert und bekam zum Schluss noch die Gelegenheit, die verschiedenen Löschgeräte bei einem gestellten Brand im Freien einzusetzen.
Unser Schaumlöschrohr samt dem Schaumextrakt stellten wir sogar der Ortsfeuerwehr von Ziefen zur Verfügung, die damals noch kein so neuzeitliches Löschgerät besass. Sie mussten uns einfach den verbrauchten Schaumextrakt ersetzen. Diese Lösung diente auch uns, da die Ortsfeuerwehr dadurch alle Einsatzmöglichkeiten in unserem Betrieb genau kannte.

Der Filialbetrieb in Hochwald

In der Anfangszeit des neuen Fabrikbetriebes in Ziefen waren wir froh über jede kostengünstige, auswärtige Produktionsmöglichkeit. Von den noch etwa 80 Heimarbeitsplätzen verschwanden immer mehr, weil die Heimposamenterinnen und -posamenter, ältere Leute, starben oder die Arbeit aufgaben. Doch hatten wir nach dem Zweiten Weltkrieg einen dermassen grossen Aufschwung, dass die neue Fabrik schon bald zu klein schien. So begrüssten wir es sehr, als wir von Leuten aus Hochwald um Heimarbeit gefragt wurden. Heimwebstühle kamen nicht mehr in Frage, da meines Wissens in dieser solothurnischen Bauerngemeinde nie Bandwebstühle

betrieben worden waren. Deshalb war es naheliegend, dass wir für den Saal
des Restaurants Kreuz in Hochwald, der nach den Einquartierungen des
Zweiten Weltkriegs häufig leer stand, drei Wegmann-Strangenwindma-
schinen vorsahen. Da jede Windmaschine 7,40 m lang und 1,40 m breit
war, konnten wir in der Fabrik eine grosse Fläche einsparen und für andere
Maschinen brauchen.

Auf jeder Maschinenseite hatte es 40 Strangenhäspel, die von einer Winderin bedient wurden. Für eine optimale Ausnützung der drei Windmaschinen brauchten wir sechs Arbeiterinnen. 240 Häspel konnten wir mit
diesen Maschinen laufen lassen. Das gab eine beachtliche Leistung bei
gut eingearbeiteten Winderinnen. Unsere beste Fabrikwinderin,
Mathilde Rudin, lernte in der Übergangszeit 1946/47 während mehrerer
Wochen die Winderinnen in Hochwald an. Nachher war die Winderin
Berta Nebel dort zuständig und auch verantwortlich für sauberes und
exakt gewundenes Material. Jede Woche fand der Warentransport per
Pferdefuhrwerk statt, wobei der Fuhrmann Vögtli auch den Lohn für das
gewundene Material der vorangegangenen zwei Wochen mitnahm.

Diese Winderei in Hochwald wurde dann nach wenigen Jahren wieder
aufgehoben. In der Fabrik stellte man leistungsfähigere Brügger-
Windmaschinen auf, die kombiniert für Strangen- und Kuchenware
(Spulstrangen) eingerichtet waren. Die alten Wegmann-Windmaschi-
nen hatten damit ausgedient und konnten verschrottet werden. Eine
schöne und saubere Heimarbeit mit einem idyllischen Materialtransport ging damit zu Ende. Für die Winderinnen in Hochwald ein Verlust; für die Fabrik in Ziefen eine schnellere und rentablere Produk-
tionsmethode.

Die Vergrösserung der Werkstätten

Aus Spargründen waren die Schreinerei und Schlosserei zuerst im gleichen Werkstattraum untergebracht worden. Der Maschinenpark war
dementsprechend bescheiden und veraltet. Die meisten Holzbearbeitungsmaschinen kauften wir beim ehemaligen Stuhlschreiner Heinrich
Tschopp in Ziefen, ebenso einen grossen Teil seiner Spezialwerkzeuge.
Schon nach kurzer Zeit kam man jedoch zur Einsicht, dass die Holz- und
Metallbearbeitung wegen des Holzstaubes getrennt werden mussten. Für
unsere tüchtigen Fachleute Emil Roth als Schlosser und Werner Tschopp
als Schreiner wurden nach dem ersten Betriebsjahr neue Maschinen angeschafft. Emil Roth bekam eine nagelneue, grosse Oerlikoner-Drehbank
DM 2 (Kostenpunkt im Jahr 1947 36 000 Franken – das war so viel, wie
damals ein kleines Einfamilienhaus kostete), eine kleine Schäublin-Dreh-
bank, eine Ständerbohrmaschine, eine Eisensäge, eine Werkzeugschleif-

Die ersten Meister und Mitarbeiter der Werkstatt bei der
neuen Fabrik; von links nach rechts: Emil Roth, Karl Spiess,
Albert Salathe, Walter Schwander, Hans Jenny, Hans
Urwyler, Wilhelm Löffel und Hans Löffel.

maschine und zu der autogenen noch eine elektrische Schweissanlage. In
die Schreinerei, für die ein grosser Teil des Packraumes beansprucht
wurde, schafften wir eine neue Oberfräse und eine Kettenstemme zur
Herstellung der Webschiffchen und Ladenbögli und eine kombinierte
Hobel- und Kreissägemaschine für den allgemeinen Gebrauch an. Die
alte Langlochbohrmaschine bauten wir nach den Suva-Normen um, so
dass damit auch Schiffchenläufe und Webladenbögli gefräst werden
konnten. Wir hatten zum Schluss einen neuwertigen, ausgeklügelten
Maschinenpark, um komplette Webladen aller Art bauen zu können.
Dadurch erhielten unsere tüchtigen Werkstattleute die Möglichkeit, alle
Reparatur- und Verbesserungsarbeiten auf die beste und schnellste Art
auszuführen. Wir investierten eine Menge Geld in die beiden Werkstätten. Diese Investitionen lohnten sich jedoch im Laufe der Zeit durch viele

Fabrikationsverbesserungen und Maschinen-Eigenkonstruktionen vollauf, und unsere Werkstattleute waren mit der Werkstattausstattung sehr zufrieden und aufs Höchste motiviert. Für die Holzbearbeitungsmaschinen in der Schreinerei brauchte es natürlich eine Staubabsaugung mit Spänesilo. Deshalb musste in mühevoller Kleinarbeit der Keller unter der neuen Schreinerei und dem Packraum ausgehoben und mit einem dicken Betonboden ausgestattet werden.

Neben der schmalen Holztreppe baute man einen starken Handlift ein, mit dem die eisernen Reserveteile der Maschinen auf das Bestandteillager transportiert werden konnten. Im gleichen Keller wurde auch das Spänesilo untergebracht. Diesen Kellerausbau hätte man gleich zu Beginn des Fabrikneubaus viel besser und günstiger ausführen können. Weil man jedoch für die bisherige Landposamenterei praktisch keine Werkstatt brauchte, da die meisten Reparatur- und Verbesserungsarbeiten von den Stuhlschreinern in den Dörfern ausgeführt wurden, glaubte man bei der Planung für die Fabrikweberei in Ziefen, auch mit einer kleinen Werkstatt auszukommen. Man hätte diesen Keller wegen der Kontingentierung von Zement und Eisen am Anfang auch gar nicht bauen können. Und wegen des starken Rückgangs der Landposamenterei nach dem Zweiten Weltkrieg gab es auch immer weniger Stuhlschreiner auf dem Lande, und die wenigen, die noch übrig blieben, hatten sich schon längst auf andere Arbeitsgebiete umgestellt. Die meisten von ihnen waren auch zu alt, um bei der zukünftigen Maschinenentwicklung mithalten zu können.

Zum Ausbau und zur Vergrösserung der Werkstätte gehörte natürlich auch eine sachgemässe Holzlagerung. Aus diesem Grunde baute man nachträglich einen Holzschopf an das Heizungsgebäude. In diesem Holzschopf wurden dann die vielen Holzarten eingelagert, die es für den Webmaschinenbau und die Fabrikeinrichtungen brauchte. Für den Webladenbau benutzten wir das harte und feinporige Buchsbaumholz. Wir liessen als Kompensation zu unseren Bandlieferungen mehrere Stämme Buchsbaumholz aus Westindien kommen. Diese Buchsstämme hatten einen Durchmesser von 15–20 cm und waren 2–3 m lang. Da das Buchsbaumholz sehr schwer ist, braucht es 2–3 starke Männer, um einen solchen Baumstamm herumzutragen. Diese seltene Holzart ist auch sehr teuer und wird per Gewicht bezahlt. Aus diesem Buchsbaumholz wurden die Webschiffchen gemacht. Aus Kostengründen brauchte man dieses rare Holz meist nur für die Schiffchenläufe (Gleitteil des Webschiffchens) und nahm für die Schiffchennase (der Schiffchenteil mit der Spülihalterung und Fadenbremse) das viel billigere einheimische Maulbeer- oder Hagebuchholz. Und für die Webladenbögli (Gleitführungen der Webschiffchen) verwendete man das «speckige» Zwetschgenbaumholz. Das Gleiten von

Buchsbaum- auf Zwetschgenbaumholz gab den kleinsten Abrieb und deshalb die längste Lebensdauer für eine Weblade. Das feinporige Buchsholz konnte auch mit einer Mischung von Schellack, Leinöl und Feinsprit zu einer spiegelglatten Oberfläche poliert werden. Und diese feine Schiffchenoberfläche war die Voraussetzung für einen optimalen Lauf der Kettfäden beim Bandweben. Es gab beim Weben immer wieder Momente, in denen das Webschiffchen mit flausigen Kettfäden in Berührung kam. Deshalb war es wichtig, dass die Schiffchenoberfläche spiegelglatt war und dadurch die flausigen Kettfäden nicht abriss.

Für eine Weblade brauchte es aber auch noch Tannen-, Eichen- und Lindenholz. Verleimtes Tannenholz wurde für den starken unteren Webladenbaum verwendet. Diesen tannigen Ladenbaum umkleidete man nachher mit dem schönen Eichenholz. Das kleine obere Ladenbäumchen war ganz aus Eichenholz. Und für die Ladenschrift*, die mit Fibre-Zahnrädchen die Webschiffchen hin und her bewegte, wurde das sehr leichte und kompakte Lindenholz verwendet. Diese Holzkombination hatte sich für den Webladenbau aufs Beste bewährt und wurde deshalb von allen Stuhlschreinern so angewendet. Das Zwetschgenbaumholz kauften wir direkt von den Bauern im oberen Baselbiet und liessen es nachher in der Sägerei zu Brettern aufsägen. Ebenso Apfel- und Birnbäume, die wir für die verschiedensten Holzteile unserer Textilmaschinen brauchten. Für die langen Sprossen der Bandhäspel und Zettelmaschinentrommeln, die starkem Druck ausgesetzt waren und sich nicht verformen durften, verwendeten wir immer gedämpftes Buchenholz. Neben Tannenholz für Gestelle, Kisten und Korpusse mussten wir auch noch nordisches Fichtenholz am Lager haben. Wir brauchten dieses leichte und vor allem astfreie Fichtenholz als Latten für die Webschäfte, die mit Stützen aus gedämpftem Buchenholz verbunden wurden.

Für so verschiedene Holzarten brauchte es natürlich einen grossen zweckdienlichen Holzschopf. In seinem Untergeschoss lagerten wir noch etwa 40 Tonnen Braunkohle für die Fabrikheizung ein. Obschon wir nach der Aufhebung der Heizölrationierung sofort von der Holz- und Kohlefeuerung auf eine Ölfeuerung umstellten, wurden wir vom Bund verpflichtet, noch während zehn Jahren ein Pflichtlager von 65 Tonnen Braunkohle zu halten. Dieses Pflichtlager hätte uns für anderthalb Heizperioden gereicht, falls bei einer Konfliktsituation die Ölzufuhr ausgefallen wäre. Dieses Pflichtlager wurde übrigens alle zwei Jahre von einem Beamten des Bundesamtes für Energie kontrolliert. Wenigstens mussten wir dieses Lager nicht versteuern!

Wir legten Wert darauf, dass immer ein grosses Lager an tadellos gespältetem Holz vorhanden und dass ein bedeutender Teil des Holzes gut ausgetrocknet war. Der geräumige Holzschopf mit dem vielen Holz bedeutete eine beachtliche Investition, die sich jedoch lohnte und uns vor allem flexibel und nach aussen unabhängig machte.

Die Beschäftigungslage nach dem Zweiten Weltkrieg war sehr verheissungsvoll und erforderte ein rasches Zugreifen in allen Belangen. Und mit den gut eingerichteten Werkstätten und dem ausgezeichneten Fachpersonal verschafften wir uns grosse Vorteile gegenüber der Mehrzahl unserer damaligen Konkurrenten. Mit der Zeit spürte die Konkurrenz auch unsere Führungsstärke. Der grösste Teil von ihr hatte aber nicht den Mut, um im gleichen Stil nachzuziehen. Sie musste dann als logische Folge davon mit der Zeit ihre Betriebe schliessen.

Ein erster Gesamtarbeitsvertrag in der Seidenband-Industrie

Mit dem starken wirtschaftlichen Aufschwung nach dem Zweiten Weltkrieg wurde der Mangel an Arbeitskräften immer stärker spürbar. Als logische Folge davon war es auch für die Seidenband-Industrie unerlässlich, für die Heimposamenterie und die Fabrikbetriebe einen Gesamtarbeitsvertrag einzuführen.

Die Metall- und Uhren- sowie die chemische Industrie hatten schon längere Zeit ihre Gesamtarbeitsverträge abgeschlossen. Bei der Personalwerbung konnten sie von grosser Bedeutung sein. Denn die Belegschaft berief sich gerne auf einen schriftlichen Vertrag, in dem die Lohn-, Anstellungs- und Arbeitsbedingungen des Betriebes verankert waren.

Am Samstagvormittag, 29. Juni 1946, wurde zwischen den Delegierten des Schweizerischen Seidenbandfabrikantenvereins, Dr. Sarasin und Thommen, und den Sekretären des Schweiz. Textil- und Fabrikarbeiterverbandes, Loew und Kolb, der erste Gesamtarbeitsvertrag in der Seidenband-Fabrik-Industrie unterzeichnet. Die religiösen Minderheitsverbände haben diesen Vertrag ebenfalls anerkannt und unterzeichnet.

Der Gesamtarbeitsvertrag hat Gültigkeit für die Firmen:
De Bary & Cie. AG Basel
G. Peter & Cie. AG Basel
W. Sarasin & Cie. AG Basel
Seiler & Cie. AG Basel/Gelterkinden
Senn & Cie. AG Basel/Ziefen
Thurneysen & Cie. AG Basel

Vischer & Cie. Basel
Bandweberei Ormalingen AG
Moser & Cie. AG Herzogenbuchsee
Scholer & Cie. Liestal.

Der Gesamtarbeitsvertrag regelt die Lohn-, Anstellungs- und Arbeitsbedingungen für mehr als tausend Arbeiterinnen und Arbeiter.

Die Minimallöhne

sind nach örtlichen Verhältnissen geregelt. Firmen, die in städtischen Verhältnissen domiziliert sind, garantieren den Berufsarbeitern einen Minimallohn von Fr.
1.70. Ein Hilfsarbeiter hat im Minimum Fr. 1.45, eine Weberin im Minimum Fr.
1.10, eine Zettlerin Fr. 1.05, die übrigen weiblichen Arbeitnehmer Fr. 1.– resp.
–.95 in der Stunde. Hinzu kommen Dienstalterszulagen von 10 Rappen pro
Stunde bei einer jährlichen Steigerung von einem Rappen. Die im Akkord
beschäftigten Arbeitnehmer, die übergrosse Mehrheit der Belegschaften, sind im
Genusse eines garantierten Minimallohnes, und darüber hinaus wird ein durch-
schnittlicher Mehrverdienst von 15 Prozent garantiert. Zudem werden

Teuerungszulagen

ausgerichtet, die nach Angaben der Firmen den Richtsätzen der Lohnbegutach-
tungskommission entsprechen. Neben dem sind die Lohnzulagen für Überzeit-,
Schicht-, Sonntags- und Feiertagsarbeit geregelt.

Die gesetzlichen Feiertage werden inskünftig mit dem vollen Lohne, Teuerungs-
zulagen inbegriffen, vergütet. Die Ferienregelung beginnt mit einer Woche
nach dem ersten Dienstjahr und endigt nach einigen Steigerungen mit drei
Ferienwochen nach dem 25. Dienstjahr. Die Firmen bezahlen limitierte Absen-
zen bei Verehelichung, Todesfällen, Geburten usw. Im Abschnitt

Sozialversicherungen

fällt besonders die neuzeitliche Regelung der Lohnzahlung im Krankheitsfalle
auf. Alle männlichen Arbeitnehmer müssen sich bei einer Taggeldkrankenkasse
für ein Taggeld von mindestens 10 Fr. versichern, alle Arbeiterinnen für 5 Fr.
und alle Jugendlichen für 3 Fr. Die Hälfte der Prämienkosten tragen die
Firmen. Im übrigen regelt der Vertrag die Tätigkeit der Arbeiterkommissionen,
anerkennt ausdrücklich das Koalitionsrecht und bestimmt, dass einem Vertrau-
ensmanne der Gewerkschaft kein Nachteil irgendwelcher Art erwachsen darf.

Unter diesen klaren vertraglichen Bedingungen haben sich die Vertragskontrahenten verpflichtet, auf jegliche Kampfmassnahmen wie Sperre, Streik oder
Aussperrungen zu verzichten.

Die Vertragskontrahenten leisten Kautionen namens ihrer Mitglieder, indes die Unorganisierten auf beiden Seiten wesentliche Kautionen selber bezahlen müssen. Der Vertrag tritt am 1. Juli 1946 in Kraft und Wirksamkeit und ist bis zum 31. Dezember 1948 fest abgeschlossen.

Für die Belegschaft bedeutet dieser Gesamtarbeitsvertrag eine wesentliche

Verbesserung

ihrer seit Jahren ungenügenden Lohnbedingungen. Ebenso bedeutend sind die Verbesserungen der Anstellungs- und Arbeitsbedingungen. Anstelle der bisherigen freiwilligen Leistungen sind klare rechtliche Verpflichtungen getreten. Der Dienstpflichtige im Sinne des OR hat nun nicht lediglich Pflichten und keine Rechte. Heute sind in der Seidenbandindustrie Rechte und Pflichten klar und deutlich gestaltet und umschrieben.

Genau vor einem halben Jahr wurde der erste Gesamtarbeitsvertrag zwischen den nämlichen Kontrahenten für die Land- und Heimposamenter abgeschlossen. Nun sind auch die Fabrikposamenter zu ihrem Vertrag gekommen, der das bedeutende Vertragswerk in der Heimindustrie glücklich ergänzt.
Der Präsident der Industriellen, Herr Dr. Sarasin, stellte am Ende der langen Verhandlungen ausdrücklich fest, dass die Verhandlungen recht schwierig waren, jedoch immer in einer loyalen Art und Weise geführt worden sind. So ist in der Seidenbandindustrie ein neues Recht geschaffen worden und überdies der berüchtigte Herr-im-Hause-Standpunkt verschwunden.

Aus den «Basler Nachrichten» vom 1. Juli 1946

Ergänzungen zum Gesamtarbeitsvertrag

Nachdem dieser erste Gesamtarbeitsvertrag der Seidenband-Industrie am 1. Juli 1946 in Kraft getreten war, bildeten wir in der Fabrik Ziefen eine Betriebskommission. Diese Betriebskommission vertrat die Belegschaft von Ziefen bei allen Verhandlungen mit der Direktion in Basel und den Textilgewerkschaften. Dieser Kommission gehörten folgende Mitglieder an: Hans Dietrich-Schaad als Präsident, Rosa E. (Name geändert, s. S. 60) als Kassierin und Vertreterin der Zettlerei, Alwine Stohler aus der Winderei und die beiden Weber Ernst Tschopp-Brand und Jakob Bürgin-Tschopp. Die Betriebskommission erhielt bei Lohnverhandlungen oder anderen Betriebsangelegenheiten eine wichtige Funktion. Sie war das Bindeglied von der Basis über die Geschäftsleitung in Ziefen bis zur Direktion in Basel.

Junge Arbeitskräfte

Am Anfang beschäftigten wir viele schulentlassene Frauen und Burschen, die keine Berufslehre absolvieren wollten und in der neuen, modernen Seidenbandweberei in Ziefen das grosse Geld zu machen glaubten. Es war damals der Trend, möglichst rasch zu Geld zu kommen, um sich ein angenehmeres Leben leisten zu können. Während des Krieges hatte man ja auf so vieles verzichten müssen; nun wollte man das Versäumte möglichst rasch nachholen.

Nach kurzer Zeit schon kam das böse Erwachen. Für einen guten Lohn musste auch eine entsprechende Leistung erbracht werden. Und daran mangelte es meistens. Diese jungen Menschen mussten das richtige Arbeiten in einem Fabrikationsbetrieb zuerst noch lernen. Die meisten dieser Burschen waren ja noch Jugendliche, die schulmüde und von grosser Abenteuerlust beseelt waren. Viele wollten keine Berufslehre ergreifen, weil die Eltern auch keine absolviert hatten und trotzdem auf einen grünen Zweig gekommen waren. Und ein zusätzliches Einkommen vom Sohn oder der Tochter konnte sehr willkommen sein, weil man damit längst gewünschte Anschaffungen realisieren konnte. Das war natürlich ein Trugschluss, denn etliche dieser Jungen konnten es den Eltern oder sich selber nie verzeihen, dass sie damals keine richtige Berufslehre machen konnten oder durften. Leider konnten wir diesen jungen Burschen und Frauen damals noch keine Berufslehre in unserem Betrieb anbieten.

Erst 28 Jahre später – mit der Einführung der neuen Nadelwebtechnik – konnten junge Leute bei uns Bandweberin und Textilmechaniker lernen. Ich erkannte im Jahr 1969, dass es zur Umstellung auf diese neue Webtechnik gelernte Leute brauchte, die diese Hochleistungsmaschinen optimal einstellen und betreuen konnten. Im Einvernehmen mit dem BIGA wurden dann zwei Berufe für die Bandweberei neu geschaffen und von uns auch eingeführt. Wir waren damals die einzige Bandweberei der Schweiz, die Bandweberinnen und Textilmechaniker ausbildete. Diese jungen Berufsleute konnten nach der Lehre in jeder Betriebsabteilung als qualifizierte Arbeitskräfte eingesetzt werden. Damit konnten wir auch jederzeit Personallücken wegen Krankheit oder Ferien schliessen. Wir nannten diese Mitarbeiter dann «Springer», weil sie überall einspringen konnten. Mit diesen gelernten Fachleuten wollten wir auch die Abteilungsmeister unterstützen. Nach einer guten Einarbeitung gab es die Möglichkeit, ihnen eine kleinere Abteilung anzuvertrauen.

Leider war unsere Rechnung nie ganz aufgegangen. Die meisten von ihnen wollten schon kurze Zeit nach der Lehre von zu Hause weg, um in einem grösseren Ort oder sogar im Ausland zu arbeiten. Die Loslösung vom Elternhaus und die Unabhängigkeit wurden damit vollzogen, und das wollte man

Betriebsausflug der Basler
Belegschaft 1946 auf das
Schloss Wildenstein. Ich auf
der kleinen Staumauer
unterhalb des Wasserfalls.

diesen jungen Leuten ja nicht verwehren. Ziefen und die umliegenden Dörfer waren auch nicht so attraktiv, dass die Jungen deswegen zu Hause geblieben wären. Sie wollten doch in einer grösseren Ortschaft wie Liestal oder
Basel arbeiten gehen, wo es auch die Möglichkeit für bessere und interessan-
tere menschliche Kontakte gab. Die immer gleichen Gesichter im Dorf
waren ihnen schon lange verleidet, und für eine ernsthafte Bekanntschaft
kam sowieso nur eine auswärtige Person in Frage. Diese Argumente waren
durchaus verständlich, so dass wir uns mit diesem Sachverhalt einfach abfinden mussten. Es war aber für die Belegschaft bestimmt eine Freude und
grosse Bereicherung, mit so jungen Frauen und Burschen zusammenarbeiten
zu können. Natürlich gab es ab und zu auch Reibereien zwischen den jungen und den älteren Mitarbeitern. Aber die Lehrlinge brachten nicht nur
zusätzliche Probleme, sondern auch eine heitere Stimmung in die Bude, was
sich aufs Betriebsklima meistens sehr positiv auswirkte.

Ein Betriebsausflug der Firma Senn AG & Co. Basel

Der Zusammenhalt zwischen den beiden Betrieben der Firma Senn & Co.
AG war wegen der beträchtlichen Distanz, aber auch wegen der meist

Runde nach dem Betriebsaus-
flug 1946 in unserem Garten.
Links hinter Leo Brunner
verdeckt Hedy Waldner, dann
Margrit Meyer und Kurt
Bächlin. Rechts ich.

direkt auf der Landschaft rekrutierten Arbeitskräfte, welche den Basler
Betrieb nicht kannten, von Anfang an recht locker. Doch die altehrwür-
dige Basler Firma gab sich Mühe, ihre Angestellten mit dem Zweigbetrieb vertraut zu machen. So fand am 1. Juni 1947 ein Betriebsausflug
statt, worüber das folgende Programm Auskunft gibt.

Programm

Antreten: 07.00 h in der Schalterhalle S.B.B.
Abfahrt: 07.20 h Perron 1a nach Liestal – Bad Bubendorf

Marsch nach Ziefen, zirka 1 Stunde.
Fabrikbesichtigung
Spaziergang nach Schloss Wildenstein, Mittagsverpflegung privat aus dem
Rucksack, Lunchtasche (oder Marktnetz!), je nach Bedürfnis oder Laune.
Es wird Suppe abgekocht. Nachmittags Unterhaltung im Freien,

Gesellschafts- & Ballspiele. Nach dem Zvieri Bummel retour nach Station
Lampenberg und Abfahrt dort um etwa 18 Uhr.
Ankunft in Basel: etwa 19 Uhr
Kosten: Billet etwa Fr. 2.50

Mitbringen: Verpflegung für den ganzen Tag
                1 Suppenwürfel Maggi:
                Erbs oder Erbs mit Sago [einem Stärkemittel]
                ev. Wolldecke und Turnschuhe.

Bei schlechter Witterung gibt Tel. No. 11 Sonntag früh Auskunft, ob der
Ausflug stattfinden wird. Im übrigen könnte bei Gewitter-Regen an etlichen
Orten Unterschlupf gefunden werden, eventuell in der Kantine der BASAG.
[Bandweberei Senn AG]

Abmeldungen: bis spätestens 29.5.47 17 Uhr an Buchhaltung,
                  Telephon im Geschäft No. 31.
                  (Nur wer nicht mitkommen kann.)

Wir hoffen jedoch, dass davon niemand Gebrauch machen wird.

Die Geschäftspolitik der Firma Senn & Co. AG

In diesem Kapitel greife ich über die Gründungszeit des Ziefener Betriebes hinaus. Es ist wichtig, diesen Betrieb vor dem Hintergrund der
Geschäftspolitik der Firma zu sehen. Ihre Geschäftspolitik ist gekenn-
zeichnet durch eine ständige Entwicklung, eine ständige Anpassung an
den Markt. Und diese Entwicklung reicht bis in die Gegenwart.
Im Gegensatz zu den meisten Konkurrenzbetrieben in Basel und auf der
Landschaft hatte sich die Firma Senn & Co. AG schon sehr früh auf die
Herstellung von wichtigen Standardqualitäten spezialisiert. Begonnen
hatte sie im Jahr 1905, als der damalige Firmenchef Fritz Senn-Otto mit
einigen französischen Industriellen die Société de la Viscose Suisse in
Emmenbrücke gründete. Diese Kunstseidenfabrik entwickelte sich dann
zur bedeutendsten Kunstfaserfabrik der Schweiz. Als erste Firma verwendete Senn die neue Kunstseide (Viscose) für die Herstellung von Bändern, zuerst als Schussmaterial, später auch für die Kette; ebenso ging die
Firma Senn später allen andern in der Verarbeitung von Acetat-Kunst-
seide in der Bandfabrikation voran. Senn war die erste Textilfabrik der
Welt, welche gefärbte Acetatseide winden konnte.

Die Strategie der Firmenleitung bestand folgerichtig in einer Konzentration der Bandproduktion auf klassische Qualitäten, welche die Firma in einem beschränkten Farben- und Breitensortiment in grossen Mengen herstellte und auf Lager legte. Sie konnte mit diesen Lagerqualitäten* quasi eine Monopolstellung einnehmen und weltweit einen grossen Marktanteil erarbeiten. Zufolge der Lagerhaltung dieser Standardqualitäten konnte sie auch grosszügig Material einkaufen, preisgünstig einfärben lassen und lange Rechnungslängen (Kettlängen) herstellen. Es gab demzufolge eine lange Webzeit, bis die Zettelrollen wieder leer waren, und somit wenig Unterbrüche und einen hohen Nutzeffekt. Dadurch waren wir sehr konkurrenzfähig und für diese Art von Bändern auf der ganzen Welt bekannt und auch gefragt.
Dieses Geschäftsprinzip wurde bis heute hochgehalten und durch weitere Produkte im Bereich Strickerei, Wirkerei und Flechterei sinnvoll ergänzt. Diese wichtigsten Bandqualitäten, welche bis zur Einführung der neuen Nadelbandweberei auf den Schiffchen-Bandwebstühlen gewebt wurden, waren die nachfolgenden Bandqualitäten:

Qté. 19634	Viscose/Taffet mit Lisier Cannelé 4/4, Faveurband Ein glänzendes, dünnes Taffetband, das in schmalen Breiten als Päckli- resp. Dekorationsband verwendet wurde. Das grösste Abnehmerland dieser Bandqualität während des Zweiten Weltkrieges war Venezuela.
Qté. 23405	Viscose/Taffet mit Landende. Das klassische Haar- und Dekorationsband aus feinfibrilligem Viscosematerial, das einen dezenten Glanz und einen feinkörnigen Griff hatte. Mit disem Band konnte eine schöne und festhaltende Haarmasche gemacht werden.
Qté. 25777	Viscose/Taffet mit Satinende. Das feine und glanzvolle Haar- und Dekorationsband für den Orient; deshalb auch «Orientel» genannt. Weil die Bandstruktur bei dieser Qualität feiner und glatter war, gab es keine so festgefügte Haarmasche wie bei der Qualität 23405.
Qté. 26103	Viscose/Satinet 4/4 mit Gründli und Langende. Das feine doppelseitige Satinband, das man als Achselträgerband oder als Päckli- und Dekorationsband verwenden konnte. Auch diese Qualität wurde in riesigen Mengen nach Venezuela geliefert.
Qté. 25019	Viscose/Satin 4/1 mit Gründli und Boyeauxende. Das klassische, glänzende Satinband für Dekorationszwecke.

Qté. 26040	Viscose/Satin 7/1 mit Gründli und Kurzende. Das solide und hautfreundliche Trägerband für Büstenhalter und andere Damenunterwäsche mit dem schiebefesten Baumwollschuss.
Qté. 25667	Viscosevoile/Crêpe Georgette mit Kurzende. Die geeignete Qualität für Krawatten-Mäschli, welche einst als Ersatz für die klassische Stoffkrawatte verwendet wurde. Die Bänder wurden roh gewebt, dann gefärbt und erhielten dann eine feinkörnige Bandstruktur. Nach dem anschliessenden Bedrucken hatte man ein schönes Band, das sich als Mäschli gut binden liess und quasi knitterfrei war.
Qté. 26364	Viscose/Taffet mit Kurzende. Ein repsartiges Taffetband, das man als Dekorations- und Festband verwenden konnte. Diese Bänder wurden auch für Festrosetten und als Ordenbänder verwendet.
Qté. 25730	Viscose/Taffet-Ecossais mit Langende, 2-schifflig. Dieses klassische, karierte Band wurde damals auf mehreren Webstühlen gewebt und als «Vichy-Band» bezeichnet.
Qté. 25735	Viscose/Taffet-Ecossais mit Langende, 2-schifflig. Auch dieses feine und zierliche Ecossaisband wurde damals in grossen Mengen produziert und konnte ab Lager geliefert werden.
Qté. 26645	Nylon/Taffet mit Satinende, rohweiss gewebt. Diese Nylonqualität löste später die Viscosequalität 25777 ab. Diese Nylonqualität konnte in grossen Mengen roh gewebt und auf Lager gelegt werden. Das Färben der Bänder konnte dann in jeder gewünschten Farbe sehr schnell und rationell ausgeführt werden. Es gab dadurch grosse Bestellungen mit kurzen Auslieferungszeiten.
Qté. 27489, 27491, 27493	Viscose/Baumwolle Plüsch-Schlauchbänder. Drei Qualitäten Plüsch-Schlauchbänder, die wir ab dem Jahr 1961 samt den Schiffchen-Webstühlen von der Firma De Bary & Co. AG übernommen haben. Diese Schlauchbänder konnten mit Plastikstäbchen gefüllt auch als Stützbänder gebraucht werden. Sie wurden hauptsächlich bei der Herstellung von Prothesen für Kriegsgeschädigte verwendet. Wir haben diese Qualitäten nur auf den Schiffchenwebstühlen gewebt.

Qté. 28070 — Nylon/Taffet mit Kurzende und Kettpicots, rohgewebt. Diese rohe Nylonqualität wurde mit einem neuen Ablauf- und Bremssystem für die Kettpicotfäden gewebt. Da die bisherigen Arrêtfäden für die Kettpicots wegfielen und nach dem Färben der Bänder nicht mehr weggeschnitten (geputzt) werden mussten, gab es eine grosse Vereinfachung und Zeiteinsparung, die sich auf den Bandpreis günstig auswirkte. Dadurch bekam die neue Picotqualität einen grossen Aufschwung und konnte stark ausgebaut werden. Hauptabnehmer für diese Bänder war Amerika.

Qté. 26400 — Viscose/Samt mit Sergerücken und Langende.
Das war unsere langjährige fadengefärbte Samtqualität mit dem speziellen Celta-Poil. Der Celta-Poil dieser Samtqualität war sehr empfindlich auf Berührungsdruck. Die deutschen Samthersteller verfügten über ein spezielles Viscose-Poilmaterial, das viel weniger druckempfindlich war. Da wir dieses Poilmaterial nicht erhalten konnten, waren wir gegenüber der deutschen Konkurrenz immer im Nachteil.

Qté. 28099 — Nylon/Samtqualität mit Kurzende, rohweiss gewebt.
Es war aus Produktions- und Kostengründen verständlich, dass wir den heiklen, fadengefärbten Viscosesamt durch einen rohen Nylonsamt ersetzen wollten. Die Versuche waren sehr positiv und ergaben eine viel höhere Leistung und angenehmere Arbeitsweise. Anfänglich hatten wir noch Schwierigkeiten mit dem Schneiden des zäheren Nylonpoils. Der beste Messerstahl und die geeigneten Schleifsteine dazu mussten in langen Versuchen herausgefunden werden. Der Schnitt musste so optimal sein, dass das Poil- resp. Samtbild schön klar aussah. Wenn das nicht zutraf, dann war das Poilbild nach dem Stückfärben stumpf oder speckig und musste in einem zusätzlichen Arbeitsprozess mit der Schermaschine ausgebessert werden. Der Lauf der rohen Samtqualität blieb immer sehr gut, während der Poil-Schnitt stets heikel war.

Qté. 28000 — Viscose/Zweifarbige Würfelsamtqualität.
Wir hatten diese Qualität kreiert, um das Samtgeschäft beleben und verstärken zu können. Im Ver-

gleich zum grossen mechanischen Aufwand für diese Spezialqualität war der Erfolg eher bescheiden. Wir brachten wohl eine sensationelle Neuheit auf den Markt, die aber das bisherige klassische Uni-Samtband nie konkurrenzieren konnte.

Da der Preis dieser Spezialqualität natürlich höher sein musste, verkaufte sich dieser Würfelsamt sehr schlecht. Es war etwas Neues, das nicht rentierte, und aus dem wir für die Zukunft eine Lehre ziehen konnten.

Kranzbänder
Diverse Kranzbandqualitäten aus Viscose.
Solche verschiedenartigen Qualitäten mit diversen Zierbordüren fabrizierten wir nach der Liquidation der Firma De Bary & Co. AG für die Firma Alfred F. Rohrbach AG. Wir bauten das Kranzbandgeschäft mit Herrn Rohrbach zusammen noch aus und verbesserten es wesentlich. Bis zu diesem Zeitpunkt hatte die Firma Senn & Co. AG praktisch keine Kranzbänder gewebt. Ein wichtiger Faktor war bei Kranzbändern das nachfolgende schöne Moirieren und Appretieren der breiten Bänder. Mit Herrn Bürgin, dem gut ausgebildeten Appreteur, war das möglich geworden. Unsere Bandwebereikonkurrenten De Bary und Seiler waren uns in dieser Sparte einiges voraus. In der Regel wurde das klassische Moiréfrançais hergestellt. Wir probierten aber auch einige spezielle Moirés mit unterschiedlichen Moirébildern. Auf den Schiffchen-Bandwebstühlen wurde nämlich mit verschiedenen, angebauten Ablaufexzentern beim Regulateur (Webschuss-Regulierung) die Schusszahl resp. Schussdichte verändert. Mit diesen individuell veränderten Schusszahlen konnten dann verschiedenartige Moirébilder erzielt werden. Am Schluss setzte sich jedoch das bisherige gewohnte Moiré-français durch.

Ab dem Jahr 1969/70 wurden bei Senn & Co. AG die Nadelwebtechnik eingeführt und sukzessiv alle wichtigen Lagerqualitäten auf neuen leistungsstarken Nadelbandwebmaschinen gewebt. Für jede spezielle Bandart musste – in Zusammenarbeit mit der Bandwebmaschinenfabrik Jakob Müller AG Frick – die entsprechende Nadelwebmaschine entwickelt, ausprobiert und gekauft werden. Es war eine harte, jedoch interessante Zeit über

mehrere Jahre, bis wir alle verschiedenen Bandqualitäten auf die moderne
Nadelwebtechnik umgestellt hatten. Daraus entstanden dann neue synthetische Lagerqualitäten, die in grossen Mengen roh gewebt, nachher in einem
schönen Farbsortiment gefärbt, ausgerüstet und auf Lager gelegt wurden.
Natürlich wurden mit der Zeit auch alle fadengefärbten Viscose-, Seiden-
und Baumwollqualitäten auf den Nadelwebmaschinen hergestellt. Nachfolgend führen wir die wichtigsten synthetischen Bandqualitäten auf:

Qté. 28150   Nylon/Taffet mit Lisier Cannelé 2/2, roh gewebt.
                    Das klassische Taffetband für vielerlei Zwecke, das
                    die früheren Viscose-Taffetqualitäten 23405 und
                    25777 ersetzte. Diese Qualität konnte effizienter
                    hergestellt und schneller geliefert werden.
Qté. 27316   Nylon/Taffet cloquer mit Satinende, roh gewebt.
                    Der Taffet dieser Qualität wurde abwechselnd immer
                    mit 4 vorgeschrumpften und 4 ungeschrumpften
                    Kettfäden gezettelt. In gewebtem Zustand konnte
                    man nur eine leichte Streifigkeit beim rohen Taffet-
                    bild sehen. Beim Färben des Bandes schrumpften
                    dann die ungeschrumpften Kettfäden noch zusam-
                    men, so dass ein schön ausgeprägtes Crèpebild zum
                    Vorschein kam. Dieses Band konnte sehr gut als
                    Haar- und Dekorationsband verwendet werden.
Qté. 27442   Nylon/Sablé (Granité) mit Kurzende, roh gewebt.
                    Es ist die typische weiche und ruhig wirkende
                    Wäschebandqualität.
Qté. 28300   Polyester/Satinet 4/4 mit Gründli und Lisier Cannelé 2/2.
                    Diese roh gewebte, sehr feine und seidenähnliche,
                    doppelseitige Satinqualität ersetzte die alte Viscose-
                    qualität 26103. Das feinfibrillige, texturierte Polyes-
                    ter-Kettmaterial schrumpfte beim Färben sehr stark
                    zusammen und musste dann beim Ausrüsten des
                    Bandes wieder langgezogen und thermisch fixiert
                    werden. Daraus resultierte schlussendlich eine wun-
                    derbare, füllige Satinqualität, die für alle möglichen
                    Zwecke verwendet werden kann.

In den späten 1970er Jahren begannen wir dann noch mit einer Wirke-
rei- und Strickerei-Abteilung. Diese beiden Textilarten waren von Herrn
Gerold Buser, dem Chef des Schrägband-Verkaufes, als wichtige Ergän-
zung zu seinem bisherigen Verkaufsortiment gewünscht worden. Es entstanden daraus zwei neue Produktionszweige, die einige Jahre grosse Aufträge einbrachten:

Werbeflugblatt zur Ausstellung der Firma Senn & Co. AG an
der Frankfurter Messe 1996.

Qté. 1639   Das rohe, elastische Rüschenband, das wir auf den
                   Raschelina-Wirkmaschinen der Firma Jakob Müller
                   AG herstellten. Dieses gewirkte, elastische und
                   schiebefeste Band fand Verwendung beim optimalen
                   «Rüscheln» von Kleiderstoffen in der Konfektions-
                   industrie. Diese neue Bandqualität wurde zu einem
                   grossen Hit der Firma Senn & Co. AG. Später wirkte
                   man noch weitere elastische Qualitäten, die teilweise
                   mit einer eingewirkten Zugkordel (Bindkordel) als
                   Bundbänder bei der Sport- und Freizeitbekleidung
                   verwendet wurden.

Qté. 12718   Ein flachgestricktes «Filatresse»-Einfassband für die
                   Bekleidungsindustrie. Damit wurden die Ränder von
                   Kostümen eingefasst.

Qté. 11.27   Ein flachgestricktes Rennstreifenband für die
                   Skibekleidung. Diese gestrickten Streifenbänder
                   verzierten die Aussennähte der Skihosen und erfüll-
                   ten den Zweck, dass sich die Skihose beim Sitzen

Aus dem Prospekt der
Filiale in St. Louis, 1994.

durch das gestrickte Band ausdehnen konnte. Während dieser Skikleidermode mussten wir riesige Mengen von verschiedenen Rennstreifenarten stricken.

Qté. 45501   Ein gestricktes und mit Gummifäden verstärktes
Schlauchband, das mit anderen Strickteilen zu einer
maximalen Kniestütze konfektioniert wurde. Diese
Kniestütze hatten wir in Zusammenarbeit mit dem
Sportarzt Dr. Segesser von der Rennbahn-Klinik in
Muttenz entwickelt. Sie diente den Sportlern zum
Schutz der Kniegelenke und vor allem zur Stützung

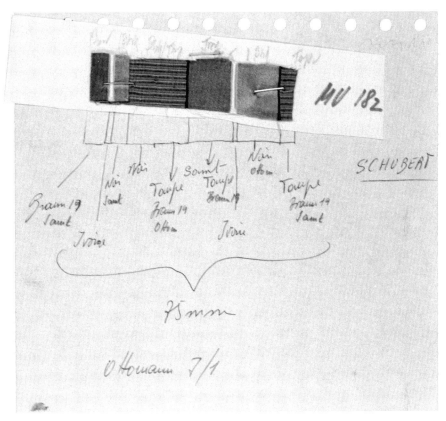

Ausschnitt aus den Notizen eines Gesprächs mit Herrn
Hymann Hendler über den Entwurf eines neuen Seidenband-
musters. Die Entwürfe bestanden aus auf Computer-
Endlospapier zusammengehefteten Stoffresten, die miteinan-
der kombiniert und in den Notizen beschrieben wurden
(Foto M. Ecklin, Kantonsmuseum Liestal).

eines Kniegelenkes nach einer Operation. Mit unserer Kniestütze konnte der Schweizer Skirennfahrer
Pirmin Zurbriggen drei Wochen nach der Knieope-
ration Weltmeister in der Skiabfahrt von Sarajewo
werden. Dieses Produkt war damals etwas Revolutionäres, erwies sich aber im Verkauf als heikler Artikel
mit viel Aufwand und kleinem Ertrag. Dieser Artikel wurde später mit allem Drum und Dran nach
Deutschland verkauft, wo ein viel grösserer Absatz-
markt vorhanden ist.

Natürlich wurden bei Senn & Co. AG noch viele Spezialqualitäten, sogenannte «Façonnés», auf Wunsch der Kunden hergestellt. Ich denke
dabei an die exklusiven Qualitäten vieler Art für den bedeutendsten
Bandgrossisten Hymann Hendler in New York. Nach unserer Ansicht
hatte dieser Bandgrossist das grösste und umfassendste Bandlager der
Welt. Seit Jahrzehnten sammelte er Restposten von Seidenbändern, die
er bei Geschäftsschliessungen weltweit zu günstigen Preisen kaufen
konnte. Diese alten Raritäten, die meistens noch aus reiner Seide hergestellt waren, konnte er je länger je mehr zu horrenden Preisen verkaufen.
Wenn jemand eine exklusive Bandqualität brauchte, dann bekam er
diese bestimmt bei der Firma Hymann Hendler in New York. Ab den
1980er Jahren kam Herr Hendler regelmässig nach Europa, um neue
Spezialqualitäten nach seinen Ideen herstellen zu lassen. Neben einem
Bandwebereibetrieb in Frankreich und Deutschland hatte er in der
Schweiz die Firma Senn in Ziefen, die auf seine Wünsche einging. Es
war für uns eine grosse Herausforderung und Bereicherung, mit diesem
anspruchsvollen Kunden zusammenarbeiten zu können. Die Aufträge für
seine Spezialqualitäten waren relativ klein, der Preis dafür aber recht
hoch. Wir konnten uns nur Herrn Hendler als Spezialkunden mit exklusiven Wünschen leisten, sonst wären wir in jeder Beziehung überfordert
gewesen.
Durch die Übernahme der Firma Steinmann AG Wohlen kam im Jahr
1996 zusätzlich eine Flechterei-Abteilung in den Betrieb Ziefen. Mit
der vielseitigen und aufwändigen Flechterei bekam Senn & Co. AG
eine Textilart mit eher groben und staubentwickelnden Materialien.
Es brauchte viel Mut und Geschick, um diese neue Flechterei – neben
der bisherigen vertrauten Bandweberei – einzuführen. Dadurch ist
Senn & Co. AG jedoch in der Lage, das ganze Spektrum an Bändern
jeglicher Art herstellen und liefern zu können. Durch diese Viel-
seitigkeit ist auch die Chance gross, im heutigen starken Konkurrenzkampf überleben zu können.

Innovation und Expansion

Eine wachsende Belegschaft

Hermann Senn-Dietrich (1. August 1947 bis 31. Oktober 1965). Bevor er zu uns in die Fabrik kam, arbeitete er jahrelang in der Hühnerfarm von Walter Recher-Recher. Er webte noch für kurze Zeit auf den beiden einzigen Schlagstühlen in der Fabrik die schmalen, leichten Faveurbändeli. Diese beiden Schlagstühle wurden dann durch zwei moderne, oberbaulose Müller-Sägerstühle ersetzt. Diese neuen Webstühle sahen sehr gut aus, waren aber mühsam zum Richten resp. Einstellen. Aller Staub fiel in den komplizierten Unterbau und verschmutzte diesen sehr. Das Reinigen und auch Richten des Unterbaues mit der Websteuerung ging relativ schlecht, so dass wir immer die gleiche Bandqualität auf diesen beiden Webstühlen fabrizierten. Diese neuesten Webstühle betrachteten wir eher als eine Last statt als eine willkommene Verbesserung. Aus diesem Grunde verkauften wir sie nach kurzem Einsatz an unsere Tochterfirma Selectus Ltd. in England. Dort wurden sie noch viele Jahre für einen einfachen, gleichbleibenden Bedarfsartikel eingesetzt. Hermann Senn war ein guter und geduldiger Weber, der sich für die Ausführung neuer Webversuche bestens eignete. Mit seiner grossen Erfahrung und Beharrlichkeit brachte er alle Versuche zu einem befriedigenden Abschluss.

Katharina Meury-Rothdauscher (13. Oktober 1947 bis 28. Februar 1977) war während 30 Jahren unsere tüchtige und zuverlässige Putzfrau für die Fabrik und die Kantine. Ferner besorgte sie noch das Waschen und Flicken der Fabrikwäsche. Sie legte grossen Wert auf einen sauber gepflegten Fabrikboden und blitzblanke Fensterscheiben. Es war ihr grosses Verdienst, dass unsere Fabrik punkto Ordnung und Sauberkeit weiterum als Vorbild galt. Unsere Besucher waren immer wieder erstaunt über die grosse Sauberkeit des Betriebes. Frau Meury machte es mit ihrem unermüdlichen Einsatz und ihrer grossen Beharrlichkeit möglich.

Karl Tschopp (3. November 1947 bis 15. Mai 1968), «dr Joggelikarli». Bevor er zu uns in die Fabrik kam, war er Posamenter und Briefträger im Dorf. Er war ein sehr freundlicher und angenehmer Weber, den die ganze Belegschaft gut mochte. Da er als Mann auch gut andrehen konnte, musste er in Notfällen sogar beim Aufmachen und Andrehen aushelfen. Er gehörte zu den wenigen männlichen Arbeitskräften, von denen man gerne noch mehr gewünscht hätte. Karl Tschopp wurde mit den schwierigsten Arbeiten fertig, weil er gedanklich immer bei der Arbeit war und viel Geduld aufbrachte. Am Abend half er öfters den Heimposamentern im Dorf beim Andrehen, Durchziehen und Blattziehen.

Er lebte als Junggeselle mit seiner ledigen Schwester Lisette zusammen, die zu Hause einen Webstuhl einer Konkurrenzfirma betrieb. Ich erinnere mich noch gut, wie ich eines Tages von Karl Tschopp gebeten wurde, die schlechten Nylonbänder auf dem Heimwebstuhl seiner Schwester zu visitieren. Der Visiteur hatte die Bänder nicht verbessern können, sie waren und blieben immer noch stark «blooterig»*. Bei meinem Augenschein sah ich dann sofort, dass die Nylon-Zettel miserabel waren. Sie waren wie bisher die Viscose und Baumwolle gezettelt worden. Da sich jedoch das synthetische Nylonmaterial bei jeder Reibung elektrisch auflädt, muss die statische Elektrizität während des Zettelns durch ein Hilfsgerät abgeleitet werden. Bevor wir mit der Verarbeitung von Nylon begannen, informierten wir uns bei der Herstellerfirma Nylsuisse in Emmenbrücke sehr genau über die Tücken dieses neuen Materiales. Dort konnten wir auch alle Hilfseinrichtungen, die zu einer einwandfreien Verarbeitung von Nylon nötig waren, erfahren und im Einsatz sehen. Wir richteten demzufolge gleich zu Beginn alle entsprechenden Vorwerkmaschinen mit den nötigen Antistatikeinrichtungen aus, um eine maximale Nylonproduktion zu bekommen. Unsere Konkurrenz tat diesen Schritt teilweise erst, nachdem sie auf die bisherige Art nicht weitergekommen war und einen Schaden durch schlechte Ware erlitten hatte, gemäss dem Motto: «Durch Schaden wird man klug».

Flora Furler (17. November 1947 bis 31. Dezember 1979), «'s Vreniflöri». Sie war eine vielseitige und sehr tüchtige Mitarbeiterin mit einer schnellen Auffassungsgabe. Da sie zudem noch sehr exakt und fleissig war, konnte man sie mit der Zeit beim Winden, Andrehen und Zetteln einsetzen. Es war für sie auch bezeichnend, dass sie bei der Arbeit oft sang. Sie konnte aber auch recht resolut aufbegehren, wenn sie bei Louis Tschopp-Oehler oder auch andern Webern die herausgewebten Bänder wieder einziehen und andrehen musste. Meistens waren es die gleichen Weber, die bei der Arbeit nicht genügend aufpassten und dadurch unnötige Flickarbeiten verursachten. So eine musikalische Person wie Flora Furler hätte eigentlich Sängerin oder Musikerin werden sollen.

Ettorina Franchi (23. Februar 1948 bis 24. September 1949). Als erste und bildhübsche Italienerin tauchte sie kurz nach dem Krieg in Ziefen auf. Sie war längere Zeit die attraktive Hausangestellte bei der Bäckerei & Handlung Stohler. Die kurze Zeit, die sie dann bis zur Heirat bei uns arbeitete, verbrachte sie beim Winden und Zetteln. Sie war eine sehr kinderliebende Frau, die oft mit unseren drei Kindern geplaudert und gelacht hatte. Sie heiratete in zweiter Ehe einen guten Geschäftsmann in Böckten und kam dann noch öfters zu einem kurzen Besuch nach Ziefen. Das ganze Dorf kannte und schätzte diese fröhliche Italienerin.

Louis Tschopp-Oehler (9. August 1948 bis 30. Mai 1975), «dr Botteluggi». Auf seinem eigenen Land hatte er das erste Haus im Gebiet Steinenbühl gebaut. Bevor er in sein neues Haus einziehen und bei uns als Weber arbeiten konnte, war er viele Jahre in der Buchdruckerei Hofmeier AG in Arlesheim beschäftigt. Kurz danach liessen wir im Steinenbühlgebiet unsere beiden hölzernen Doppelhäuser für die Kaderleute Alfred Moser, Alfred Wahl, Hans Jenny und Walter Schwander bauen. Wir hatten zuerst Bauland im Krummackergebiet gekauft und wollten dort Geschäfts-Wohnhäuser errichten lassen. Da hatten aber die Familien-Clans der Recher, Tschopp und Rudin dagegen opponiert und bei der Gemeinde durchgesetzt, dass das Gebiet Steinenbühl zuerst überbaut werden musste. Diese Familien hatten dort Land und natürlich alles Interesse, dass sie zu Bauland kamen und dieses auch verkaufen konnten. Vor allem Walter Recher-Recher brauchte Bauland für seine führenden Angestellten in der neugegründeten Waschmaschinenfabrik Chroma AG. Im Endeffekt konnte es unserer Firma ja nur recht sein, dass sie ihre Geschäftswohnungen im gegenüberliegenden Steinenbühlgebiet bauen musste. Das zuerst gekaufte Land im Krummackergebiet hat heute wegen der ausgezeichneten Wohnlage einen sehr grossen Wert bekommen. Auf diesem schönen Bauland werden vielleicht einmal die Nachkommen der Familien Senn bauen.

Rosa Wirz-Baumann (16. August 1948 bis 24. November 1951) war eine sehr fröhliche, tüchtige Strangenwinderin. Nachher kam sie noch viele Jahre als private Glätterin zu uns ins Haus. Unsere Kinder freuten sich immer über diese liebe Frau, wenn sie während des Glättens mit ihnen eine lustige Unterhaltung pflegte. Wir alle konnten es gar nicht verstehen, dass diese lebensfrohe Frau an der schrecklichen Alzheimerkrankheit sterben musste. Sie hätte ihrem Leben entsprechend einen schöneren Lebensabend verdient gehabt.

Karl Spiess-Brunner (24. Januar 1949 bis 28. Februar 1959) löste als zweiter Betriebsschreiner den weggezogenen Werner Tschopp ab. Unter ihm sind die aus massivem Eichenholz gebauten Pulte und teilweise auch Kästen gemacht worden. Dazu hatte man die alten Eichenschwellen von ausgedienten Webstühlen zu Brettern aufgesägt. Eine aufwendige und teure Sache, die am Schluss sehr schön aussah und allen Nutzniessern eine grosse Freude bereitete. In Zusammenarbeit mit dem Werkstattmeister Emil Roth hatte er auch viel zur Verbesserung der Schiffchenwebstühle beigetragen. Als grosser Autofan arbeitete er nachher einige Jahre bei der Kantonalen Motorfahrzeugkontrolle, machte sich dann selbstständig und wurde ein begehrter und tüchtiger Autofahrlehrer. Er wusste schon in jungen Jahren die meisten Autonummern der Autofahrer von Ziefen, ja sogar des ganzen Hinteren Frenkentales auswendig. Sein Zahlengedächtnis war einfach phänomenal.

Frieda Aerni (30. Januar 1946 bis 27. Juli 1949) und Walter Aerni (19. Februar 1946 bis 7. Dezember 1962). Diese beiden ledigen Geschwister waren während meiner Visiteurzeit von 1940 bis 1945 die einzigen Posamenter der Firma Senn & Co. AG in Ziefen gewesen (siehe S. 41). Die beiden Webstühle der Aernis waren dann anfangs 1946 abgebrochen und in die Fabrik genommen worden. Nach einer kurzen Umbauzeit wurden sie als stark verbesserte Webstühle wieder eingesetzt. Die Webstühle bekamen neue Jacquardmaschinen, einen neuen Motorantrieb, einen modernen Bandabzug* und noch vieles mehr. Die Geschwister Aerni mussten sich dann als Fabrikweber auch nicht mehr um die Webspüli kümmern, die nun in der speziellen Spülimacherei vorbereitet wurden. Dadurch konnten sie sich voll auf das Weben konzentrieren. Frieda Aerni war sehr glücklich, wenn ich auf meinem täglichen Kontrollgang einige Worte mit ihr sprach. Sie hatte immer wieder betont, wie sehr ihr das Weben in der Fabrik gefalle und wie schön es für sie sei, nach ihrem einsamen Leben auf dem Hof nun täglich Kontakt mit vielen Mitarbeitern zu haben. Sie wurde auch von der ganzen Belegschaft als frohe und aufgeschlossene Mitarbeiterin geschätzt. Durch sie lernte ich auch manchen Oberbaselbieter-Ausdruck kennen, z.B. «jelemol» statt «öpenemol» oder auf Schriftdeutsch «oftmals».
Frieda und Walter Aerni sowie Alfred Wahl waren somit bei Fabrikbeginn die einzigen Leute aus Ziefen, die ich schon kannte. Leider musste Frieda Aerni in den besten Jahren an einem Herzversagen sterben. Sie war für mich für alle Zeit die geduldigste und beste Weberin, die ich je in der Fabrik hatte.

Kurt Tschopp-Engel (14. Oktober 1946 bis 11. September 1952 und 30. November 1953 bis 18. März 1960). Er gehörte zu der kinderreichen Bauernfamilie Alfred Tschopp-Dengler, genannt „'s Manuele". Alle zwölf Kinder dieser Familie waren handwerklich sehr geschickt und zeichneten sich durch grossen Fleiss aus. Die Söhne waren aber auch musikalisch sehr begabt; es war eine richtige Musikantenfamilie. Sein Vater gab dann den Bauernbetrieb auf und arbeitete für den Rest seines Lebens bei Walter Recher-Recher in der Hühnerfarm. Nachdem der finanzkräftige Walter Recher-

Recher dieses Bauerngewerbe von Tschopps auch noch übernommen hatte, konnten sie vom Erlös ein grosses schönes Haus auf Steinenbühl bauen. Kurt Tschopp war ein stiller und fleissiger Mann, der bei uns das Weben gründlich gelernt hatte. Obschon er nur mit einem Auge auskommen musste, konnte er die feinsten Flickarbeiten sauber und exakt ausführen. Nebenbei war er ein guter Volksmusikant, der mit Erfolg in der beliebten und bekannten Tanzkapelle Regina mitspielte. An den Wochenenden freute er sich auf seine Tanzmusik, die für ihn eine willkommene Abwechslung war und ihm einen schönen Geldzustupf einbrachte. Wir setzten ihn dann noch kurze Zeit als Musterweber im Betrieb Basel ein. Später arbeitete er beim Spenglermeister Willy Rippas, wo er als Einäuger mit der gröberen Spenglerarbeit besser zurecht kam und auch mehr verdienen konnte.

Anna Gisin (6. März 1946 bis 15. Mai 1972) war eine unserer Strangenwinderinnen, die nur für diese Arbeit eingesetzt werden konnte. Als ältere Arbeiterin trug sie immer einen langen Rock und vor allem dunkelgraue Baumwollstrümpfe. Mein Grauhaardackel «Zeta von Bürgenstadt», der jeden Morgen seinen Sitzplatz unter meinem Büropult hatte, war immer sehr aggressiv, wenn Fräulein Gisin ins Büro kam. Offenbar behagten ihm der lange Rock und die dunklen Strümpfe nicht oder vielleicht auch ihr schlurfender Gang.

Hans Jenny-Tschopp (24. Oktober 1946 bis 30. Juni 1977) trat bei uns als Hilfsmechaniker ein und half Herrn Roth bei der Entwicklung der vielen Maschinenverbesserungen. Als ehemalige Schulkameraden hatten sich diese beiden Werkstattleute sehr gut verstanden und auch eng zusammengearbeitet. Mit seinem grossen mechanischen Verständnis und seiner netten Art im Umgang mit Leuten lag es auf der Hand, dass wir ihn zum Webermeister ausbilden liessen. Er hatte sich auf die figürliche Jacquardweberei spezialisiert und diese auch bis zu seinem Tode pflichtbewusst betreut. Hans Jenny war auch der Meistertyp, der sich sehr mit seiner Abteilung verbunden fühlte und stark an der bisherigen Schiffchenweberei hing. Bei der Einführung der neuzeitlichen Nadelweberei war er gesundheitlich schon schwer angeschlagen und konnte diesen wichtigen Schritt nur noch mit Widerwillen vollziehen. Bei guter Gesundheit wäre ihm diese neue Webtechnik leicht gefallen, und er hätte diese Herausforderung auch mit Freude und grossem Einsatz angenommen. Leider war er viel zu früh gestorben und uns als beliebter und tüchtiger Meister verloren gegangen.

Emma Waldner (14. Juli 1946 bis zur Pensionierung anno 1992) war unsere erfahrenste und vielseitigste Zettlerin. Mit über 40 Dienstjahren trug sie

Schweizer Arbeiterinnen. Hintere Reihe von links nach rechts: Margrit Rudin, Hedy Waldner, Emma Waldner, Annemarie Hug, Emma Rudin, Ettorina Franchi (die erste Italienerin), Margrit Furler, Margrit Tschopp und Marianne Hertner; vorne: Ruth Hertner und Emma Thommen (jeweils die Namen vor einer Heirat).

auch viel zur Beständigkeit und Exaktheit der Zettlerabteilung bei. Alle neuen Zettlerinnen wurden von ihr angelernt und auch von ihr geformt. Sie hatte in den vielen Jahren auch die Entwicklung mit neuen Zettel- und anderen Vorwerkmaschinen* miterlebt. Mit diesen neuen Maschinen gab es eine viel grössere Leistung, und man brauchte immer weniger Personal. Emma Waldner war bei diesem andauernden Erneuerungsprozess geistig fit geblieben und hatte alle Entwicklungsphasen mitgemacht. Sie gehörte auch zu den seltenen Personen, die in der heutigen hektischen Zeit eine so grosse Geschäftstreue aufweisen konnten. Sie war eine lobenswerte, geachtete und selbstbewusste Mitarbeiterin mit viel Verständnis und grossem Geschick.

Bethli Kipfer (12. April 1948 bis 31. Mai 1974) war eine geistig und körperlich behinderte Person. Da es aber in jedem Betrieb leichte und eintönige Arbeiten gibt, die von jemandem ausgeführt werden müssen, sind auch Leute wie Bethli Kipfer für einen Betrieb sehr wichtig. Sie hatte all die

Betriebsausflug auf die Insel Mainau, anfangs der sechziger Jahre. Von links nach rechts: Hans Rudin («Sirach Hans»), Walter Schwander, August Börlin und Jakob Schaad («Joggi»).

Jahre hindurch immer die Rohware für die Färberei geknüpft und genäht. Die rohen Nylonstrangen mussten von ihr beidseitig an vier Stellen geknüpft (schmale Bänder) oder genäht (breitere Bänder) werden. Dadurch blieben die Bandlagen beim Färben schön beieinander und konnten bei der anschliessenden Appreturbehandlung gut abgefahren werden. Diese Arbeit stellte keine hohe Anforderung, musste aber stets sauber und exakt gemacht werden. Wenn sich viel Rohware anhäufte, musste man ihr sofort jemand zur Unterstützung geben, sonst weinte sie jämmerlich. Sobald der Haufen aufgearbeitet war, konnte sie wieder die glücklichste Person sein.

Jakob Schaad (1. November 1948 bis 31. Dezember 1971) wohnte in Lauwil und hatte dort zuvor jahrelang als Schlagstuhl-Posamenter gearbeitet. In der Fabrik war er als fröhlicher und sauberer Junggeselle bei den meisten Frauen der Hahn im Korb. Vor allem bei unseren regelmässigen Geschäftsausflügen kam seine Beliebtheit so richtig zum Ausdruck. Er war zu jedem Spass bereit und machte auch selber mit. Da er ein begeisterter Jodler war, kam auch ab und zu ein schöner Jauchzer aus seiner Kehle. Bei der Arbeit fiel er nicht besonders auf; er nahm es eher ruhig, dafür stets sorgfältig und exakt. Wir hatten die vielen Jahre hindurch nie Reklamationen mit seinen gewebten Bändern.

Johann Rudin-Schaad (14. Februar 1949 bis 31. Dezember 1972), «dr Sirach Hans», war ein unermüdlicher Posamenter, der bis zum 81. Lebensjahr in der Fabrik gearbeitet hat. Abends half er den Posamentern im Dorf öfters noch beim Andrehen. Seine Frau arbeitete auch bis ins hohe Alter mit einem Heimwebstuhl der Firma Sarasin-Thurneysen. Mit der Liquidation der Schiffchenweberei musste dann Johann Rudin gezwungenermassen zu Hause bleiben, sonst hätte er mit seiner erstaunlichen Rüstigkeit noch länger weben wollen.

Wilhelm Mangold-Kohler (3. Januar 1951 bis 31. August 1975). Als gelernter Webstuhlschreiner arbeitete er vorher viele Jahre in den Betrieben Grenzach und Gelterkinden der Bandweberei Seiler & Co. AG und wohnte in Birsfelden. Nach der Liquidation des Grenzacher-Betriebes musste er dann täglich den weiten Arbeitsweg nach Gelterkinden auf sich nehmen und sich im dortigen Betrieb dem Schreinerchef unterordnen. Als qualifizierter und selbstständiger Berufsarbeiter fand er am neuen Arbeitsplatz nicht die nötige Befriedigung und suchte deshalb bei nächster Gelegenheit einen anderen Arbeitgeber. Aus diesem Grunde kam er im Jahr 1951 zu uns nach Ziefen und konnte dort auch in Fabriknähe in einem Geschäftshaus wohnen. Es war quasi ein Einfamilienhaus mit einem grossen Gartenanteil. Dort fühlte er sich sehr wohl und pflegte nach Feierabend seinen schönen Blumen- und Gemüsegarten. Da die Mangolds keine Kinder hatten, konnte sich Frau Mangold neben dem Haushalt noch als tüchtige und begehrte Damenschneiderin betätigen. Die grosse Kundschaft von Birsfelden blieb ihr auch in Ziefen treu. Da Willy Mangold in seiner Heimatgemeinde Lupsingen aufgewachsen war, kam er natürlich wieder in Kontakt mit seinen ehemaligen Schul- und Unterrichtskameraden. Und wir hatten in der Schreinerei endlich einen ausgebildeten Webstuhlschreiner.
Wegen seines grossen fachlichen Könnens konnten wir dann die Schreinerei ausbauen und mit den nötigen Maschinen für den Eigenbau von Webladen einrichten. Willy Mangold verstand es, neben normalen Doppelwebladen auch komplizierte 4-schifflige Ecossais-Webladen und prächtige Samtwebladen zu bauen. Diese Webladen kamen uns zwar teuer zu stehen, sie funktionierten aber auch alle ausgezeichnet. Willy Mangold war ein richtiger Bastler, der vor allem die Webschiffchen exakt und fein ausschaffte. Durch das periodische Aufpolieren der Webschiffchen mit seiner geheimen Spezialpolitur liefen die Webstühle sehr konstant und produzierten durchwegs saubere und schöne Bänder. Jede Arbeit, ob in der Werkstatt oder in Haus und Garten ausgeführt, musste bei ihm exakt und schön sein. Das gehörte zu seiner Lebenseinstellung, und diese befolgte er das ganze Leben hindurch. Die ganze Belegschaft

liebte und schätzte diesen hilfsbereiten Mann. Mir war er öfters zu pedantisch und zu wenig speditiv beim Arbeiten. Das hatte jedoch den Vorteil, dass die von ihm ausgeführten Arbeiten so gut waren, dass sie praktisch ewig hielten. So präzis arbeitende Handwerker gibt es heute nur noch selten und wenn, dann nur in wichtigen Spezialgebieten. Nach seiner verdienten Pensionierung zog er dann ins Altersheim nach Birsfelden. Er wollte wieder in seine ehemalige Wohngemeinde zurückkehren, wo er und seine Frau noch viele Bekannte hatten. Es bleibt noch zu erwähnen, dass er und Emil Roth den historischen Webstuhl, die sogenannte «Bändelmühle», für das Historische Museum Basel restauriert und komplettiert hatten. Er war noch der letzte gelernte Webstuhlschreiner, der die fehlenden Webschiffchen originalgetreu nachbauen konnte. Diese «Bändelmühle» wurde nämlich 1881 abgebrochen und später etliche Male umgelagert. Durch die vielen Lagerwechsel gingen einige Webstuhlteile kaputt oder verloren. Die beiden Fachleute verstanden es vortrefflich, diesen alten Webstuhl wieder funktionstüchtig herzurichten.

Zum Glück brauchten wir für die neue Nadelweberei keinen Webstuhlschreiner mehr. Die neuen Nadelwebmaschinen sind ganz aus Metall. Wir hätten nicht gewusst, wo wir einen neuen Webstuhlschreiner hätten finden können. Nach der Pensionierung von Willy Mangold wurden in der Schreinerei nur noch Flickarbeiten gemacht, und diese konnten von Fritz Recher-Ott sehr gut ausgeführt werden.

Edith Angst-Tschopp (30. April 1951 bis 31. Mai 1994), «'s Manuele Edith». Gleich nach der Schulzeit kam sie zu uns und lernte das Bandweben. Sie wurde von Frau Trüssel angelernt und entwickelte sich im Laufe der Zeit zu einer fleissigen und tüchtigen Samt- und Plüschweberin. Mit ihrem robusten Wesen und ihrer grossen Nervenstärke konnte sie alle Schicksalsschläge überwinden und wurde selbstsicher und emanzipiert. Aus diesem Grunde konnte sie dann mit der Einführung der neuen Nadelweberei auch eine Abteilung übernehmen und diese als ausgezeichnete Meisterin zuverlässig und speditiv führen. In ihrer Webereiabteilung wurde pflichtbewusst gearbeitet und es wurden viele Muster gefertigt (gemustert). Da sie mit den Mitarbeiterinnen sehr kameradschaftlich umgehen konnte, entstand daraus eine optimale Teamarbeit. Kurz gesagt, sie war der gute Geist in einer tollen und sehr produktiven Webereiabteilung.

Frieda Trüssel-Völlmin (9. September 1953 bis 24. Juli 1969). Mit der Einstellung von Frau Trüssel konnten wir als neuen Betriebszweig die Samtweberei einführen (siehe S. 169 ff.). Sie erlebte die neue Samt-Nadelweberei nur noch im Versuchsstadium und kam wiederholt nicht zum Staunen heraus. Sie hatte viele Jahre hindurch die modernisierte Schiffchen-Samt-

weberei mit grossem Einsatz geleitet und auch die Weberinnen zu einem
exakten und speditiven Arbeiten erzogen. Nach meiner Ansicht war sie
mit den Weberinnen zu wenig streng und wurde öfters von ihnen scham-
los ausgenutzt. Auf alle Fälle waren jedoch alle Samtwebstühle in ihrer
Abteilung in einem tadellosen Zustand und brachten eine optimale, saubere Leistung. Nach ihrer Pensionierung im Jahr 1969 kam sie dann
öfters zu uns auf Besuch und bestaunte immer wieder die neue Nadelwebtechnik, die so grosse Vorteile brachte. Es wurde ihr auch bewusst,
wieviel Einsatz und Geld die enorme Umstellung kostete.

*Brunhilde Recher-Ott (15. November 1954 bis 14. Mai 1955 und 26. März
1973 bis 31. Dezember 1996)* war im Jahr 1951 als Haushalthilfe in unser
Haus gekommen und zwar durch die Vermittlung von Frau Meury, einer
Verwandten von ihr. Als junges deutsches Mädchen hatte sie im Haushalt
noch viel zu lernen, vor allem auch, wie man mit drei kleinen Kindern
umgehen musste. Sie war sehr anstellig und fand auch guten Kontakt zur
Dorfjungmannschaft. So lernte sie auch den tüchtigen Bauernsohn Fritz
Recher vom Hof Beckenweid kennen, den sie dann im Mai 1955 heiratete. Vor der Heirat arbeitete sie noch eine kurze Zeit in der Fabrik, um
noch etwas mehr Geld für die Aussteuer zu verdienen. Im Jahr 1973, als
ihre Kinder schon gross waren, kam sie dann wieder zur Fabrikarbeit
zurück. Als intelligente und tüchtige Frau war sie sehr positiv zur neuen
Nadelweberei eingestellt. Sie arbeitete dann längere Zeit in der Abendschicht, damit sie tagsüber ihren grossen Haushalt besorgen konnte. Sie
war auch die geeignete Person, um neue Weberinnen anzulernen. Wenn
diese arbeitswillig waren und ihre Anweisungen befolgten, dann konnten
sie viel von ihr profitieren. Falls aber eine Anlernperson unsorgfältig
arbeitete, dann kam sie bei Frau Recher nicht gut an. Es endete dann
meistens mit einem Donnerwetter und öfters auch mit Tränen. Bei ihr
kam die sprichwörtliche «deutsche Gründlichkeit» so richtig zum Ausdruck.

Ernst Recher-Moser (14. August 1956 bis 31. Mai 1979), «dr Cheeser
Ärnscht». Beim Weggang unseres Heizers und Packers Wilhelm Löffel-
Salathe brauchten wir einen willigen und zuverlässigen Ersatzmann. Ich
war erstaunt, als sich für diesen freiwerdenden Posten der Bauer Ernst
Recher-Moser meldete. Er war damals 46 Jahre alt und gab seinen Land-
wirtschaftsbetrieb auf. Seine Kinder erlernten einen anderen Beruf und
interessierten sich wenig für das Bauerngewerbe. Und weil seine Frau ein
Herzleiden hatte und bei der Landwirtschaft nicht mehr richtig mithelfen
konnte, war die Einstellung des Bauernbetriebes für ihn die beste Lösung.
Ernst Recher arbeitete sich sehr schnell in seinem neuen Job ein und

Betriebsausflug auf die Insel
Mainau, anfangs der sechziger
Jahre. Von links nach rechts:
Urs Senn, damals in der
«Lehre» im Ziefener Betrieb,
Ernst Recher, Fritz Recher
und Hans Jenny.

hatte Freude und Genugtuung an dieser Arbeit. Er hatte auch das nötige
Geschick im Umgang mit Garnmaterialien und Seidenbändern. Neben
der Fabrikheizung und den Zettellieferungen für die Heimposamenter
mit allem Drum und Dran war er auch zuständig für alle Webblätter in
der Fabrik und auf dem Lande. Nachdem die Heimposamenterei immer
kleiner wurde, übernahm er allmählich die Windereiabteilung, die Herr
Moser betreut hatte. Ernst Recher hatte eine schön leserliche Schrift, und
das war für die Führung der Materialkartei von grossem Nutzen. Die
Frauen in der Winderei waren mit ihrem Abteilungsmeister auf jeden
Fall sehr zufrieden, weil er sie gut mit Windermaterial bediente und auch
menschlich ein lustiger und angenehmer Typ war. Seine Leute lachten
öfters laut heraus, wenn er einen Spass oder guten Spruch zum besten
gab. Die ganze Belegschaft bedauerte es sehr, als er im Jahr 1979 in den
verdienten Ruhestand trat. Ab dieser Zeit ging es in der Windereiabteilung etwas ruhiger zu und her. Der neue Meister John Powell war ein
ernster Mann, der in der Freizeit viel las und sich vor allem für Schwei-
zergeschichte interessierte. Als gebürtiger Engländer kannte er sich in
der Schweizer Geschichte fast besser aus als ich. Fast jeden Montag über-

Der Posamenter

Es isch en so nä Bruch i eusem Tal
dass fast alles posamente cha.
Die Junge lehres vo de Alte
und so bliebt dä Bruef erhalte.
Früher hei si d' Stüehl no müesse triebe,
doch die Zyt isch wit z'ruck bliebe.
'S Elektrisch isch derno jo cho,
jetz cha me nume so derbi do stoh.
Me isch au nit gross unterem Duume,
Drum tüe die meischte Weber no e chlei burä.
Denn es Stüehli und es Küehli und e Stube voll Chind,
Das isch's, was ä fliessigä Posamenter fertig bringt.
Mä hett wenig Lüt, wo öbis anders triebe,
oder si siegä denn scho e chlei riecher.
D' Heere wohine z' Basel inne,
und vo dört tüe si eus d' Siede bringe.
I de Auti chöme si jetz cho zfahre,
's rentier sich nümm die alte Botewage.
Der Posamenter ab im Land,
Dä tuet sich zsämme zum en nä Verband.
Denn der Itinger Herr dä feschti (Anliker)
Dä macht eim Muet ufs beschti.
Er meint, jetz müesse mer recht zsämme halte,
mer wellen es jetz scho zeige dene Heere Fabrikante.
Mir welle jetz sälber fabriziere,
dass me auch chönn luege, was si denn verdiene.
In jeder Gnosseschaft tät 's denn en Abstimmig geh,
dass si hei chönne Geld ufneh.
Druf tüe si alti Stüehl zsämme füehre,
Denn das sey öbis, wo sich sowieso scho tüe rentiere.
Sie hei si denn lo mache,
dass auch d' Schriner heige öbis zschaffe.
Au hett me chönne zeichne Anteilschyn,
Das hett en Vermöge geh jo nur zum Schyn.
Am Afang hett das Gschäft sich flott rentiert, das isch klar,
drum wird bald alles sehr sozial.
Doch nach ere churze Zyt,
Do got die ganzi Gsellschaft jo fallyt.
Denn plötzli heisst's, me chönni nümme konkurriere,
Viel meh müessi mir jetz liquidiere.
Der Verlust betrage en par Hunderttusig,
das isch schliessli doch e chlei lusig.
Denn 50 Franke müessi me jetz scho zahle
und 's anderi werdi me bald erfahre.
lsch 's möglich, het gar e mänge denkt,
isch das euses soziales Wiehnechtsg'schenk

raschte er mich mit neuen Fragen zur Schweizer Geschichte, wenn er am Sonntag wieder ein neues Museum in der Schweiz besucht hatte.

August Börlin-Furler (9. April 1956 bis 31. Dezember 1966) kam erst als 67jähriger Mitarbeiter zu uns in die Fabrik. Wir hatten damals so grosse Schwierigkeiten, Arbeitskräfte zu bekommen, dass wir selbst pensionierte Leute einstellen mussten. Er war leicht gehbehindert, aber ein ruhiger und zufriedener Mensch, der immer sehr gut angezogen war. Zu seiner vornehmen Kleidung gehörte der elegante Eden-Hut, was für einen Bandweber schon aussergewöhnlich war. Zu jedem Geschäftsanlass schrieb er ein passendes Gedicht, das meistens grosse Heiterkeit auslöste. Die anderen Weber nannten ihn den «Nobelweber».
Nach dem Eintritt dieses älteren Mannes wurde mir so richtig bewusst, wie hoch das Durchschnittsalter unserer Belegschaft war, und wie wichtig es wurde, in der Personalrekrutierung einen neuen Weg einzuschlagen.

Fritz Recher-Ott (4. Januar 1960 bis Ende 1987), «dr Beckeweid Fritz». Als Landwirt und Gatte unserer früheren Haushalthilfe Hilde Ott bewirtschaftete er den Bauernbetrieb von Walter Recher-Recher an der Kirchgasse. Es war der ehemalige Bauernbetrieb der Familie Alfred Tschopp-Dengler, genannt «'s Manuele». Im Jahr 1960 sah er dann keine befriedigende Zukunft mehr für dieses Bauerngewerbe und wollte eine andere Arbeit annehmen. Weil wir ja immer Mangel an zuverlässigen und aufgeschlossenen Kaderleuten im Betrieb hatten, fassten wir den Entschluss, Fritz Recher-Ott allmählich zu einem Webermeister ausbilden zu lassen. Einen ähnlichen Werdegang ermöglichten wir damals auch Hans Jenny-Tschopp, der zu Beginn in der Werkstatt arbeitete. Unsere Bandweberei war für Fritz Recher ein ganz neues, sehr anspruchsvolles, aber auch interessantes Arbeitsgebiet. Er durchlief quasi wie ein Lehrling die verschiedenen Abteilungen und bekam dadurch das nötige Wissen eines Webermeisters. In der mechanischen Werkstatt erlernte er unter der kundigen Führung von Emil Roth das grosse Gebiet der Metallbearbeitung. Bei den Reparaturarbeiten in allen Abteilung lernte er auch alle Maschinentypen des Betriebes kennen. In der Weberei waren es die unterschiedlichen Maschineneinrichtungen für Jacquard-, Ecossais-, Samt- und Picotbänder, neben den normalen Webstühlen für gewöhnliche Bandqualitäten. In der Schreinerei führte ihn Willy Mangold in alle

◀ Das ist die Abschrift des handgeschriebenen Gedichtes, das uns der damals schon 73jährige Bandweber August Börlin-Furler am 14. September 1962 überreicht hat.

Holzarbeiten bis zum fertigen Webladenbau ein. Die Weblade gehörte ja zum Herzstück eines Webstuhles, die zum guten Lauf und exakten Aussehen eines Bandes massgebend beitrug. In der Winderei und Zettlerei wurden ihm die praktischen Maschinenarbeiten gezeigt. Ferner lernte er bei Ernst Recher und Alfred Wahl alle schriftlichen Arbeiten für deren Abteilungen ausführen. Er war dann später auch in der Lage, aushilfsweise diese beiden Abteilungen zu betreuen. Die wichtigsten Finessen des Webens und Webstuhlrichtens habe ich ihm selbst beigebracht. Das Vorbereiten und Aufmachen des Webstuhles bis zum fertigen Bandweben lernte er am besten in der Samt-Abteilung bei Frau Trüssel. Er webte anschliessend einige Wochen auf einem grossen Samtwebstuhl. Mit Frau Trüssel verstand er sich sehr gut und bekam dadurch immer mehr Freude und Interesse am Bandwebereibetrieb. Damit er auch das Webtechnische lernen konnte, schickten wir ihn mit Hans Jenny zusammen an die Textilfachkurse nach Basel. Dort lernten die beiden angehenden Meister in den Abendkursen der Lehrer Gassler und Knoepfli die Materialkunde und Bindungslehre, um nachher ein Bandmuster richtig analysieren und aufsetzen zu können. Und um seine Ausbildung noch abzurunden, half Fritz Recher noch einige Zeit Herrn Salathe beim Vorbereiten und Ausrechnen der Weblöhne. Damit war seine Ausbildung abgeschlossen, und er konnte quasi als Allrounder überall im Betrieb eingesetzt werden.

Er arbeitete dann hauptsächlich als Webermeister in der Samt-Abteilung bis zu seinem tragischen Werkstattunfall im Juli 1964. Er wollte damals auf der Schwabbelscheibe den Zaumstab (Bandführung) eines Webstuhles feinpolieren. Bei dieser Arbeit glitt ihm der abgewinkelte Draht aus den Händen und spickte an seinen Kopf. Ein Drahtende durchstiess dabei seine Schädelwand und verletzte das Gehirn. Bestimmte Gehirnzellen wurden so stark verletzt, dass es zu Lähmungen im Sprech- und Tastbereich kam. Zum Glück trat allmählich eine Besserung ein. Er konnte jedoch seine geliebte Meisterarbeit nicht mehr richtig ausüben, sondern musste sich dann mit manuellen Arbeiten begnügen.

So vertrauten wir ihm dann die Revision sämtlicher Webstuhl-Schaftmaschinen und Federzugregister an. Es waren zirka 300 Schaftsteuerungen der alten Schiffchenwebstühle, die er im Laufe der Zeit vollständig überholte. Nach der Pensionierung unseres letzten Webstuhlschreiners Wilhelm Mangold führte Fritz Recher bis zum Schluss noch alle Holz-Reparaturarbeiten der Bandweberei in Ziefen aus. Und nach seiner und meiner Pensionierung im Jahr 1987 ist er mein bester und wichtigster Helfer beim Einrichten alter Webstühle in verschiedenen Heimatmuseen geworden. Wir beide gehören zu den wenigen Sachverständigen, die solche Spezialarbeiten in der Sparte «alte Seidenbandweberei» noch organisieren und ausführen können. Um seine grossen Verdienste in dieser speziellen

Sache richtig würdigen zu können, muss man seine Restaurierungsarbeiten in den Museen von Ziefen, Reigoldswil, Bubendorf und Ballenberg ansehen. Obschon sein Tastgefühl seit dem Unfall nicht mehr gut ist, raffte er sich immer wieder auf – so quasi als Aufsteller und Therapie – die schönsten Restaurierungsarbeiten und Neuanfertigungen von Landwirtschaftsgeräten en miniature auszuführen. Er braucht und liebt diese Freizeitarbeiten und kann auch stolz sein darauf.

Theophil Schaub-Kohler (1. März 1960 bis 30. Juni 1965) war langjähriger Visiteur bei der Firma De Bary & Co. AG gewesen. Nach der Pensionierung unseres Landvisiteurs Fritz Kopp-Vögtli waren wir froh, den erfahrenen Visiteur Theophil Schaub-Kohler als seinen Nachfolger einstellen zu können. Herr Schaub war damals auch schon ein älterer Mann, als die Firma De Bary im Jahr 1960 ihre Tore schloss. Die beiden Visiteure Kopp und Schaub waren zwei grundverschiedene Typen. Fritz Kopp war ein sportlicher Typ und ausgezeichneter Autofahrer, dem der körperliche Einsatz mit den Materialkisten für die Landposamenter keine grossen Schwierigkeiten bereitete. Meistens halfen ja die Posamenter beim Ein- und Ausladen der Ware mit. Herr Schaub war eher ein bequemer Mann, der bei der Firma De Bary & Co. AG als Visiteur keine Materialtransporte ausführen musste. Die Umstellung auf unseren Visiteurdienst mit allem Drum und Dran fiel ihm am Anfang auch schwer. Da wir die Landposamenter mit einem Rundschreiben auf diesen Umstand aufmerksam gemacht hatten, besorgten dann sie das Ein- und Ausladen des Materiales. Es war dann mehr das grössere und schwerere Auto, das ihm beim Chauffieren Mühe machte. Seine webtechnischen Fähigkeiten waren sehr gross, so dass die Posamenter seine herrische und manchmal auch grobe Art akzeptierten. Ich musste allerdings ab und zu einen erzürnten Posamenter trösten, wenn ihn Herr Schaub beleidigt hatte. Am meisten konnte er uns nerven mit seinem Ausspruch: «Bei uns bei De Bary haben wir es anders gemacht.» Und wir entgegneten ihm dann: «Und bei uns bei Senn & Co. AG wird es seit vielen Jahren mit Erfolg so gemacht; unsere Ausführung kann ja nicht schlechter sein, sonst wäre Senn & Co. AG eingegangen und De Bary & Co. AG hätte überlebt.» In seinem Alter konnte er unsere vielen betrieblichen Umstellungen und Maschinenverbesserungen in allen Abteilungen nicht mehr mitvollziehen. Nach seiner Pensionierung im Jahr 1965 wurden die wenigen Landstühle noch sporadisch von Walter Herold und am Schluss von Hanspeter Recher betreut.

Im Jahr 1984 hörte dann unsere letzte Posamenterin, Frau E. Brogle-Brogle in Wittnau, mit dem Weben auf. Eine alte Heimindustrie ging damit zu Ende. Sie bleibt vorläufig unserer älteren Generation noch in Erinnerung. Die junge Generation hat heute noch die Möglichkeit, die einst so berühmten Seidenbänder und Webstühle in den Museen des Baselbietes (besonders im Kantonsmuseum Baselland in Liestal) zu bewundern. Dieses schöne Posamenterhandwerk war einst ein beachtliches Kulturgut im Baselbiet!

Hans X. (Name geändert) (15. Juli 1961 bis Frühjahr 1963). Er arbeitete als deutscher Webermeister im kleinen Samtwebereibetrieb der Firma Sarasin AG in Eiken im Fricktal. Nachdem er wusste, dass wir wegen der Liquidation der Firma De Bary & Co. AG Basel im Jahr 1960 unsere Fabrik in Ziefen erweiterten, fragte er Herrn Rudolf Senn um eine Meisterstelle im neuen Betrieb. Herr Senn stellte ihn dann als Webermeister für die neu erworbenen Plüschwebstühle ein, die wir von De Bary & Co. AG mit der Kundschaft übernommen hatten. Es gab am Anfang grosse Schwierigkeiten mit den heiklen Plüschqualitäten. Das Kett- und Schussmaterial der verschiedenen Plüschqualitäten war meistens weiss und deshalb auch stark staubempfindlich. Ich hatte grosse Differenzen mit Herrn X., weil er bei seinen Plüschwebstühlen die Raumluft zu stark befeuchtete. Das Wasser tropfte dadurch von der gesättigten Sheddecke auf die weissen Bänder hinunter, und viele Metallteile der Webstühle fingen an zu rosten. Wegen dieses unmöglichen Zustands wurde die weisse Plüschware immer schlechter und die Warenausschnitte stets grösser. Und weil Herr X. immer öfters die Weberinnen beschimpfte, ging der Zusammenhalt in dieser Abteilung allmählich verloren. Herr Rudolf Senn sah sich gezwungen, diesem Meister und Angestellten zu kündigen. Die Plüschabteilung leitete dann die Weberin Edith Angst-Tschopp, die in der Samtabteilung von Frau Trüssel ausgebildet und dann als beste Weberin bei Herrn X. gearbeitet hatte. Es kehrte dann wieder Ruhe in dieser Abteilung ein, und Edith Angst entpuppte sich als tüchtige und speditive Meisterin.

Walter Herold (1. November 1961 bis heute) war gelernter Bandweber bei der Firma De Bary & Co. AG. Nach der totalen Liquidation dieser Firma bewarb sich Herr Herold um eine Anstellung bei uns. Herr Rudolf Senn war froh, einen jungen ausgebildeten Bandweber für unsere Weberei in Ziefen einstellen zu können. Es war vorgesehen, ihn später als Nachfolger des Visiteurs Theophil Schaub einzusetzen. In der Zwischenzeit bis zu dessen Pensionierung im Jahr 1965 arbeitete Walter Herold in verschiedenen Abteilungen. Als gelernter Bandweber kannte er fast alle Betriebsarbeiten und konnte dementsprechend auch vielseitig eingesetzt werden. Er half aus beim Bandhaspeln, in der Winderei nach dem kurzen Weggang von Ernst Recher-Moser und in den Webereiabteilungen von Herrn Jenny und Frau Trüssel. Walter Herold war auch ein Angestellter, den man für neue Sachen begeistern konnte. Dazu gehörten die Versuche mit dem Würfeli-Samt, dem sogenannten Ecossais-Samt, der damals als grosse Neuheit galt: ferner das Einsetzen der ersten grossen Jacquard-Nadelwebmaschine, die vielen Kranzbandmusterungen für den Bandgrossisten Alfred F. Rohrbach AG und den Aufbau der Ecossaisweberei mit Bonas-Nadelwebautomaten. Für das genaue Studium der Bonas-Webmaschinen war er sogar einige Tage beim Maschinenhersteller in England und in unserer englischen Fabrik Selectus Ltd. in Biddulph. Im Jahr 1969 übernahm er die Führung der Schiffchen-Samtweberei von Frau Trüssel, die altershalber in Pension ging. In dieser Zeit machten wir mit dem Webermeister Fritz Spiess schon die ersten Samt-Versuche auf einer 2-nadligen Müller-Nadelwebmaschine. Es wurde schon damals klar, dass die Schiffchen-Samtweberei in absehbarer Zeit durch eine neue Nadel-Samtweberei ersetzt würde. Herr Spiess baute dann nach und nach die neue Nadel-Samtweberei im Neubau auf, und Herr Herold übernahm von ihm die NA-Nadelwebmaschinen, die vom Neubau in den Altbau gezügelt wurden. Vorgängig musste jedoch ein Abschnitt Holzboden im Altbau durch einen starken Betonboden ersetzt werden, auf den ein schöner Holzparkett geklebt wurde. Die NA-Weberei mit grösseren, mehrgängigen Nadelwebmaschinen für Stapelware wurde dann allmählich mit NA-Kranzband- und Jacquard-Nadelwebmaschinen ergänzt. Es war eine anspruchsvolle und vielseitige Webereiabteilung, die Herr Herold längere Zeit zu leiten hatte. Und heute ist Meister Herold wieder beim Samt angelangt, bei dem er bei Senn & Co. AG quasi begonnen hatte. Es ist schon so, dass man jeden Meister dort einsetzen soll, wo er seine Aufgabe am besten erfüllen kann und es ihm auch am meisten Freude macht. Da Herr Herold als deutscher Staatsangehöriger jahrelang in Basel wohnte, konnte er nach der Pensionierung von Visiteur Schaub bis heute den täglichen Materialtransport mit dem Lieferwagen des Geschäftes von Basel nach Ziefen und abends wieder zurück nach Basel durchführen. Tagsüber mussten nur ab und zu dringliche Warenlieferungen mit einem anderen Geschäftswagen in Ziefen abgeholt werden, alles andere konnte Herr Herold erledigen. Obschon er heute in seinem Elternhaus in Weil a. R. wohnt, wird der Materialtransport nach wie vor von ihm bewerkstelligt. Es ist für Senn & Co. AG auch die beste und billigste Lösung.

Hanspeter Recher-Stauffacher (24. April 1961 bis heute). Nachdem der Hilfsmechaniker Hans Jenny-Tschopp von der Werkstatt in die Weberei versetzt worden war, um dort zum späteren Webermeister ausgebildet zu werden, brauchten wir natürlich wieder einen zweiten Mechaniker. Hanspeter Recher meldete sich auf unsere Ausschreibung hin und war uns als junger einheimischer Mechaniker auch recht willkommen. Er konnte zunächst Reparaturarbeiten an den Vorwerk- und Webmaschinen ausführen und in der Werkstatt die grossen Seriearbeiten für Maschinenverbesserungen vorbereiten. Werkstattchef Emil Roth war der Konstrukteur mit den guten Ideen und Hanspeter Recher nachher der speditive Hersteller der vielen Maschinenteile. Die beiden ergänzten sich ausgezeichnet und brachten dadurch wichtige Maschinenverbesserungen zustande. Das betraf sowohl die alten Maschinen aller Art als auch die neuen Nadelwebmaschinen, für die wir spezielle Einrichtungen selbst anfertigten. Die Maschinenfabrik Jakob Müller AG lieferte dann einfach die Grundmaschinen ohne bestimmte Einrichtungen, die wir selbst konstruierten. Diese fertigen Maschinen waren dann auf unseren Betrieb zugeschnitten und brachten uns grosse Vorteile gegenüber der Konkurrenz. Hanspeter Recher war auch unser sachkundiger Zügelmann im Betrieb Ziefen; und weil er sehr gut autofahren und mit Hupstaplern umgehen konnte, holte er auch alle neuen Maschinen bei den Lieferfirmen ab. Ich denke dabei auch an die Plüsch-Webstühle, die er im Jahr 1961 mit Fritz Recher zusammen bei der Firma De Bary & Co. AG in Basel zerlegte und nach Ziefen transportierte. Nach einer gründlichen Revision stellten sie diese Webmaschinen im Fabrikneubau wieder auf. Hanspeter Recher spezialisierte sich auch auf sämtliche Reparaturarbeiten an den Spulmaschinen von Muschamp-Tailor und Hacoba. Je nach der Güte des Schussmateriales konnten diese Spulmaschinen Schaltschwierigkeiten machen.

Die grosse Wende kam für ihn bei der Umstellung von der Schiffchen- auf die Nadel-Weberei. Vorgängig mussten für die neuen NA-Nadelwebmaschinen spezielle Bandhaspeleinrichtungen vorbereitet werden. Ferner eine optimale Konenaufsteckvorrichtung für die Schusskonen, die Halterungen für die Spezial-Meterzähler Marke Zivy SA. und die elektrischen Webstuhlsteuerungen der Firma Sauter AG Basel. Mit dieser Steuerung konnten wir die Webmaschinen nach der Abendschicht programmieren und problemlos unbeobachtet weiterlaufen lassen (sogenannte Geisterschicht). Die Webmaschinen liefen dann bis zum Programmende oder bis zum nächsten Fadenbruch weiter und stellten nachher automatisch ab. Dabei wurde aus Sicherheitsgründen bei jeder Maschine separat die Stromzufuhr ausgeschaltet. Wir hatten zu dieser Zeit ein riesiges Werkstattprogramm zu bewältigen. Es gab natürlich laufend Umstellungen bis zur kompletten Modernisierung des Webereibetriebes. Ebenso mit der Einrichtung neuer Produktionszweige wie Strickerei, Wirkerei und Zwirnerei. Hanspeter Recher war auch der verantwortliche Mechaniker, der das Abbrechen der alten Posamentstühle organisierte und zwar bis zum letzten Heimwebstuhl unserer Firma, der bis 1984 bei Ernst Brogle-Brogle, Wittnau, gearbeitet hatte. Dieser Posamentstuhl wurde von ihm im Jahr 1990 als Museum-Webstuhl im Restaurant Krone in Wittnau wieder aufgestellt. Dort soll er der Gemeinde als Erinnerung an die schöne Zeit der Heimposamenterei erhalten bleiben. Wegen des dauernden Mangels an Arbeitskräften fuhr er von 1963 an täglich unseren Personalbus auf der Strecke Ziefen - Sissach - Ziefen. Damit konnten wir unsere tüchtigen Mitarbeiterinnen aus Wintersingen, Sissach und Umgebung bei der Stange halten. Im Jahr 1987 stellten wir den Personaltransport ein, weil zu wenig Leute aus dem Raume Sissach mitfuhren und die Bahn- und Busverbindungen immer besser wurden. Dank des verbilligten Umweltabonnements für die öffentlichen Verkehrsmittel rentierte es schon gar nicht mehr, einen eigenen Personalbus fahren zu lassen. Kurz vor dem Austritt von Herrn Salathe anno 1978 übernahm Hanspeter Recher von ihm die Bedienung der neuen Fabrikheizung. Diese neue Heizung war relativ einfach zu kontrollieren, da sie praktisch vollautomatisch lief.

Nach dem überraschenden Tode unseres Werkstattchefs Emil Roth im Jahr 1978 blieb Herr Recher der alleinige Mechaniker für den Betrieb Ziefen. Er bekam nur noch Unterstützung durch die Textilmechanikerlehrlinge, die bei ihm die mechanische Ausbildung absolvieren mussten. Diese Lösung genügte durchaus, weil zu diesem Zeitpunkt der grösste Teil der Maschinen erneuert war und zusätzliche Maschinen als Fertigprodukte gekauft werden konnten. Als alleiniger Betriebsmechaniker konnte er sich natürlich nie über Arbeitsmangel beklagen. Wenn es in Ziefen weniger Arbeit gab, bekam er genügend Auffüllarbeit vom Betrieb Basel oder St. Louis.

Fritz Spiess-Wagner (1. Mai 1962 bis 31. Dezember 1983) kam als versierter, langjähriger Webermeister von der Bandweberei Elastik AG Gossau zu uns. Er bezog mit seiner Familie das vierte Logis im Wohnblock. Gleichzeitig sorgte er für Ruhe und Ordnung im grossen Haus. Als früherer Mitarbeiter bei der Firma Seiler & Co. AG Gelterkinden zog es ihn und vor allem seine Frau wieder ins Baselbiet zurück. Herr Spiess war ein guter Soldat in meinem Zug der Landwehrkompanie III/243. Im WK 1961 in Oberfrick bat mich Herr Spiess um eine Anstellung als Webermeister im Betrieb Ziefen. Diese Bewerbung kam mir natürlich sehr gelegen, weil wir durch die bedeutende Vergrösserung des Betriebes auch mehr Kaderpersonal brauchten. Er musste dann nur noch die Fertigstellung des Wohnblockes abwarten, um dort seine Wohnung beziehen zu können. In der Fabrik waren wir natürlich auch froh, als der langersehnte Webermeister seine Arbeit aufnahm.

Kurt Salathe-Schweizer (1957 bis 1978), unser Personalchef, war ein begeisterungsfähiger, junger Mann, der das ganze Personalwesen sehr überlegt und speditiv erledigte. Neben den Löhnen, der Kranken- und Unfallver-

An einem Geschäftsausflug: Alice Recher (Sekretärin) und
ich; ganz links von hinten Kurt Salathe.

sicherung verwaltete er auch alle betriebseigenen Wohnungen. Wegen
der ständigen Personalwechsel zu jener Zeit hatte er so viele Umtriebe
und Aufgaben zu bewältigen, dass er eine Halbtagshilfe brauchte.

Alice Recher-Stauffacher (10. Mai 1965 bis 30. November 1996) war diese
Bürokraft, die Herrn Salathe beim Lohnwesen unterstützen musste. Sie
führte sich sehr gut ein und konnte es mit der Zeit selbstständig erledigen. Als Herr Salathe im Jahr 1978 von uns zur Kantonalen Steuerver-
waltung wechselte, wurde das Personalwesen ganz an Frau Recher über-
geben. Sie musste dann einfach länger arbeiten, um ihr Pensum erfüllen
zu können. Mit dem Einsatz von Frau Recher war es dann auch möglich,
dass Herr Salathe freie Zeit bekam, um als gelernter Feinmechaniker bei
verschiedenen Maschinenverbesserungen planerisch mitzuhelfen. Er war
deshalb beim Eigenbau einer neuen Direktzettelmaschine der Planer und
Materialbeschaffer, während Herr Roth mit der Werkstattequipe die
Maschine baute.

Bernhard Goossen (2. Mai 1978 bis heute), Webermeister. Als ehemals hol-
ländischer Staatsbürger arbeitete er zuerst wie sein Bruder Jan Goossen

bei der Tuchfabrik Schild AG in Liestal. Dann wechselte er zu der Firma IMAG AG in Münchenstein, wo er die Asbest-Verarbeitung für Bremsbeläge der Fahrzeugindustrie kennenlernte. Damit verbunden war auch das Verweben von Asbestfasern auf Müller-Nadelwebautomaten. Da die Verarbeitung von Asbestmaterial gesundheitsschädigend war, fragte er zunächst die Maschinenfabrik Jakob Müller AG um einen Job in ihrer Versuchsweberei. Er hätte dort eine Anstellung bekommen, jedoch verbunden mit viel Montage- und Versuchsarbeiten im Ausland. Seine junge Familie mit den Kindern hätte darunter leiden müssen und deshalb verzichtete er auf diesen Job. Die Firma Müller gab ihm dann den Tipp, bei uns nach Arbeit zu fragen. Und seine Anfrage kam im günstigen Moment, da wir nach den ersten Strick- und Wirkversuchen, die Hansruedi Wahl durchgeführt hatte, diese beiden Textilarten ausbauen wollten. Dadurch war Hansruedi Wahl wieder frei, um vermehrt betriebstechnische Arbeiten übernehmen zu können. Bernhard Goossen hatte Freude an diesem neuen Arbeitsgebiet und war auch sehr darauf bedacht, viele neue Produkte in beiden Sparten herauszufinden. In der Strickerei machte er eingehende Versuche für Rennstreifen-Dessins, die man für die Skibekleidung brauchte.

Jan Goossen (1. April 1982 bis heute), Webermeister. Nachdem der Webereibetrieb bei der Tuchfabrik Schild AG in Liestal immer mehr abgebaut wurde, wollte sich Jan Goossen aus Sicherheitsgründen nach einem anderen Arbeitgeber umsehen. Da er an seinem geliebten Textilberuf festhalten wollte, kam er im Jahr 1982 zu uns, um als Nachfolger von Meister Fritz Spiess, Ende 1983 die Abteilung übernehmen zu können. Ab Ende 1983 durfte Fritz Spiess seinen wohlverdienten Ruhestand geniessen. Jan Goossen hatte bis zu diesem Zeitpunkt noch reichlich Zeit, um sich von der Breitweberei auf die schmale Bandweberei umzustellen. Damit er sich besser in unsere vielseitige Bandweberei einführen konnte, liessen wir ihn anfangs bei Versuchen in allen Betriebsabteilungen mitarbeiten. Durch seine grosse Erfahrung mit Musterungen bei der Firma Schild AG konnte er auch vielerlei Anregungen bei uns einbringen. Als textiler Fachmann begriff er auch schnell unsere Musterwünsche und konnte sie mit Geschick in die Tat umsetzen. In der Abteilung von Herrn Spiess betrieb er auch eine grosse, zeitraubende Musterung mit 10 Millimeter breitem schwarzem Samt für die japanische Filmindustrie.

Hansruedi Wahl-Recher (1.11.1973 bis heute), mein Nachfolger: Im Jahr 1973 war es für uns ein Glücksfall, als der Zettlermeister Alfred Wahl mich fragte, ob sein Sohn Hausruedi vorübergehend bei uns eine Arbeit finden könnte. Nach dem Abschluss seiner Lehre als

Elektromechaniker hatte dieser eine Weiterausbildung an der Fachhochschule beider Basel in Muttenz absolviert. Weil er dort mit dem Schulbetrieb etwas Mühe hatte, wollte er die Fachhochschule verlassen. Wie er seinen Beruf weiter ausüben wolle, wisse der Junge jetzt noch nicht. Für mich war es klar, dass wir diese Gelegenheit nutzen sollten, um diesem jungen Berufsmann die Möglichkeit zu geben, unseren ganzen Fabrikbetrieb kennen zu lernen. Er sollte einen guten Einblick in alle Betriebsabteilungen erhalten, um mich später bei einigen Arbeiten entlasten zu können.

Als fleissiger und intelligenter Mann erlernte er alle zugewiesenen Betriebsarbeiten rasch und entwickelte sich zu einem zuverlässigen Mitarbeiter. Hansruedi Wahl wurde immer stärker meine wichtigste Stütze im technischen Bereich, der überall einspringen konnte, wenn es nötig war. Unsere neue Strickerei-Abteilung baute er massgeblich auf, bis er dann dort von Bernhard Goossen abgelöst wurde. Für mich stand fest, dass wir ihn maximal schulen und unterstützen mussten, damit er später mein Nachfolger werden konnte.

Ob ihm unsere Direktion bei der Betriebsführung die gleichen Kompetenzen einräumen wird wie mir, darauf konnte ich natürlich keinen Einfluss mehr nehmen. Ich bin jedoch überzeugt, dass Hansruedi Wahl mit seinem grossen Einsatzwillen versuchen wird, den Betrieb im gewohnten Stil weiterzuführen. Dazu wünsche ich ihm viel Glück und die nötige Beharrlichkeit.

Firmenwechsel?

Im Jahr 1948 kamen die beiden jungen Herren Rudolf und Hans Müller von der Blechwarenfabrik Ernst Müller AG Münchenstein zu mir nach Ziefen und wollten mich dazu bewegen, in ihre Firma einzutreten. Ihr Vater, Ernst Müller, hatte früher auch Ferger bei der Firma Senn & Co. AG in Basel gelernt und musste dann nach dem tragischen Tode seines Bruders Rudolf den elterlichen Spenglereibetrieb in Kleinhüningen übernehmen. Daraus entwickelte er dann später die grosse Blechwarenfabrik in Münchenstein. Ich kannte seine beiden Söhne Rudolf und Hans durch die Pfadfinderei, da beide in meiner Pfadigruppe waren. Vater Müller hatte sich sehr für meine Fergerausbildung interessiert: ob diese noch gleich war wie zu seiner Zeit oder ob sich viel geändert habe. Um darüber Auskunft zu erhalten, hatte er mich einige Male über das Wochenende in sein Fischerhaus am Sempachersee mitgenommen. Dort hatten wir uns beim Fischen vergnügt und uns über die Zukunftsaussichten der Bandweberei unterhalten. Von ihm hatte ich auch wertvolle Tipps erhalten, wie man sich im

Geschäftsleben verhalten sollte. Ich hatte mich in späteren Jahren noch öfters an seine Ratschläge erinnert und diese auch befolgt.

Nachdem die beiden Söhne ihren Vater schon im Jahr 1944 zu Grabe hatten tragen müssen und sie beide noch sehr jung und unerfahren waren, erinnerten sie sich vier Jahre später an ihren ehemaligen Pfadiführer «Falk». Sie hätten es gerne gesehen, wenn ich den Ziefner Betrieb aufgegeben hätte und als Leiter in ihren Betrieb gekommen wäre. Ihr Vater habe schon immer gesagt, man sollte mir meinen Fähigkeiten entsprechend eine bessere Arbeit anbieten können. Ich hätte mich bei ihnen finanziell um einiges besser stellen können. An meinem geliebten Textilberuf wollte ich jedoch festhalten, zumal ich mit dem gewünschten Ausbau des neuen Fabrikbetriebes in Ziefen noch nicht fertig war. Meine Bande zu meinem Patron Rudolf Senn waren so gefestigt, dass ich ihn nicht hätte verlassen und enttäuschen können; deshalb blieb ich auch weiterhin Betriebsleiter bei Senn & Co. AG Ziefen.

Wenn ich zur Firma Ernst Müller AG gegangen wäre, hätte ich wieder im bekannten Gebiet von Arlesheim wohnen und meine Familie hätte viel davon profitieren können. Anderseits macht der Wohlstand nicht alles aus; wichtiger war mir mein Beruf und die grosse Befriedigung über meine selbstständige Arbeit beim Aufbau und der Leitung eines neuen Bandwebereibetriebes.

Der Besuch der Mailänder Messe 1948

Herr Rudolf Senn wurde von unserem Geschäftsagenten in Italien darauf aufmerksam gemacht, dass die Firma Texnovo SA. an der Mailänder Messe als grosse Neuheit eine Nadelwebmaschine ausgestellt habe. Das war in der damaligen Zeit eine sensationelle Sache auf dem Gebiet der Bandweberei, die Herr Rudolf Senn unbedingt ansehen wollte. Er entschloss sich deshalb kurzfristig, mit mir an die Mailänder Messe zu fahren. Eines Morgens um 8 Uhr teilte er mir telefonisch mit, dass wir um 11.20 Uhr ab Basel mit dem Intercity-Zug nach Mailand fahren werden. Das war aber unmöglich, weil ich zuerst noch einen gültigen Reisepass haben musste. Als neue Reisezeit wurde dann die Zugabfahrt 16.20 Uhr ab Basel abgemacht. So impulsiv wie er immer war, verlangte er von mir, die Passangelegenheit sofort in die Hand zu nehmen und um 16.15 Uhr reisebereit im Bahnhof Basel zu sein. Arrange-toi!

Da ich damals noch kein Motorfahrzeug hatte und die Postautoverbindung von Ziefen nach Liestal sehr schlecht war, musste ich den Werkstattchef Emil Roth mit seinem Zündap-Motorrad in Anspruch nehmen. Wir fuhren zunächst nach Liestal zum Pass- und Patentbüro, wo ich das Familienbüchlein abgab. Dann in rasantem Tempo nach Basel zum Kaufhaus

Auf der Geschäftsreise 1948
in Mailand, vor der Galleria
Vittorio Emmanuele, auf-
genommen durch einen
Touristenfotografen.

Globus, wo sie einen Automaten für Passfotos hatten. In Liestal gab es
damals noch keinen solchen Automaten, und beim Fotografen Seiler hätte
ich drei Tage auf meine Fotos warten müssen. Es reichte gerade noch, die
Fotos in Basel zu machen, nach Liestal zurückzufahren und um 11.45 Uhr
im Pass- und Patentbüro abzugeben. In der Zwischenzeit hatten sie meinen Pass dort vorbereitet und brauchten nur noch mein Foto aufzukleben
und den Amtsstempel darauf zu drücken. Ich musste noch bezahlen,
dann fuhren wir nach Ziefen zurück, wo ich gerade noch rechtzeitig zum
Mittagessen kam. Nach dem Essen nahm ich ein köstliches Bad, und während dieser Zeit rüstete meine Frau mein Reisegepäck. Nachher fuhr ich
mit dem Postauto nach Liestal und von dort mit dem Zug nach Basel. Auf
jeden Fall hatte es zeitlich gereicht, um zur vorgeschriebenen Zeit auf dem
Bahnperron in Basel zu sein, wo mich Herr Rudolf Senn mit verschmitz-
tem Lächeln begrüsste. Es war für mich eine aufregende und verrückte
Situation, die ich nur dank Herrn Roth und seinem Motorrad in dieser

kurzen Zeit bewältigen konnte. Das dachte Herr Senn bestimmt auch und war deshalb befriedigt, weil ich seinen Befehl so prompt ausgeführt hatte. Während der langen Zugfahrt in den Süden besprachen wir im Detail das Messeprogramm und welche Schwerpunkte wir setzen wollten. Wir hatten ja zwei ganze Tage zum Besuch der Messe zur Verfügung. Weil wir erst um 16.20 Uhr von Basel abreisen konnten, fuhren wir an diesem Tag nur noch bis Como, wo wir in einem Hotel übernachten wollten. Zur grossen Überraschung von Herrn Senn waren jedoch alle Hotels in Como wegen der Mailänder Messe ausgebucht. So fuhren wir dann bei Dunkelheit mit einer kleinen Zahnradbahn nach Brunate, wo wir in einem prächtigen Berghotel noch Unterkunft fanden. Diese abendliche Bergfahrt nach Brunate bleibt mir ewig in Erinnerung. Während dieser Fahrt hörte ich zum ersten Mal den zauberhaften Gesang der Nachtigallen. Dieser herrliche Vogelgesang und das Gezirpe der Grillen brachten mich in eine Hochstimmung. Ich hätte am liebsten laut gejauchzt und gepfiffen. Nach dem Zimmerbezug und einem kurzen Frischmachen genossen wir bei Kerzenlicht das herrliche Nachtmahl und den köstlichen Wein des Südens. Der weltgewandte, sprachkundige Herr Senn fand nach der Mahlzeit sofort Kontakt zu den illustren Hotelgästen aus vielen Ländern. Auf jeden Fall gab es für uns beide einen interessanten und fröhlichen Abend in der Hotelbar bis zirka 2 Uhr in der Früh. Nachher konnten wir kaum mehr als vier Stunden ruhen bis zur Morgentoilette. Nach einem ausgiebigen Frühstück fuhren wir mit dem ersten Bähnli nach Como hinunter und anschliessend mit dem Schnellzug nach Mailand. Per Taxi fuhren wir vom Bahnhof zum Messegelände – und nach einer kurzen Orientierung im Messekatalog suchten wir dann in der Textilhalle den Stand der Texnovo SA.

Herr Senn war sehr erstaunt, als er beim Texnovo-Stand von unserem italienischen Geschäfts-Agenten begrüsst wurde. Herr Albertini teilte Herrn Senn mit, er habe vor zwei Stunden von Senn & Co. AG Basel die telefonische Mitteilung erhalten, dass Herr Senn am nächsten Tag für eine sehr wichtige Sitzung zu der Tochtergesellschaft Selectus Ltd. nach England reisen müsse. Das Flugticket und die Geschäftsakten für diese wichtige Sitzung seien bereits zu seiner Frau nach Hause gebracht worden. Herr Senn war zunächst sehr verärgert über diese Mitteilung, hatte jedoch als Verwaltungsrat keine andere Wahl, als dieser Aufforderung Folge zu leisten. Wir konzentrierten uns deshalb in erster Linie auf die Begutachtung des ersten Nadelwebstuhles und auf dessen Leistungsvermögen. Es war für uns nicht verwunderlich, dass mit dieser neuen Bandwebmaschine hauptsächlich Baumwollbänder gewebt wurden. Und weil wir in erster Linie Kunstseidenbänder aller Art herstellten und diese Bänder damals noch beidseitig schöne und fehlerfreie Webende (Zierkanten)

haben mussten, konnte diese neue Nadelwebmaschine für uns vorläufig
nicht in Frage kommen. Die Firma Texnovo SA. versprach jedoch unsere
Argumente und Wünsche entgegenzunehmen, um später mit einer verbesserten und vielseitigeren Bandwebmaschine wieder an uns zu gelangen. Wir sahen uns nachher noch die neuen Vorwerkmaschinen für die
Winderei und Zettlerei an und vor allem die modernsten Nähmaschinen-
typen, die unsere Bundbandnäherei in der Schrägbandabteilung noch
leistungsfähiger machen könnten. Um dieses wichtige Programm bewältigen zu können, begnügten wir uns mit einem kurzen Mittagslunch.
Herr Senn musste ja mit einem frühen Abendzug nach Basel zurückfahren, um anderntags mit der Swissair nach England fliegen zu können.
Dazu kam noch das grosse Missgeschick, dass Herr Senn in Mailand für
uns keine Zimmer reserviert hatte. Als grosser Optimist glaubte er, dass
sich in einer so grossen Stadt wie Mailand immer eine Unterkunft finden
lasse. Der Zufall wollte dann auch, dass ein Zürcher Hotelportier, der uns
bei der Informationsstelle im Mailänder Bahnhof nach Hotelzimmern fragen hörte, für mich ein Zimmer in einem Privathaus wusste. So fuhren
wir dann schnellstens mit einem Taxi bis ausserhalb der Stadt zum Sitz
eines ehemaligen Bürgermeisters von Mailand. Wir wurden dort von der
Tochter dieses grossen Hauses sehr freundlich empfangen. Mein Zimmer
war der grosse Salon des Hauses, umrahmt von vielen Ahnenbildern, mit
einer prächtigen Möblierung im Stile Louis XV. von Frankreich. In einer
Ecke des grossen Raumes stand das Bett, das mir als Schlafstätte dienen
musste. Herr Senn bezahlte bei der Hausherrin den Betrag von zwei
Übernachtungen mit Frühstück zum voraus und überliess mir dann einen
grossen Teil seines italienischen Geldes. Anschliessend fuhren wir mit
dem Taxi wieder zum Bahnhof zurück. Der Hotelportier bekam für seinen guten Tipp ein schönes Trinkgeld. Bei einer schmackhaften Mahlzeit
im Bahnhofbuffet besprachen wir mein Messeprogramm für die kommenden zwei Tage. Anschliessend begleitete ich Herrn Senn noch zum Zug-
perron und verabschiedete mich dankend von ihm. Es war schade, dass er
mich alleine zurücklassen musste; aber er ermutigte mich, mich sprach-
lich so gut wie möglich durchzuschlagen. Meine Aufgabe war mir
bekannt, und ich fühlte mich gewandt genug, um diese befriedigend
lösen zu können. Ich wusste auch, dass ich mit dem Tram Nr. 7 zurückfahren und bei der Haltestelle Via Sforza aussteigen musste. Als Anhalts-
punkt konnte ich mir eine rote Campari-Leuchtreklame merken, die auf
dem Eckhaus bei der Haltestelle angebracht war.
Ich genoss dann den Rest des Tages in einem Restaurant mit Variétéprogramm bei einem guten Glas Wein. Um Mitternacht fuhr ich dann mit
dem Tram Nr. 7 zu meiner Unterkunft zurück und wartete vergebens auf
die rote Campari-Leuchtreklame. Es waren von der Haltestelle Via Sforza,

bei der ich hätte aussteigen sollen, noch zirka vier Haltestellen, bis das Tram zu einer Kehrschlaufe kam. Auf französisch konnte ich mich dann mit dem Kondukteur verständigen und ihm mein Missgeschick erklären. Er liess mich dann gratis zurückfahren und zeigte mir bei der richtigen Haltestelle die inzwischen ausgelöschte Leuchtreklame. Zum Dank bot ich ihm einige meiner Muratti-Zigaretten an, die er mit Freude annahm. Nach diesem Missgeschick freute ich mich umso mehr auf den verdienten Schlaf im Bett in der Salonecke. Im grossen Haus war es mäuschenstill, als ich im grossen Badezimmer meine Abendtoilette machte. Neben der Hausherrin waren noch andere Gäste im Hause, die ich nicht kannte und deren Nachtruhe ich nicht stören wollte. Ich nahm mir vor, am nächsten Tag früh aufzustehen, um den Messebesuch voll auszunützen zu können. In Erwartung des kommenden Tages schlief ich nicht so gut und träumte von schwierigen Gesprächen in französischer und englischer Sprache. Als ich im Traum die richtigen Worte nicht fand, wachte ich auf und war froh, dass es der Realität nicht entsprach.

Um 06.30 Uhr juckte ich aus dem Bett, zog meinen Badmantel an und stieg mit dem Toilettentäschchen unter dem Arm die breite Marmortreppe hinauf zum Badezimmer. Ich öffnete die Türe und trat ein, ohne zu ahnen, dass eine nackte Frau in der Badewanne plätscherte. Fluchtartig verliess ich das Badezimmer, ohne mich für diesen unerwarteten Vorfall entschuldigt zu haben. Ich dachte mir, sie hätte ja die Badezimmertür abschliessen können. Es musste sich um die Frau des französischen Afrikajägers handeln, die in diesem Hause einen Zwischenhalt eingelegt hatten. Die Hausherrin hatte uns am Anfang auf diese Hausgäste aufmerksam gemacht, als wir meine Schlafstätte besichtigten. Nach einer halben Stunde war dann die Badestube frei, und ich konnte in aller Ruhe meine Morgentoilette verrichten. Es war natürlich sehr peinlich, dass mir so ein Missgeschick passieren musste. Vor meinem Messebesuch konnte ich die ungeschickte Sache noch mit der Hausherrin besprechen. Sie versprach mir, am Abend ein kurzes Zusammentreffen mit dem französischen Ehepaar zu ermöglichen, bei dem ich mich dann entschuldigen konnte.

Die Messe begeisterte mich so, dass ich schon bald mein bevorstehendes Entschuldigungsgespräch am Abend vergass. Als ich am Abend heimkehrte und die Vorhalle betrat, begrüsste mich lachend das Jägerehepaar und konnte nicht verstehen, dass ein biederer Schweizer sich über so etwas Banales ereifern konnte und sich deswegen entschuldigen wollte. Der Monsieur meinte, dass der Fehler ja bei seiner Frau lag, die das Badezimmer hätte abschliessen können. Und da seine Frau von einem jungen Mann nicht schockiert war, sollten wir doch die ganze Sache vergessen. Sie schlugen vor, ich solle mich kurz frischmachen und umziehen, um dann in einer halben Stunde mit ihnen zum Nachtessen zu fahren. Sie möchten mich zum Nachtessen einladen in einem gediegenen Restaurant, das mir bestimmt gefallen werde. Ich war natürlich über diese noble Geste hoch erfreut und nahm die Einladung gerne an. Sie führten mich dann ins gleiche Restaurant, wo ich am Abend zuvor schon war. In dieser netten Gesellschaft schmeckte mir das tolle Essen ausgezeichnet und auch das Variétéprogramm genoss ich nochmals in vollen Zügen. Im Verlaufe des Gespräches stellte sich dann heraus, dass die Madame unsere Tochtergesellschaft, die Société des Textiles en Biais in St. Louis bei Basel, kannte. Sie bezog von dort Schrägbänder für eine Schürzenfabrik, an der sie beteiligt war. An diesem Abend wurde mir auch klar, wie locker diese beiden Franzosen das Leben nahmen und wie steif und ängstlich ich mir daneben vorkam. Deshalb entschloss ich mich an diesem Abend, mein Leben in Zukunft etwas ruhiger zu nehmen und mich weniger um lästige Details zu kümmern. Ich sollte unbedingt meinen Mitarbeitern im Betrieb mehr Verantwortung übertragen, um mich dadurch entlasten zu können. Besser gesagt als getan. Es musste einfach ein möglicher Weg dazu gefunden werden. Am nächsten Tag bewältigte ich frohen Mutes mein restliches Messeprogramm und freute mich schon sehr auf das Wiedersehen mit meiner Familie.

Bei meiner Heimfahrt traf ich im Zug mit einem lebhaften Zürcher zusammen, der auch an der Mailänder Messe gewesen war und sich dort nach einer preiswerten Drehbank umgesehen hatte. Er betrieb eine mechanische Werkstatt und führte bestimmte Lohnarbeiten für grössere Maschinenfabriken aus. Mit ihm zusammen nahm ich dann das Nachtessen im Speisewagen ein. Es gab Leberplätzli mit gedämpftem Spinat und Bratkartoffeln. Dazu tranken wir eine grosse bauchige Flasche Chianti. Dieses Essen bekam mir nicht gut, denn ich verspürte schon bald ein unangenehmes Völlegefühl im Magen. Das wurde von Stunde zu Stunde schlimmer und als ich endlich zu Hause war, konnte ich nur kurz meine Familie begrüssen, um dann sofort im WC das Nachtessen erbrechen zu müssen. Das war natürlich kein Heimkommen in Freude, und ich wurde später noch öfters dafür gehänselt. Die Reise war jedoch sehr lehrreich und unterhaltend und spielte sich in meinen Gedanken noch öfters wie ein schöner Film ab. So interessant waren eigentlich auch alle späteren Geschäftsreisen, die ich mit Herrn Rudolf Senn miterleben durfte.

Eine Englandreise

Diese Reise nach England 1951 musste stattfinden, weil wir bei der Maschinenfabrik Muschamp-Tailor Kreuzspulautomaten bestellt hatten. Wir wünschten für diese Automaten jedoch eine viel feinere Abstellung bei Schussfadenbruch, wie sie für Grêge- oder Viscoseschussmaterial nötig war.

Diese Spulautomaten wurden zuerst immer für Baumwollmaterial ausge-rüstet, welches eine viel höhere Fadenspannung gestattete. Es war nun meine Aufgabe, den Konstrukteuren dieser Firma unseren Wunsch plausi-bel zu machen und nach einer geeigneten Lösung zu suchen. Die Erfindung des Kreuzspulautomaten hatte ein Herr Rosenberg in Holland gemacht und dann der Firma Muschamp-Tailor in England in Lizenz übertragen.

Mit einer nagelneuen, schwarzen Citroën-Limousine fuhren wir an einem Morgen von Basel in Richtung Paris weg. Frau Senn und der zwölfjährige Sohn Urs Frédéric kamen auf diese Englandreise mit. Herr Rudolf Senn hatte eine grosse Freude an seinem schnittigen, schnellen Auto und fuhr dementsprechend rasant durchs Elsass. Auf den Feldern links und rechts der Route Napoléon sahen wir öfters Hasen, Fasanen und Rebhühner und ab und zu auch ein Reh. Wir waren alle sehr erpicht darauf, diese Tiere zuerst bemerkt zu haben. Ich sah damals auch das erste Mal so riesige Fel-der mit Sonnenblumen und Hopfen bepflanzt. Es war ein farbenprächti-ges Bild in der weiten Landschaft, das mich so richtig begeistern konnte. Dabei wurde mir auch der grosse Landreichtum von Frankreich bewusst. Herr Rudolf Senn machte uns während der Fahrt immer wieder auf schöne Häuser und Kirchen aufmerksam und erklärte uns die Stilrichtun-gen, in denen diese Gebäude gebaut wurden. Durch seine grossen Kennt-nisse in Kunstgeschichte waren seine Erklärungen sehr fundiert und interessant.

Zu erwähnen wäre da noch eine Vollbremsung mit dem neuen Auto in einem typischen Elsässer Dorf, als eine Ente mit ihren Jungen die Strasse überquerte. Nach dem Geschnatter und Gepiepse der niedlichen Tiere war es selbstverständlich, dass Fahrzeuge vor ihnen zu bremsen oder sogar anzuhalten hatten. Urs Senn und ich sassen hinten im Auto und hielten uns wegen der schnellen Fahrt öfters an der seitlichen Stoffhalterung im Auto fest. Beim plötzlichen Stopp des Autos riss ich die Stoffschlaufe und ein Stück der Verkleidung vom Türpfosten weg. Herr und Frau Senn hat-ten mein Missgeschick nicht bemerkt und der Sohn Urs verklemmte ein lautes Auflachen. Rasch drückte ich die Handschlaufe und die losgeris-sene Stoffverkleidung wieder an den Türpfosten. Der Leim hatte immer noch eine leichte Haftwirkung und ich hoffte, dass man den Schaden in unserem englischen Betrieb bei Selectus Ltd. beheben könnte. Das liess sich dann auch so machen, ohne dass Herr und Frau Senn etwas davon bemerkten. Urs Senn und ich hüteten dieses Geheimnis noch lange Zeit und Peter Senn von Selectus Ldt., der uns dabei geholfen hatte, schwieg wie ein Grab.

Den ersten Reisehalt machten wir in der Stadt Langre, wo wir den Durst stillen und unsere Notdurft verrichten konnten. Wir gingen in ein Bistro, wo die Handwerksleute gerade das Znüni einnahmen. Diese Art

von Restaurant war für mich neu; ich konnte dabei feststellen, dass sich
der Getränkeausschank und die Bedienung sehr gemächlich abwickelten.
Da die Gläser nicht sauber waren, tranken wir alle das Mineralwasser
direkt aus der Flasche. Mein erster Eindruck über das tolle Frankreich
wurde dadurch etwas getrübt. Wir fuhren dann weiter bis nach Paris, wo
wir in einem gediegenen Hotel im Montmartre-Quartier Unterkunft fanden. Die Zimmer- und Badeinrichtung war sehr einfach, jedoch überraschend sauber. Man konnte sich darin wohl fühlen, und wenn man richtig
müde ist, kann jede Ruhestätte ihren Dienst erfüllen. Die schwungvollen
Eisenbetten, die Urs Senn und mir zur Verfügung standen, konnten uns
auf jeden Fall voll befriedigen. Beim Rasieren wurde ich dann vom über-
mütigen Urs geneckt, so dass ich ihn durchs ganze Zimmer verfolgte. Er
sprang über die beiden Betten und ich hintennach. Plötzlich fiel das eine
Bett mit lautem Getöse auseinander. Zum Glück war dabei nichts kaputt
gegangen, sondern wir konnten dieses Bett nur wieder richtig
zusammenfügen und alles war wieder in Ordnung.
Ich hatte vorher noch nie eine so grosse Stadt wie Paris gesehen und
erlebt. Herr Senn eröffnete uns beim Nachtessen, dass wir drei Tage in
Paris bleiben würden, um die bedeutendsten Sehenswürdigkeiten anzusehen. Dazu gehörten die Kathedrale Notre-Dame, der Louvre als riesiges Nationalmuseum, der markante Eiffelturm, Napoléons Grabstätte
im Dôme des Invalides, die Prachtstrasse Champs Elysées mit dem Arc
de Triomphe, les Halles – der riesige Markt von Paris, das mächtige
Schloss Versailles mit den wunderschönen Gartenanlagen und die Ver-
gnügungslokale Moulin rouge, Casino de Paris u.s.w. Wir genossen
unter der kundigen Führung von Herrn Rudolf Senn wirklich einen
ausgezeichneten Geschichts- und Kunstunterricht in Paris.
Es bereitete ihm und seiner Frau auch eine grosse Genugtuung, mein
staunendes Gesicht zu sehen und meine entsprechenden Kommentare zu
hören. Nach einem Abendprogramm im Casino de Paris schickten sie
mich auf dem Heimweg einige Meter voraus, um die Anrempelung
durch Prostituierte besser beobachten zu können. Für mich war es etwas
Neues und für sie ein lustiges Vergnügen. Der Sohn Urs durfte bei diesen
Abendvergnügen noch nicht dabei sein. Er studierte deshalb in seinem
Hotelzimmer den Stadtplan von Paris und das Buch über diese schöne
Stadt, das ich zur Erinnerung gekauft hatte. Am nächsten Tag war er
dann auch gut orientiert und stolz darauf, wenn wir Sehenswürdigkeiten
besuchten und er bestimmte Details darüber wusste.
Nach drei kulturgeschichtlichen Tagen in Paris fuhren wir dann durch
den schönen Norden von Frankreich bis nach Calais. Dort wurde unser
Auto auf ein grosses Fährschiff verladen, mit dem wir nachher über den
Ärmelkanal zum englischen Seehafen Folkestone fuhren. Die Seefahrt

Auf der Reise nach England im April 1951 nach der
Besteigung des Eiffelturms in Paris; von rechts nach links
Urs Senn, Oliver Senn (wurde später Arzt) und ich.

über den Kanal war sehr stürmisch, und wir waren alle froh, als wir
unbehelligt die englische Küste erreichten. Einigen Fahrgästen wurde es
während der Überfahrt so schlecht, dass sie erbrechen mussten. Nach
dem Verlassen des Fährschiffes fuhren wir mit dem Auto durch eine
liebliche und abwechslungsreiche Gegend bis nach London. Herr Senn
musste nun seine Fahrkunst in England auf den ungewohnten Linksver-
kehr umstellen. Er machte das sehr bravourös, so dass wir Mitfahrer
keine Angst hatten. Im Gegensatz zu Frankreich, wo die Strassen und
Felder normalerweise gradlinig angelegt waren, führen die Strassen in
England sehr kurvenreich den Geländelinien entlang. Und die Strassen
sind öfters mit hohen Hecken abgegrenzt, damit die Schafe und Rinder
nicht auf die Fahrbahn geraten können. Die ganze Landschaft wird
dadurch sehr abwechslungsreich aufgegliedert und sieht sehr schön, fast
märchenhaft aus.

Im Gegensatz zur lieblichen und lebensfrohen Stadt Paris wirkte London im
ersten Moment sehr grau und kalt auf mich. Der ganze Stadtverkehr mit den
doppelstöckigen Autobussen und den Tausenden von Taxis und Privatautos
spielt sich in einem gleichmässigen Rhythmus ab und wirkt sehr nüchtern
im Vergleich zum quirligen Stadtverkehr von Paris. Wir bezogen Unterkunft im Hotel Charingcross beim gleichnamigen Grossbahnhof. Es war ein

sehr schönes Hotel, das grossen Wert auf das Wohlbefinden seiner Gäste legte. Am Abend fand ich nämlich eine irdene Bettflasche in meinem Bett, die mir für die warme Jahreszeit völlig unnütz vorkam.

Weil es jedoch auf der grossen englischen Meeresinsel eine sehr hohe Luftfeuchtigkeit gibt, braucht es offenbar eine warme Bettflasche, um die Leintücher im Bett trocken und angenehm halten zu können. Herr Rudolf Senn klärte uns darüber auf, da er schon öfters und zu den verschiedensten Jahreszeiten in englischen Hotels abgestiegen war. Gleich nach dem Hotelbezug machten wir uns auf den Weg zum Abendessen im Swiss-Center, wo es ein feines Geschnetzeltes nach Zürcherart mit Rösti gab. Nachher begaben wir uns in ein schönes Araberlokal, wo wir uns mit den Herren Levy trafen, die unsere englischen Geschäftsagenten waren. Die beiden Brüder kamen mir vor wie Dick und Doof, der eine sehr korpulent und gross, der andere klein und schlank. Ein arabischer Kellner in Nationaltracht servierte uns einen sehr starken arabischen Kaffee in zierlichen Moccatässchen. Den Kaffee liess er aus einem grossen Messinggefäss fliessen, das er von Tisch zu Tisch mitführen konnte. Es erinnerte mich an unseren Waschhafen in der Waschküche, nur viel schöner und kleiner. Der servierte Kaffee war sehr heiss und schmeckte mir ausgezeichnet. Bei diesem Kaffee-Zeremoniell, das mich sehr beeindruckte, konnte ich die beiden Herren Levy näher kennen lernen. Es waren sehr liebenswerte Herren, die sich als echte Gentlemen zu geben wussten. Als junger Mann fand ich grossen Gefallen an ihrem Verhalten und dachte mir, dass diese feine Lebensart auch uns Schweizern gut täte. Ich nahm mir vor, diesen Lebensstil so gut wie möglich auch in meinem täglichen Arbeitsablauf anzuwenden. Man konnte dadurch seine Wertschätzung verbessern und den Mitarbeitern ein gutes Vorbild sein.

Plötzlich musste der junge Urs die Toilette aufsuchen, und Herr Senn bat mich, ihn zu begleiten. So vornehm und sauber wie das Kaffeehaus sah auch die Toilette aus. Wir getrauten uns fast nicht die hochglanzpolierten Pissoirs zu benützen. Ein Toilettenmann in weissem Kittel sorgte für die peinliche Sauberkeit der Toiletten und erwartete von den Benützern auch ein entsprechendes Trinkgeld. Leider hatte ich kein Kleingeld in der Tasche, um ihm eine Münze in sein Kässelein legen zu können. Ich meldete sein spürbares Missfallen den Herren am Tisch, worauf mir Herr Senn eine Sixpence-Münze gab. Als ich dieses Geldstück dem Toilettenmann brachte, strahlte er übers ganze Gesicht und bedankte sich höflich dafür. Es war für mich das erste Mal, dass ich für das Benutzen der Toilette etwas bezahlt habe.

An diesem ersten Zusammentreffen mit den Herren Levy wurde mir auch bewusst, wie sich das Bandgeschäft abwickelt und wie wichtig es für unsere Branche ist, im Handelszentrum London initiative und zuverlässige Agenten zu haben. Diese Agenten standen täglich in Verbindung mit den Bandgrossisten und wussten auch, welche Bänder gefragt waren, wie gut die Qualität sein musste und wie hoch der Preis dafür sein durfte. Von ihnen kamen auch die Impulse für neue Muster. Je präziser ihre Wünsche und Angaben waren, desto schneller und besser konnten wir die neue Bandqualität herausbekommen. Tags darauf besuchten Herr Senn und ich die Herren Levy in ihrem Büro und machten anschliessend mit ihnen noch einige Kundenbesuche. Dabei schien es einigen Kunden Spass zu machen, mit dem Bandfabrikanten und verantwortlichen Produktionsleiter fachsimpeln zu können. Wir erhielten viel Lob für unsere guten und schönen Bänder, auch für die genaue Einhaltung der Lieferzeiten und oftmals noch schnelleren Auslieferungen. Ein prompter und zuverlässiger Service ist die beste Voraussetzung für ein kontinuierliches, rentables Geschäft.

Frau Senn und ihr Sohn Urs besuchten zur gleichen Zeit bekannte Warengeschäfte und kauften dabei typisch englische Pullover und warme Unterwäsche ein. Wir trafen uns am Nachmittag zur abgemachten Zeit im Hotel und wurden anschliessend von Herrn Senn in die National Gallery geführt. Die riesige Gemäldeausstellung in diesem erhabenen Haus gefiel mir noch besser als die Ausstellung im Pariser Louvre. Es schien mir alles grösser und auch epochemässig besser geordnet zu sein. Auch konnten uns hier – dank der fachkundigen Erläuterungen von Herrn Senn – die verschiedenen Maltechniken der grossen Meister besser gezeigt werden. Der deutsche Maler Sachs war mit mehreren auffallenden Gemälden vertreten, in denen mich seine weisse Lichttechnik besonders beeindruckte. Solche Details der Maltechnik konnte uns Herr Senn sehr gut erklären, so dass man den betreffenden Maler auch in anderen Ausstellungen sofort erkennen konnte.

Das imposante Britische Museum mit den vielen Schätzen aus der Antike sahen wir uns am folgenden Tag an. Ich bewunderte die grosse Vielfalt dieses riesigen Museums. Andererseits fand ich es aber auch schockierend, was die Engländer während der Kolonialzeit diesen alten Völkern an Kulturgut weggenommen und nach England verfrachtet haben. Man muss allerdings zugestehen, dass diese reichen Schätze heute in der grossen Weltstadt London gut aufgehoben und interessierten Menschen aus der ganzen Welt stets zugänglich sind.

Die Reise führte uns mit dem schnellen Auto durch die wunderschöne englische Landschaft. Bei grösseren Strassenkreuzungen konnte ich hier zum ersten Mal die praktischen Strassenkreisel, sogenannte «roundabouts», bewundern. Mit diesen Kreiseln konnte der Verkehr an Strassenkreuzungen flüssig und sicher gemeistert werden. Es ist nur schade, dass diese nützliche Strasseneinrichtung erst viel später bei uns eingeführt wurde. Bei einer normalen Kreuzung passierte dann doch noch ein leichter Autounfall. Herr Senn reagierte zu spät auf ein Auto, das von rechts auf die Kreuzung zufuhr. Trotz Vollbremsung prallten die beiden Fahrzeuge vorn leicht aufeinander. Da beides wohlhabende Geschäftsleute waren, wurde der kleine Blechschaden nur kurz zur Kenntnis genommen. Das Gespräch miteinander war so höflich, wie es nur unter Freunden oder richtigen Gentlemen sein konnte. Herr Senn und der liebenswürdige Engländer waren froh, dass kein grosser Schaden entstanden war und sich niemand verletzt hatte. Und ich empfand es als Lehrstück, wie ruhig und höflich man eine solche Situation erledigen konnte. Wir anderen dankten dem Herrgott, dass er uns behütet hatte.

Gegen Abend kamen wir dann in unserem Hotel in Congleton an, wo uns Herr Gustav Senn – der Bruder von Herrn Rudolf Senn – schon erwartete. Die gegenseitige Freude war sehr gross, und Herr Gustav Senn wollte natürlich wissen, wie es uns auf der langen Reise ergangen war. Vor allem freute ihn, dass wir die englische Landschaft so schön fanden und auch die feine Art der Engländer lobten. Von unserem leichten Autounfall erzählten wir ihm nichts, sondern erwähnten nur die gute Verkehrsregelung mit den «roundabouts» bei wichtigen Strassenkreuzungen.

Der Betrieb von Selectus Ltd. in Biddulph

Anderntags erwartete ich mit grosser Spannung den Rundgang durch die grosse Fabrik von Selectus Ltd. Ich war sehr beeindruckt vom Ausmass dieses Betriebes, bei dem die verschiedenen Abteilungen in einer riesigen Fabrikhalle konzentriert waren. Wenn man jedoch aufs Detail sah, dann war unsere neue Fabrik in Ziefen in mancher Hinsicht besser organisiert und auch eingerichtet. Wir fabrizierten in der Schweiz ja auch die komplizierteren und teureren Qualitäten als Selectus Ltd. Dementsprechend musste bei uns auch das Personal besser ausgebildet sein. Was mir hingegen beim englischen Betrieb gefiel, das war die grosse Aufgeschlossenheit der Kaderleute gegenüber modernen Maschineneinrichtungen und Arbeitsmethoden. Mit dem exklusiven und immer mehr gefragten «Velcro-Band» hatte Selectus ein Produkt, das einen sicheren und guten Gewinn einbrachte. Unter der Schutzmarke «Velcro» wurde ein Klettverschlussband hergestellt, dessen Erfinder ein Herr de Mestral aus Morges in der Schweiz war. Selectus Ltd. konnte die Lizenz für das «Velcro-Patent» erhalten, das für das ganze englische Sterlinggebiet seine Gültigkeit hatte. Die Firma erhielt damit einen Artikel mit weltweit grosser Zukunft. Das Unternehmen verfügte auch über die nötigen Mittel, um laufend die neusten Maschinen und Geräte für eine optimale Produktion anschaffen zu können. Im Vergleich zu Selectus hatten wir im Schweizer

Die britische Filiale Selectus Ltd., 1990. Der Zweigbetrieb
wurde 1936 durch Gustav Senn in Biddulph (North
Staffordshire) auf einem Bauerngut (das hinten noch zu
erkennen ist) errichtet.

Betrieb keine so rentablen Produkte; wir mussten viel spitzer kalkulieren
und konnten nicht so leichtfertig neue Sachen kaufen. Die Herausforderung an unsere Einzelpersonen und an unsere Teamarbeit war grösser. Die
zwischen den beiden Betrieben abgestimmte Auswahl der Bandprodukte
war gut ausgedacht und auf die besten Möglichkeiten zugeschnitten. Wir
konnten uns dadurch ideal ergänzen und den grösstmöglichen Teil des
Bandbedarfes weltweit abdecken. Gegenüber unserer Konkurrenz in der
Schweiz hatten wir dadurch einen grossen Vorteil und konnten viel akti-
ver offerieren und produzieren. Mit Selectus zusammen hatten wir ein
sehr grosses Maschinenpotenzial und eine leistungsfähige Verkaufsorganisation. Unsere Konkurrenten konnten nur ahnen, wie gross und leistungsfähig die beiden Bandwebereibetriebe von Senn & Co. AG waren.
Dementsprechend sind wir auch von den meisten Konkurrenzbetrieben
über Jahre hindurch unterschätzt worden, was für uns nur von Vorteil
war. Da Selectus zur Hauptsache rohe Bandqualitäten herstellte, die
nachher am Stück gefärbt wurden, musste sein Vorwerk mit den Wind-
und Zettelmaschinen auch nicht so gross sein. Mit dieser rohweissen
Webart hatten sie den Vorteil, dass kurzfristig eingefärbt und ausgeliefert

werden konnte. Auch hatten sie keine so grossen Lagerkosten wie wir mit den fadengefärbten Qualitäten, von denen in allen Farben und Bandbreiten immer ein bestimmtes Quantum Bänder auf Lager sein musste. Und von einer verlangten Farbe und Breite hatten wir öfters nicht genügend gewebte Bänder auf Lager, um eine ganze Bestellung ausliefern zu können. Selectus Ltd. konnte seine stückgefärbten Qualitäten relativ rasch und vollständig ausliefern. Dagegen waren unsere Webstühle moderner ausgerüstet, was auch für die Fabrikation unserer schwierigeren und komplizierteren Bandqualitäten nötig war.

Zum grossen Fabrikbetrieb in England gehörten auch 76 Wohnhäuser, die Selectus Ltd. in den Jahren 1946 bis 1948 für die Belegschaft hatte bauen lassen – ein grosses Sozialwerk der Firma in der Nachkriegszeit. Herr Probst, der Betriebsleiter von Selectus Ltd., wohnte auch in einem solchen Fabrikhaus. Bei einem Besuch bei der Familie Probst konnte ich mich vergewissern, wie sehr diese ihr Haus schätzte und sich darin wohl fühlte. Herr und Frau Probst, beides erfahrene Leute aus dem Elsass, arbeiteten seit Beginn bei Selectus. Das Unternehmen war im Jahr 1934, nach der grossen Weltwirtschaftskrise, in England gegründet worden. Nach einer so langen Betriebszeit hatten sich Herr und Frau Probst schon längst mit den englischen Lebensverhältnissen abgefunden. Nur die Essgewohnheiten aus dem Elsass behielten sie bei, und es war deshalb für die nüchternen Engländer eine willkommene kulinarische Bereicherung, wenn diese bei ihnen zum Essen eingeladen wurden. Auch ich empfand es so. Frau Probst war eine gütige, lustige Frau, die in der Fabrik als Einziehermeisterin sehr respektiert und geschätzt wurde. Ihre englische Sprache war sehr durchsetzt mit vielen kraftvollen Elsässerausdrücken, die ihre Mitarbeiterinnen immer wieder zu hören bekamen. Sie war auch glücklich, wenn sie ab und zu mit uns Schweizern Elsässerdeutsch sprechen konnte. Das erweckte in ihr ein gewisses Heimweh nach dem geliebten Elsass. Eines stand damals schon fest, nämlich dass sie nach der Pensionierung raschmöglichst ins Elsass zurückkehren werden.

Herr Probst war ein strenger Chef, der seine englischen Mitarbeiter zu führen wusste. Als versierter Fachmann verstand er es vortrefflich, sie zu einer sauberen und pflichtbewussten Arbeit anzuhalten. Oft musste er auch hart durchgreifen, wenn gewisse Drückeberger die Arbeit sehr bedächtig angehen wollten. Diese Leute hatten immer wieder ihren müden Tag, und zwar meistens am Montag, wenn sie am Sonntag zuviel unternommen hatten. Ihm zur Seite standen noch zwei Meisterinnen aus der Schweiz, die von Anfang an mithalfen, den englischen Betrieb einzurichten und den Leuten das Weben beizubringen. Beide Frauen arbeiteten auch bis zu ihrer hochverdienten Pensionierung bei Selectus Ltd.

Gustav Senn (rechts) und sein
Agent Willy Levy in London
bei einem Geschäftsbesuch,
vermutlich durch einen
Strassenfotografen aufgenommen im Zeitraum 1950
bis 1953.

Bei einer Abendeinladung im Hause von Herrn Gustav Senn lernte ich
auch seine charmante Frau kennen. Sie wirkte auf mich wie eine gütige
Mutter, die sich um alle häuslichen Aufgaben kümmerte und ihrem
Mann dafür die grossen betrieblichen Probleme überliess. Ihren Sohn
Peter Senn kannte ich schon seit 1948, als er damals während mehrerer
Monate bei uns in Ziefen sein Praktikum absolvierte. Er war ein sehr aufgeschlossener und praktisch veranlagter junger Mann, der sich für alles
Neue interessierte und bis ins letzte Detail verfolgte. Bei allen Maschinenverbesserungen, die wir damals im Betrieb Ziefen durchführten,
wirkte er mit grosser Begeisterung mit. Vor allem mit unserem Werkstattchef Emil Roth verstand er sich sehr gut und war deshalb auch eine
lange Zeit in der Schreinerei und Schlosserei tätig. Die Werkstatt von
Selectus Ltd. war nicht so gut eingerichtet wie die unsrige in Ziefen. Bei
uns wurden laufend Maschinenverbesserungen ausgeführt, während in
England grösstenteils Reparaturarbeiten im gesamten Betrieb gemacht
werden mussten. Selectus Ltd. war finanziell gut fundiert, so dass sie
jederzeit die neusten Maschineneinrichtungen kaufen konnte.

An diesem Abend konnte ich im Hause Senn auch das erste Mal ein Fernsehprogramm bewundern. Die schwarzweissen Bilder waren noch leicht verschwommen, und bei jeder grösseren Bodenerschütterung – verursacht durch vorbeifahrende Autos – wurde das Bild gestört. Die Technik imponierte schon; es brauchte jedoch noch viele Verbesserungen bis zu einem echten Fernsehvergnügen. Das Gespräch mit den Herren Senn über kulturelle und geschäftliche Sachen befriedigte mich an diesem Abend mehr.

Nach zwei Tagen bei Selectus Ltd. mit vielen webtechnischen Besprechungen fuhren wir am dritten Tag zu der Maschinenfabrik Muschamp-Tailor Ltd. Dort musste ich bei einer Sitzung mit der Konstruktionsabteilung unser Anliegen betreffend einer leichteren Fadenbruch-Abstellung für unsere bestellten Kreuzspüliautomaten besprechen. Obschon die Arbeitsmethoden in dieser Maschinenfabrik nach unserem Begriff noch sehr rückständig waren, unterbreiteten die Ingenieure in kurzer Zeit einen guten Vorschlag zu unserem Anliegen. Es fehlte ihnen bestimmt nicht an guten Ideen zur Verbesserung der Fabrikationseinrichtungen, sondern nur am möglichen Kapital. Der Zweite Weltkrieg wirkte nach. In dieser Zeit konnten kaum neue Fabrikationsmaschinen angeschafft werden und in der kurzen Nachkriegszeit war das Geschäft noch nicht so gut, dass es für mehr reichte. Herr Rudolf Senn und ich waren auf jeden Fall sehr zuversichtlich, dass wir eine optimale Lösung gefunden hatten und schliesslich qualitativ und funktionell gute Kreuzspüliautomaten bekommen würden. In der Schweiz wagte damals keine Maschinenfabrik, solche Spüliautomaten herzustellen, weil der Inlandmarkt viel zu klein war.

Damit hatte ich nun meine Geschäftsmission erfüllt und konnte mich in freudiger Erwartung den kommenden Ereignissen zuwenden. Selectus Ltd. hatte natürlich schon solche Spüliautomaten im Einsatz. Bei ihren rohen Bandqualitäten mit grobem Baumwoll- oder Viscoseschuss hatten sie mit der bisherigen Fadenbruchabstellung keine Probleme. Trotzdem wollten sie später auch von der abgeänderten, feineren Fadenbruchabstellung profitieren können. Unser Kontakt zur Firma Muschamp-Tailor Ltd. hatte sich demzufolge für beide Senn-Betriebe gelohnt.

Am letzten Abend erlebte ich dann im Hotel noch eine lustige Episode. Zu einem festlichen Tag in Congleton war eine bayrische Unterhaltungsmusik eingeladen worden. Diese Musikkapelle logierte in einem anderen Hotel des Ortes. Weil in England jüngere und ältere Ehepaare den Abend gerne in einem Gasthaus verbringen und sich im Bekanntenkreis köstlich amüsieren können, war die Gaststube in unserem Hotel an diesem Abend voll von Gästen. Bei einem dunkeln englischen Bier wurde gesungen und gelacht. Plötzlich kamen zwei Ehepaare auf mich zu und glaubten, dass ich ein Musikant der bayrischen Musikkapelle sei. Als ich mich dann als biederer Schweizer vorstellte, freuten sie sich noch mehr und schwärmten von der schönen Schweiz mit den hohen Schneebergen, den guten Hotels und den vergnüglichen Leuten. Ich wurde sofort in die fröhliche Runde aufgenommen und musste mit ihnen bis spät in die Nacht hinein trinken und plaudern. Für sie war ich den ganzen Abend hindurch der begehrte Swissboy, mit dem sie über viele Dinge sprechen konnten. Und für mich war es eine Erlösung, als ich mich endlich verabschieden durfte, in der Gewissheit, am anderen Tag abreisen zu können. Es war für mich ein interessanter Abend, an dem ich die Engländer von einer anderen Seite kennen lernte.

Unser Besuch auf einem Landgut in Hitchin

Auf der Rückreise nach London wollte die Familie Senn noch eine Gutsherrschaft besuchen, die sie als Feriengäste kennen gelernt hatte. Ich glaube, es war in Kandersteg, wo sie gemeinsame Ferien verbracht hatten. Die adelige Herrschaft lebte auf einem prächtigen Landgut in Hitchin, wo sie riesige Obstplantagen und viele Treibhäuser mit Blumen- und Tomatenkulturen besass. Der Weg vom Eingang des Gutes führte durch eine lange Baumallee, bis endlich der prächtige Landsitz zum Vorschein kam. Es war ein mächtiges Landhaus in der typisch englischen Art gebaut, aus braunen Sichtbacksteinen mit weissen Fensterrahmen und weissen Fensterläden. An einigen Hauspartien rankten schöne Zierreben empor. Mit dem kurz geschnittenen englischen Rasen, den prächtigen Blumenbeeten und den vielen Sträuchern und Zierbäumen sah der grosse Park ums Landhaus herum imponierend aus. Ich hatte noch nie ein so schönes Landgut von Nahem sehen und betreten dürfen. Die Beschreibung solcher Landsitze kannte ich bisher nur aus Romanen. Nun ergab sich die Möglichkeit, den Lebensstil reicher Adeliger aus der Nähe kennen zu lernen. Als wir unser Auto vor der Villa parkiert hatten, kam schnellen Schrittes ein livrierter Diener aus dem Haus, um die Autotüren zu öffnen und unser Gepäck mitzunehmen. Die Herrschaften mit ihren beiden Söhnen kamen auf uns zu und hiessen uns recht herzlich willkommen. Sie begleiteten uns in den kleinen Salon und erkundigten sich nach unserer bisherigen Reise und unserem Wohlbefinden. Gemäss Programm war vorgesehen, zuerst mit dem Auto über Land zu fahren und alle ihre Anbaukulturen anzusehen. Herr und Frau Senn nahmen Platz im schwarzen Bentley des Gutsherrn, während Urs Senn und ich im Bentley des älteren Sohnes mitfuhren. Während der einstündigen Fahrt und des Rundgangs durch die riesigen Treibhäuser beeindruckten uns die Fülle und Farbenpracht der Pflanzen. Die Vielfalt der Blumen, die grossen Tomatenkulturen und die unermesslichen Obstpflanzen boten ein grossartiges Farbenbild und einen augenfälligen

Reichtum, wie ich ihn in dieser Art noch nie zu sehen bekommen hatte. Die Gutsarbeiter machten einen zufriedenen Eindruck und freuten sich ebenfalls über unseren Besuch. Zum Schluss warfen wir noch einen Blick in ein grosses Ökonomiegebäude, wo fünf Reitpferde, zwei Kühe, zwei Kälblein, einige Schweine, Hühner, Enten, Gänse und ein Esel zu sehen waren. Dazu kamen noch zwei Jagdhunde, ein grosser Wachhund und mehrere Katzen. Am liebsten wäre ich auf diesem prächtigen Land-gut geblieben, wo das Arbeiten so interessant und schön zu sein schien. Verglichen mit dem hektischen Fabrikbetrieb in Ziefen musste es dort wie im Paradiese sein. Zum Schluss führte uns der Sohn seinen tollen Bentley mit einer halsbrecherischen Fahrt auf Nebenstrassen vor. Urs Senn und ich hatten zwar Vergnügen an dieser rasanten Fahrt; wir waren jedoch froh, dass wir ohne Schaden zum Gutshaus zurückkamen. Nach Programm hatten wir nun eine halbe Stunde Zeit, um uns frisch zu machen und umzuziehen. Als ich auf mein Zimmer kam, sah ich meinen dunklen Anzug, das weisse Hemd und die saubere Unterwäsche schön ausgebreitet auf dem Bett liegen. Selbst das Taschentuch und die Kra-watte hatten ihren bestimmten Platz, und die Socken waren so aufgerollt, dass ich sie auf die bequemste Art anziehen konnte.

Um 17 Uhr trafen wir uns hübsch angezogen im kleinen Salon und wurden vom Diener in den grossen Salon gebeten und an den richtigen Platz bei der Tafelrunde geführt. In der Zwischenzeit kamen noch weitere Familienange-hörige dazu, so dass sich die Tafelrunde auf vierzehn Personen erhöhte. An beiden Tischenden sassen die Hausherrin und der Hausherr einander gegen-über und an den Seiten des langen Tisches die übrigen Gäste. Der Stuhl der Hausherrin hatte die höchste, verzierte Rückenlehne, der Stuhl des Haus-herrn eine etwas niedrige, und die übrigen Stühle normale Rückenlehnen ohne Verzierung. Nachdem sich alle Tafelgäste nach ihrer Rangordnung gesetzt hatten, konnte das Tee-Zeremoniell beginnen. Die Hausherrin bekam vom Diener Tasse um Tasse gereicht. Sie schenkte Tee ein, und der Diener servierte anschliessend den Tee in der gleichen Rangordnung. Das gleiche Zeremoniell geschah mit dem Kuchen. Der Hausherr und die Gast-geberin wurden als letzte bedient. Nach einem kurzen Tischgebet der Lady konnte getrunken und gespiesen werden. Der zweite und dritte Service geschah auf die gleiche Art, bloss dass es jeweils einen anderen Kuchen gab. Gesprochen wurde nur, wenn man von den Herrschaften angesprochen wurde. Im ersten Moment wirkte die Tafelrunde sehr nüchtern und steif; erst nach und nach gab es eine lockere Unterhaltung. Die schottische Lady war sehr aufgeschlossen und verstand es vortrefflich, ein gutes Gespräch zu führen. Nach der Teerunde wurde noch für kurze Zeit am offenen Kamin bei einem köstlichen Schluck Sherry und Whisky weiterdiskutiert. Dann mussten wir leider aufbrechen und nach einem grossem Dankeschön und vielen guten Wünschen für die Zukunft fuhren wir zum Hotel Charingcross nach London zurück. Dort erwarteten uns die Agenten Levy eigentlich schon früher, da sie uns zu einem guten italienischen Nachtessen einladen wollten. Bei unserem grossen Reisehunger schmeckte das Essen ausgezeichnet, und der italienische Wein dazu war einfach köstlich. Das italienische Essen mundete uns doch besser als das englische und den Herren Levy offenbar auch. Nachher entstand eine rege Unterhaltung mit den Levy-Brüdern, die viele Erlebnisse aus der Kriegszeit in London erzählten. Die deutsche Bombardierung von London mit den neuen V-1 und V-2 Waffen musste schreckliche Zerstörungen angerichtet haben. Das Euston-Quartier wurde total zerstört und zeigte sich im Jahr 1951 zum Teil noch als grosse, leere Fläche, die fortlaufend wieder überbaut wurde. Der Euston-Bahnhof wurde zuerst wieder hergestellt und sah sehr modern und grosszügig aus. Sie interessierten sich aber auch sehr für meine Aktivdienstzeit in der Schweizer Armee während des Zweiten Weltkrieges. Sie waren nicht wenig erstaunt über die sehr harte und lange Ausbildungszeit eines Schweizer Infanteristen vom Rekruten bis zum Offizier. Die Schweizer waren ja schon immer als Haudegen bekannt; aber dass die Kriegsstrategie bei uns eine so grosse Rolle spielte, hatten sie nicht erwartet. Wir Schweizer waren weltweit als gute Schützen bekannt, die den Feind mit gezieltem Schuss und ohne grosse taktische Überlegungen aus einer sicheren Deckung heraus umbringen konnten. Die gleiche Strategie wurde, so erzählte ich den Gesprächspartnern, in unserem kleinen Schweizerland auch während des Zweiten Weltkrieges angewandt. Unser General Henri Guisan entschloss sich, die Schweiz aus einer Art Igelstellung heraus zu verteidigen. Vor allem in der Innerschweiz wurden mächtige Festungen gebaut, die als sogenanntes Reduit von keinem Feind hätte eingenommen werden sollen. Heute weiss man natürlich, dass diese beiden Länder ein grosses Interesse hatten, die Schweiz als sicheres Land im Herzen von Europa neutral und vom Kriege verschont zu halten. Dort konnten sie ihr Geld in Sicherheit bringen und gegen die Lieferung von Kohle und Metallen präzise Waffen und Munition erhalten. Die Schweiz galt auch als sicherer Hort für Kriegsgeschädigte und Flüchtlinge, und durch unsere Unversehrtheit waren wir nach dem Krieg in der Lage, die Wirtschaft aufblühen zu lassen und gute Geschäfte zu machen. Es war weltweit ein grosser Nachholbedarf an Gütern aller Art, und davon konnten wir gewaltig profitieren. Das war meine Meinung und die Ansicht der beiden älteren Herren Levy.

Zur späten Stunde verabschiedeten wir uns von ihnen und waren glücklich, mit so netten Herren nützliche und beschauliche Stunden verbracht zu haben. Für mich war es in mancher Hinsicht eine grosse Bereicherung; und ich hoffte, mit diesen interessanten Herren später wieder einmal in Verbindung zu kommen. Tags darauf tätigten wir noch einige Einkäufe, bevor

Wilhelm Senn (rechts) und ich an meinem 40. Geschäftsjubiläum 1979.

unsere Autoreise nach Dover weiterging. In Dover wurde unser Auto auf
das grosse Fährschiff verladen, mit dem wir über den Ärmelkanal nach
Calais fuhren. Das Meer war bei der Rückfahrt viel ruhiger, so dass wir die
Überquerung des gefürchteten Gewässers in Ruhe geniessen konnten. Das
offerierte Zvieri auf dem Schiff war sehr bekömmlich und deutete bereits
auf die bevorstehende gute Küche in Frankreich hin. Herr Rudolf Senn, der
grosse Kenner und Geniesser der französischen Küche, freute sich sehr auf
unseren erneuten Aufenthalt in Paris. Als wir bei unserem gewohnten
Hotel im Montmartre-Quartier ankamen, bemerkte er beim nächstgelege-
nen Hotel auf der Gegenseite das Auto von Herrn Wilhelm Senn. Herr
Wilhelm Senn, der das grosse Schrägbandgeschäft der Senn & Co. AG in
Basel und St. Louis führte, befand sich seit zwei Tagen in Paris. Seine
Freude war sehr gross, als wir ihn, seine Frau Gemahlin und seinen jungen
Sohn Oliver im Hotel trafen. Es wurde zwischen den beiden Herren Senn
vereinbart, die Gelegenheit des Zusammentreffens in Paris zu nutzen, um
noch zwei Tage Urlaub anzuhängen. Für mich war es natürlich eine willkommene Gelegenheit, Paris noch etwas genauer kennen zu lernen.
Da ich Herrn Wilhelm Senn selten zu sehen bekam, stellten diese beiden
Tage die Chance dar, ihn besser kennen zu lernen. Zudem wusste ich, dass
er vor allem die klassische Musik liebte und sie in Basel unterstützte. Wir
besuchten nochmals den Louvre und die grosse Ausstellung mit den Bildern der Impressionisten. Dieser moderne Malstil wurde in Paris lanciert,

und deshalb konnte man dort auch die grösste und schönste Auswahl von Bildern dieser Kunstrichtung sehen. Es war auch für Herrn Wilhelm Senn, seine Frau und seinen Sohn ein sichtliches Vergnügen, den sachkundigen Erklärungen von Herrn Rudolf Senn zuzuhören. Da wir zwei Tage lang in den Genuss der vielen neuen Sehenswürdigkeiten kamen, beschränkten wir uns auf ein reichliches Frühstück und Abendessen. Während der Mittagszeit gab es nur eine Kleinigkeit in einem Bistro oder an einem Marktstand zu essen. Herr Rudolf Senn brachte mich dazu, an einem Marktstand zwei rohe Austern mit Zitronensaft hinunterzuschlürfen. Es brauchte für mich eine grosse Überwindung, nicht erbrechen zu müssen. Er selbst schlürfte in der gleichen Zeit sechs Austern mit Hochgenuss hinunter. Herr Wilhelm Senn ass solche Schalentiere nur, wenn sie gekocht waren. Neben den vielen Sehenswürdigkeiten kam auch die Heiterkeit nicht zu kurz. Herr Rudolf fand bei jeder Gelegenheit die passenden Worte, um uns zum Lachen zu bringen. Diese beiden Tage kamen mir vor wie eine interessante, lustige Studienreise durch Paris, mit vielen Eindrücken über das wirkliche Leben in dieser Stadt. Es war so, wie man immer wieder von anderen Leuten zu hören bekam. Paris war damals, kurz nach dem Zweiten Weltkrieg, eine pulsierende, leichtlebige Stadt mit vielen Vor- und Nachteilen. Für die meisten Pariser war das Leben in finanzieller Hinsicht hart, während die vielen Fremden es in vollen Zügen geniessen konnten. Ich sah dabei auch die armen Clochards in den Strassen umherstreifen und nachts unter den Seine-Brücken oder auf den Bänken der Métrostationen schlafen. Auch das gehörte zum typischen Bild von Paris, wie auch die sehr eleganten Pariser-Damen, die einem gefallen konnten. Sie waren sehr chic gekleidet; dazu gehörten die passenden Stöckelschuhe, die elegante Handtasche und der kecke Hut. Ein entzückendes Bild für biedere Schweizer. Am nächsten Tag mussten wir dann nach einer zweiwöchigen Geschäftsresp. Kultur- und Vergnügungsreise wieder nach Basel zurückfahren.

Wir konnten nochmals die wunderschöne Landschaft mit den grossen, verschiedenfarbigen Anbauflächen bewundern, aber auch Grundstücke, die brach lagen, damit sich der Boden regenerieren konnte. Auf diesen brachliegenden Feldern sahen wir am meisten Hasen, Rebhühner und Fasanen, die dort ihren Futter- und Spielplatz genossen.

Die Zollabfertigung in Basel erledigte sich sehr schnell, weil die Zöllner unseren Herrn Rudolf Senn sehr gut kannten. Er fuhr doch öfters über die Grenze nach St. Louis, wo sich unsere Tochtergesellschaft, die Société des Textiles en Biais, befand. Von den eingekauften Kleidern und Geschenken wollten die Zöllner nichts sehen, sondern liessen uns mit einem freundlichen Gruss und Kopfnicken passieren.

Am nächsten Tag musste ich in Basel vor der Untersuchungskommission wegen meines Militärunfalles im Jahr zuvor antreten. Der Untersuchungsarzt war mein ehemaliger Klassenkamerad aus dem Gymnasium, Pierre Kroepfli, der mich für dieses Jahr vom WK dispensierte und mir auch versicherte, dass ich diesen WK nicht nachholen müsse. Ich war mit diesem Bescheid natürlich zufrieden und konnte mich danach wieder voll meiner Familie und den geschäftlichen Aufgaben widmen. Für mich war es eine tolle Reise nach England mit viel Erlebnissen und wenig Arbeit! Das tut einem gut und motiviert zu neuen Taten und geschäftlichen Erfolgen.

Konjunkturschwankungen und Strukturkrisen

Personalentlassungen im Jahr 1949

Im Winter 1948/49 zeichnete sich ein Konjunktureinbruch in den meisten Industrien der Schweiz ab. Man konnte sogar feststellen, dass sich weltweit eine Flaute bei Gütern aller Art anbahnte. Auch bei uns in der Bandindustrie ging der Auftragseingang so stark zurück, dass wir gezwungen waren, in allen Betriebsabteilungen Leute zu entlassen. Dass es bei den Kündigungen auch einige junge Arbeitskräfte traf, tat uns weh. Wir hofften natürlich, diese Leute später wieder einstellen zu können. Die Entlassenen konnten stempeln gehen; einige von ihnen fanden auch eine andere Arbeit. Wie glücklich waren wir, als das Geschäft schon im Jahr 1950 wegen des Koreakrieges wieder stark anzog. Und wir hatten auch eine grosse Freude und Genugtuung, dass die meisten Gekündigten wieder zu uns zurückkommen wollten. Offenbar schätzten sie die Arbeit in unserer schönen Fabrik und fanden auch das Betriebsklima gut. Wir hofften natürlich alle, dass eine solche Situation nie mehr kommen werde.

Die Planung eines neuen Betriebes in Holland

Durch den Koreakrieg gab es vom Jahr 1951 an einen grossen Aufschwung in der Bandindustrie. Grosse Industrieländer wie Amerika, Kanada, England und Frankreich stellten vermehrt auf Kriegsgüter um und vernachlässigten dadurch die Herstellung von Bändern und anderen Luxuswaren. Diese wurden in der Schweiz oder in anderen Textilländern, in denen die Kriegsindustrie keinen so grossen Stellenwert gehabt hatte, hergestellt und gekauft. Diesen Boom wollte die Firma Senn & Co. AG nutzen, um im europäischen Wirtschaftsraum eine weitere Fabrik zu erstellen. Holland war zu dieser Zeit ein grosser Markt für uns, und so wollte man das Geld für die gelieferten Bänder dort anlegen und damit einen neuen Bandwebereibetrieb aufbauen. Als Standort für die neue Fabrik war die Kleinstadt Cleve vorgesehen, die in der Nähe der deutschen Grenze liegt. Nach den Aussagen von

Herrn Rudolf Senn wäre die Fabrik dort in eine schöne Landschaft zu liegen gekommen. Es sah auch günstig aus, weil die meisten Leute dort Deutsch sprachen. Das ganze Vorhaben scheiterte dann, weil der Staat Holland verlangte, dass die ganze Fabrikanlage samt den Maschinen mit festem Kapital aus der Schweiz finanziert werden müsse. Eine teilweise Kompensation der Leistungen durch Bänder aus der Schweiz könne nicht akzeptiert werden.

Mit dem Aufbau dieser weiteren Senn-Fabrik wäre ich erneut betraut worden; ich verfügte über die nötige Erfahrung, um eine solche Aufgabe nochmals erfüllen zu können. Da meine Frau und die Kinder einen Wegzug von Ziefen nicht begrüsst hätten, waren alle froh, dass dieses Projekt nicht zustande kam. Für mich hätte es nochmals eine grosse Aufbauarbeit bedeutet und zwar in einem fremden Land, weit entfernt vom Hauptgeschäft in Basel. Ich hätte natürlich die nötigen Geschäftskompetenzen erhalten; aber ganz wohl wäre es mir dabei nicht gewesen. Und ob auch einige Kaderleute aus der Schweiz mitgekommen wären, war nicht sicher. Mir war es lieber, den Betrieb in Ziefen weiter auszubauen, wo ich auf meine guten, vertrauten Mitarbeiter/innen zählen konnte.

Die Schweizerische Textilindustrie trat unter denkbar ungünstigen Voraussetzungen in die erste Nachkriegszeit ein. Sehr bald gelang es ihr aber, die zahlreichen Export- und Produktionshindernisse zu überwinden und immer neue Möglichkeiten des Absatzes zu finden. Die Überkapazitäten der Textilindustrie erlaubten eine rasche Freigabe der Textilien von der Kriegsbewirtschaftung. Der Nachkriegsbedarf führte zu einer rapiden Zunahme des Absatzes im In- und Ausland, wobei das Maximum im Jahre 1951 erreicht wurde. Gleichzeitig war indessen auch der Nachholbedarf gedeckt, während er für Investitionsgüter noch längere Zeit anhielt. Dass der Exportanteil der Textilien in der Schweiz trotz dieser Nachholkonjunktur auf rund 15 % sank – gegen 20-23 % in den ersten Kriegsjahren – weist nicht nur auf die eingangs erwähnten Strukturwandlungen, sondern auch auf die Tatsache hin, dass die Textilindustrie keine besonders ausgeprägte Expansion im Aussenhandel erzielen konnte.

Der Ausbruch der Feindseligkeiten in Korea sowie der anhaltende Kalte Krieg führten zu einem Nachfragesturm nach Textilien, der aber nicht lange anhielt und die Textilversorgung unseres Landes nicht ernsthaft gefährdete. Hingegen hielt eine andere Folge des Korea-Booms bis fast in die Gegenwart an: die überhöhten Rohstoffpreise. Baumwolle wurde knapp, Wolle ebenso. Nach dem Wegfallen der kriegsbedingten Eindeckungskäufe an textilen Rohstoffen und Fertigprodukten traten Anbauschwierigkeiten und vor allem die staatliche Preisstützpolitik in den USA als Gründe für die Hochhaltung der Rohstoffpreise auf. Die schweizerische Textilindustrie kam in eine ausgesprochene Preis- und Kostenklemme, indem trotz hoher Rohstoffpreise die Fertigerzeugnisse billig zu sein hatten.

Ein neueres, heute noch nicht gelöstes Problem der Textilindustrie stellen die sogenannten Dumpingimporte dar. Japanische, indische, pakistanische, auch österreichische und vor allem Ostblocktextilien überfluten den europäischen und die überseeischen Märkte, wobei teils ein staatliches, teils ein «soziales» Dumping vorliegt, dessen Abwehr von der schweizerischen Textilindustrie geprüft wird, ohne dass der Staat – mit Ausnahme der harmlosen, inzwischen abgebauten Preisüberwachung für Ostblocktextilien und solche aus Österreich und Israel – besonders mithelfen würde.

Umschichtungen

Der Krieg, als Vater vieler Dinge, brachte nicht nur neue, modern ausgerüstete Konkurrenzindustrien in kriegsversehrten oder Überseeländern, sondern auch die wirtschaftlich verwendbare Kunstfaser. Die Versorgung der Schweiz mit halbsynthetischen Fasern funktionierte gut, hingegen blieben die vollsynthetischen Fasern, die zu horrenden Preisen gehandelt wurden – sofern sie überhaupt erhältlich waren – bis in die ersten Nachkriegsjahre hinein den ausländischen Konkurrenzindustrien vorbehalten. Es sei an den «Nylon-Krieg» mit den USA erinnert; erst verhältnismässig spät gelang es, in Lizenz, später auch als Eigenentwicklung, sogenannte Synthetics in der Schweiz herzustellen und die Verarbeitungsbetriebe fortschreitend damit zu beliefern.

Die Umstellung der schweizerischen Textilindustrie auf den neuen Rohstoff erfolgte erst relativ spät – ein weiterer Grund für ein Zurückbleiben. Aber inzwischen hat die technische Revolution der Kunstfaser bereits eine breite Umschichtung innerhalb der Textilindustrie bewirkt. Wenn die Seiden- und Kunstseidenindustrie trotz allen Schwierigkeiten doch noch gut beschäftigt ist, so hat sie dies – wie die Baumwollwebereien und die Stickereien, die nun ebenfalls Kunstfasern verarbeiten – gutenteils den Synthetics zu verdanken. Von der Mode werden gegenwärtig hauptsächlich Baumwolle und vollsynthetische Fasern begünstigt, tendenziell eher auf Kosten der Wolle – die immerhin grosse und erfolgreiche Propagandaanstrengungen macht – oder von Leinen, Naturseide und Jute. Besonders erfolgreich haben sich für die schweizerischen Qualitätsprodukte Verbindungen zwischen Naturfasern und Kunstfasern erwiesen, aber auch gut gelungene Nachahmungen von Qualitäten der Naturfasern durch Kunstfasern schweizerischer Provenienz.

Eine andere, in den letzten Jahren klar erkennbare brancheninterne Umschichtung erfolgte durch die Tendenz des Auslandes, mehr Halbfertigprodukte

(Garne, Zwirne) auf Kosten der qualitativ höherwertigen Endprodukte (Gewebe) zu beziehen, wobei allerdings die modebegünstigten Stickereien eine erfreuliche Ausnahme machen, wie auch die ingeniöse Veredlungsindustrie, die im Veredlungsverkehr und in der Lizenzbegebung für unsere Volkswirtschaft beachtliche Einnahmen erzielt.

Diese Tendenz zu weniger arbeitsintensiven Textilprodukten wird durch Devisen-, Zoll- und Dumpingmassnahmen nur gefördert und ist mit ein Grund für die ausgeprägte Mengenkonjunktur der Textilindustrie.

Aus einem Zeitungsartikel von Herrn Dr. Andreas Thommen in der National-Zeitung, Basel, Nr. 319, vom 13. Juli 1956, über die schweizerische Textilindustrie.

Der Erweiterungsbau

Die Firma De Bary & Co. AG hatte im Jahr 1960 die Bandfabrikation aufgegeben. So mussten wir 1960/1961 unsere Fabrik in Ziefen erweitern. Mit der Vergrösserung der bisherigen Fabrik bekamen wir den nötigen Platz für zusätzliche Webstühle und einen ausgebauten Keller für Garnmaterialien und Maschinenteile aller Art. Auch der Estrich auf dem vorderen Gebäudetrakt des Anbaues wurde ausgebaut, so dass wir endlich genügend Lagerplatz für die grossen Mengen von Winderspulen, Zettelrollen und anderen Holzwaren bekamen. Es gibt immer Phasen in einem Betriebsablauf, in der gewisse Hilfsgüter während längerer Zeit nicht gebraucht werden und an einem geeigneten Ort gelagert werden müssen. Nach meinem Wunsch wäre der Anbau um sechs Meter breiter geworden. Aus Kostengründen wurde aber nur der vordere Trakt so breit gebaut, wie ich gewünscht hatte. Schon kurze Zeit danach wären wir froh gewesen, wenn die vier Sheds der Maschinenhalle auch sechs Meter breiter ausgeführt worden wären. Die Direktion in Basel hielt damals noch an ihrem gewohnten Prinzip fest, dass neue Investitionen mit Eigenkapital finanziert wurden. Deshalb musste man sich nach der Decke strecken und auf Sachen verzichten, die mit Fremdkapital hätten verwirklicht werden können. Erst die junge Generation Senn änderte dann die Finanzpolitik der Firma und konnte dadurch auch mit Hilfe von Fremdkapital die Modernisierung des Betriebes schneller vorantreiben. Auf diese Art konnten in späteren Jahren die Schiffchen-Bandwebstühle durch superschnelle Nadelwebautomaten ersetzt werden.
Weil der Neubau sehr drängte, wählten die Architekten Senn denjenigen Baumeister, der zuerst anfangen konnte. Die bekannten Baufirmen in unserer Umgebung waren alle schon ausgelastet und mussten dankend absagen. Es kam dann auch so heraus, wie man fast erwarten konnte. Die

beauftragte Firma Rosenblatt aus Basel begann relativ schnell mit einer zusammengewürfelten Bauequipe, die von einem schlechten Polier geführt wurde. Der Fertigbeton für die Stützpfeiler und die Decke wurde ganz unsachgemäss verarbeitet. Da auch der ganze Bauplatz einen schrecklichen Eindruck machte, liess ich sofort den Baumeister und den Architekten zu einem Augenschein kommen. Mein Aufbegehren war durchaus berechtigt, denn unser Architekt liess kurz darauf die Bauarbeiten einstellen. Eine neutrale Expertise führte zum Resultat, dass der Fertigbeton stellenweise zu spät eingegossen wurde und vorher schon abgebunden hatte.

Es gab viele Stellen bei den Stützpfeilern und bei der angefangenen Decke, die porös waren und nicht die vorgeschriebene Festigkeit aufwiesen. Anhand der Expertise mussten aus Sicherheitsgründen einige Stützpfeiler und die angefangene Decke wieder abgebrochen werden. Es folgte ein Gerichtsprozess, mit dem Resultat, dass die Baufirma Rosenblatt in Konkurs geriet und wir etwa 60'000 Franken verloren. Hätte man nach meiner frühen Warnung schneller reagiert, dann wären die Bauarbeiten noch früher eingestellt worden und auch weniger Geld verloren gegangen. Durch diese leidige Angelegenheit gab es natürlich eine bedeutende Bauverzögerung, über die wir wegen den prekären Platzverhältnissen im Altbau sehr verärgert waren. Die neue Baufirma Wyss AG aus Sissach erstellte dann in einer raschen und sauberen Bauweise den Rohbau, und die Firma Häring & Co. AG, Pratteln, bemühte sich in einer Rekordzeit um die Innenausbauarbeiten.

Es waren alle sehr erleichtert, als wir im Herbst 1961 mit einem gediegenen Betriebsfest den Neubau einweihen konnten. Mit Speis und Trank und tollen Produktionen wurde die grosse Halle des Neubaues gebührend eingeweiht. Dazu kam noch eine Musikkapelle, die rassig zum Tanz aufspielte. Selbst einige ältere Herren wagten da noch ein schönes Tänzchen mit einem jungen Schweizer- oder Österreicherfräulein. Sie schwelgten dabei in alter Erinnerung, als sie selber noch jung und munter waren. Der Atem machte ihnen schon etwas Mühe, aber das Herz war voll dabei.

Die Stundenlöhne werden nicht ausbezahlt

Kleiner Arbeitskonflikt in Ziefen

In Ziefen, dem schmucken Baselbieterdorf im Tal der Hinteren Frenke, geht es im allgemeinen höchst gattlig zu, und wenn dies heute einmal nicht der Fall ist, dann bestimmt nicht der Ziefener wegen. Nein, diese haben mit der ganzen Angelegenheit nur sehr wenig zu tun. Sie liefern lediglich den Schauplatz der Geschehnisse.

In Ziefen, beziehungsweise auf einem Ziefener Bauplatz, wird zurzeit gestreikt. Dass dem so ist, kann man den streikenden italienischen Bauarbeitern bestimmt nicht verargen, denn noch warten sie auf je 80 Stundenlöhne, die sie sich auf besagtem Bauplatz redlich erarbeitet haben. Alle zusammen und alles in allem rund 4500 Franken. Wer den Italienern dieses Geld schuldet, ist nicht restlos abgeklärt. Sicher nicht die Bauherrin, die Bandweberei Senn & Co. AG, die ein in Basel und Oberwil domiziliertes Bauunternehmen mit der Erstellung eines Erweiterungsbaues beauftragt hat. Aber auch der Bauunternehmer wäscht seine Hände in Unschuld. Er will die 4500 Franken einem in Allschwil domizilierten Unterakkordanten zu Handen der Italiener ausgehändigt haben. Und dieser Unterakkordant wieder behauptet, er habe nicht die gesamte Lohnsumme erhalten.

So oder so, die Italiener sind die Geprellten. Sogar, dass sie bisher schwarz gearbeitet haben, wussten sie nicht; denn jedem waren für die Beschaffung der Arbeitsbewilligung 16 Franken vom Lohn abgezogen worden... Nun, diese Sache ist nun in Ordnung gebracht, und vermutlich werden die Italiener in Ziefen bald ihre Arbeit wieder aufnehmen; nicht mehr schwarz und unter einem neuen Bauunternehmer; denn dem bisherigen hat die Firma Senn den Auftrag entzogen.

Nett ist es übrigens vom Schweizerischen Bau- und Holzarbeiter-Verband, dass er sich für die geprellten Italiener eingesetzt hat, und dass er sich nach wie vor bemüht, ihnen zum geschuldeten Lohn zu verhelfen.

National-Zeitung Basel, Nr. 318 vom 12.7.1960

Nachher kamen die grosse Zügelarbeit und das Aufstellen und Einrichten zusätzlicher Maschinen. Durch die Übernahme eines beachtlichen Teiles des Fabrikationsprogrammes von De Bary & Co. AG gab es für uns einen grossen Mehraufwand. Dadurch entstand auch das Bedürfnis nach mehr Personal und fabrikeigenen Wohnungen. Wir bauten deshalb im Anschluss an die Fabrikerweiterung sofort einen Wohnblock auf Steinenbühl mit vier Wohnungen. Die Firma Wyss AG, die uns beim Fabrikanbau aus der Patsche geholfen hatte, konnte quasi als Belohnung nachher auch dieses Mehrfamilienhaus erstellen. In relativ kurzer Zeit war auch dieses Gebäude fertig und damit der nötige Wohnraum für die ersten italienischen Arbeitskräfte geschaffen. Armando Leoni, den ich als Bauarbeiter beim Fabrikanbau kennenlernte, vermittelte uns sieben Italienerinnen aus der Region Umbrien. Er selbst stammte auch aus dieser Gegend und kannte die meisten von ihnen. Nach der Bauerei stellten wir ihn dann als Hilfsarbeiter für die mechanische Werkstatt ein. Er, seine Frau Mafalda und der kleine Sohn Gialberto mussten sich zuerst mit einer Fremdwohnung im Dorf begnügen, konnten dann aber später auch in eine neue Geschäftswohnung auf Steinenbühl umziehen. Natürlich mussten wir seine Wohnung im Dorf und auch drei Wohnungen

im neuen Block für die Fremdarbeiterinnen wieder komplett möblieren.
Das kostete eine Menge Geld und viel Geduld, bis alles in Ordnung war.
Alle Schlafzimmer, Küchen und Wohnstuben richteten wir wieder sehr
wohnlich und zweckdienlich ein. Auf jeden Fall waren alle sehr erstaunt
und begeistert von den schön eingerichteten Unterkünften. Sie waren in
Umbrien an viel einfachere Wohnverhältnisse gewöhnt. Für das häusliche
Wohl der Fremdarbeiterinnen war nun wirklich gut gesorgt. Es sollte sich
nun bald zeigen, ob sie auch gut miteinander auskommen und von unserer
Belegschaft wohlwollend aufgenommen werden.

Aus der Liquidationsmasse von De Bary Co. AG übernahmen wir einige
Fabrikstühle für Achselträger-Plüschqualitäten und die entsprechende
Kundschaft dazu. Ferner zwei Qualitäten Polsterband, die für die Prothesen
von Kriegsgeschädigten gebraucht wurden. Weil diese Spezialqualitäten
fadengefärbt und grösstenteils in weiss gewebt wurden, gab es grosse Probleme wegen der Beschmutzung der Bänder. Die Messerschlitten* der
Plüsch-Schneidvorrichtung durften nur sehr wenig geölt werden, da es sonst
während des Laufs des Webstuhles dunkle Ölspritzer auf die weissen Bänder
geben konnte. Und wenn man die Messerschlitten ohne Öl laufen liess, gab
es Metallstaub, der bei der Dampfbehandlung in der Appretur zu wüsten
Rostflecken führte. Man hätte diese diffizilen Plüschbänder eigentlich rohweiss weben und anschliessend stückfärben sollen. Dazu waren damals die
Stückfärber nicht genügend eingerichtet, und eine Continue-Färberanlage*
für Viscose-Plüschbänder existierte noch nicht. Durch rigorose Massnahmen
gegen die Schmutzentwicklung konnten wir mit der Zeit diese heikle
Plüschproduktion in den Griff bekommen und die Ausschnittware auf ein
Minimum reduzieren. Es waren aber alle froh, als die Plüschnachfrage nach-
liess und wir diese Webstühle für normale Samtbänder einsetzen konnten.

Mit dem Erweiterungsbau bekamen wir auch eine neue Heizung für den
ganzen Betrieb und vor allem eine Luftbefeuchtung mit Dampf statt wie
vorher mit kaltem Wasser. Dieses neue Befeuchtungssystem bewährte sich
sehr gut im Altbau mit der Ziegelbedachung und der Deckenverkleidung
mit Pavatex-Schallschluckplatten. Die Dachisolation war im Altbau sehr
gut und gewährleistete eine optimale Luftzirkulation. Der Neubau erhielt
eine Eternitbedachung und eine gerillte Pressspan-Schallschluckdecke.
Weil die Dachisolation wegen ungenügender Luftzirkulation schlecht
war, gab es durch die Luftbefeuchtung eine durchnässte Isolation und bei
deren Übersättigung ein Heruntertropfen des Wassers von der Decke auf
die Webstühle. Dieser unhaltbare Zustand konnte nur mit einem grösseren Leer- resp. Luftraum zwischen der Pressspanverkleidung und der dar-
unterliegenden Glasfaserisolation behoben werden. Damit man das korrigieren konnte, musste das Eternitdach um fünf Zentimeter gehoben
werden. Nachher hörte die Tropferei von der Decke herunter auf.

Als unpraktisch erwies sich im Neubau auch der Euböolithbodenbelag aus Holzzement. Nach relativ kurzer Zeit war der glatte Überbelag dieses Bodens abgelaufen, und es kam dann die poröse Struktur des Holzzementes zum Vorschein. Diese rauhe Bodenstruktur war stark anfällig auf Staub und Öl und bekam dadurch ein unsauberes Aussehen. Man hätte lieber in den Neubau auch einen Holzparkettboden statt des Euböolithbodens verlegt; das wäre besser und praktischer gewesen. Dieser Bodenbelag wäre im Moment etwas teurer, auf weite Sicht gesehen allerdings günstiger gewesen. Leider gaben auch hier die niedrigeren Kosten für den neuen Fabrikboden den Ausschlag. Im Gegensatz zu den Gebäudekosten, die man für einen Fabrikationsbetrieb für weniger wichtig hielt, wurde bei der Firma Senn bezüglich der Maschinenanschaffungen grosszügiger gedacht. Die Produktionsmaschinen mussten solid und praktisch sein und sollten bei guter Pflege möglichst lange gebraucht werden können. Das war man so gewohnt von früher, als die Maschinen jahrzehntelang im Einsatz waren. Es kam vor allem auf eine optimale Wartung der Maschinen an, auf die wir immer einen grossen Wert legten. Unsere Maschinen sahen im ganzen Betrieb sehr sauber und gepflegt aus. Wir hatten dadurch auch wenig Reparaturen und Produktionsausfälle. Aus der Kundschaft der Firma De Bary & Co. AG übernahmen wir ferner den grossen Bandgrossisten Alfred F. Rohrbach AG in Reinach/Aargau. Für diesen neuen Kunden mussten wir ein grosses Sortiment Kranzbänder weben; und als Spezialität von ihm auch solche mit schönen Figurbordüren*. In guter Zusammenarbeit mit Herrn Rohrbach entstanden auch viele neue prächtige Blumen- und Hochzeitsbänder.
Eine andere Spezialität von Rohrbach war eine feine Taffetqualität in verschiedenen Ombré-Farbtönungen* mit einem Kupferdraht im Webende. Mit diesem Kupferdraht in jedem Webende* (Hohlkante) konnte jede Bandmasche in die gewünschte Form gedrückt werden. Die Kupferdrähte mussten beim Weben eine gleichmässige Spannung haben, damit sie in lockerem Zustand des Bandes nicht aus den Webenden drückten. Die gehaspelten Strangen dieser Bänder durften auch nicht zusammengelegt werden, da sonst die Drähte geknickt und aus den Webenden gedrückt wurden. Man musste die Bandstrangen in der runden Form, wie sie ab dem Bandhaspel genommen wurden, über zylinderförmige Holzgestelle stülpen und diese nachher für den Transport in spezielle Kartonboxen verpacken. Diese Ombré-Blumenbandqualität verursachte einen grossen Aufwand, war jedoch sehr schön und praktisch und hatte dementsprechend auch einen guten Preis. Zum grossen Sortiment von Rohrbach gehörte auch eine schöne Auswahl von Trauerflorbändern. Wir waren froh über diesen guten Schweizer Kunden, der uns Daueraufträge brachte und ein prompter, guter Zahler war. Von der Firma De Bary & Co. AG hatten wir aber auch noch die Landwebstühle im Hinteren Frenkental übernommen. Es waren durchwegs

tüchtige Heimposamenter/innen, die mit gut ausgerüsteten Webstühlen noch einige Jahre für uns gearbeitet haben. Zu den besten dieser Posamenter/innen gehörten damals Emil Wahl-Spinnler in Bubendorf, Hulda Furler-Rudin und Albert Waldner-Tschopp in Ziefen sowie Theodor Wagner-Scheidegger und Ernst Walliser-Roth in Reigoldswil.

Durch den Erweiterungsbau vom Jahr 1960/1961 hatten wir in den 70er und 80er Jahren, bei der Erneuerung des Maschinenparkes, auch den nötigen freien Platz, um unsere Fabrikation durch eine Zwirnerei, Strickerei und Wirkerei ergänzen zu können. Damit stieg unser Produkteangebot und wirkte sich auf die Beschäftigungslage sehr positiv aus. Man konnte damals bei der Firma Senn & Co. AG das umfassendste Bandsortiment aufbauen, wenn man die Bänder der beiden Auslandbetriebe in St. Louis Frankreich und in Biddulph England mit einbezog. Wir waren somit der einzige Seidenbandbetrieb in Europa, der ein so vielfältiges Sortiment an Bändern anbieten konnte. Es ist deshalb nicht verwunderlich, dass es für dieses riesige Angebot in den Betrieben Basel, Ziefen, St. Louis und Biddulph eine Belegschaft von nahezu 700 Personen brauchte.

Entscheid der Direktion des Innern des Kantons Basel-Landschaft

Nr. 649   vom 20. Juni 1962 fj/dz

Das Eidg. Fabrikinspektorat des II. Kreises hat kürzlich die Fabrikanlagen der Firma SENN & CO. AG, Bandweberei, Ziefen, inspiziert. Es hat dabei festgestellt, dass der Erweiterungsbau (Plangenehmigung Nr. 398 vom 29. April 1960) in bezug auf die fabrikgesetzlichen Bestimmungen vorschriftsgemäss ausgeführt worden ist. Dagegen sind die brandschutztechnischen Massnahmen der Ziffern 7, 8 und 9 der Plangenehmigung nicht beachtet worden.

Aus dem entsprechenden Bericht der Gebäudeversicherungsanstalt, Brandverhütungsdienst, ist zu entnehmen, dass die in der Plangenehmigung nicht einbezogenen, bestehenden Werkstätten (Schlosserei und Schreinerei) vom Maschinensaal nicht feuerbeständig abgetrennt sind.

Die Gebäudeversicherungsanstalt ist bereit, auf die gestellten feuerpolizeilichen Forderungen im Erweiterungsbau zu verzichten und dafür jedoch die feuerbeständige Abtrennung der Werkstätte zu verlangen. Die Durchführung dieser Massnahmen werde als zwingender und auch leichter durchführbar erachtet.

:·//:   Die Betriebsbewilligung für den Erweiterungsbau wird unter folgenden Vorbehalten erteilt:

   1. Allgemeiner Vorbehalt von Art. 9 des Fabrikgesetzes (Beseitigung nachträglich erkannter Übelstände).

2. Die Werkstätten sind vom Erweiterungsbau feuerbeständig abzutrennen.

3. Zur Verhinderung einer allfälligen Brandübertragung vom Erdgeschoss
   nach dem Dachstock sind die Untersichten der Holzabschlussdeckel
   Spedition – Estrichlager
   Spedition – Packraum
   mit 8 mm Pical-Asbestzementplatten zu verkleiden.
   Mitteilung an die Firma Bandweberei Senn AG, Ziefen,
   die Firma Senn & Co. AG, St. Johann-Vorstadt 17, Basel,
   den Gemeinderat von Ziefen,
   das Eidg. Fabrikinspektorat II, Aarau,
   die Schweiz. Unfallversicherungsanstalt,
   Unfallverhütung, Luzern,
   Die Gebäudeversicherungsanstalt, Brandverhütungsdienst,
   die Finanzkontrolle,
   die Baudirektion (2),
   das Amt für Gewerbe, Handel und Industrie.

Bewilligungsgebühr Fr. 20.-

Direktion des Innern

Gegen diesen Entscheid kann innert 20 Tagen nach Erhalt beim Regierungsrat schriftlich und begründet (Art. 86 des Fabrikgesetzes) Rekurs erhoben
werden.

Zum Entscheid der Direktion des Innern vom 20. Juni 1962

Es wunderte uns, weshalb das Fabrikinspektorat die feuerpolizeilichen
Beanstandungen für den Altbau nicht schon früher gemacht hatte. Dazu
ist zu sagen, dass seit dem Fabrikbau im Jahr 1945/46 auch der Fabrik-
spektor gewechselt hatte und die Vorschriften verschärft wurden. Wir
hatten diese Beanstandungen natürlich sofort eliminiert und der Gebäu-
deversicherung nachher zur Nachkontrolle gemeldet.

Der Versuch mit der Seidenraupenzucht

Bei der Einweihung unseres Betriebes in Ziefen 1945 hatten wir vor der
Fabrik zwei Maulbeerbäume, einen schwarzen japanischen und einen
weissen italienischen, für Seidenraupen gepflanzt mit der Absicht, den
Schulkindern, aber auch dem Publikum zu zeigen, woher eigentlich der
Rohstoff unserer Seidenbänder stammt. Denn entgegen der landläufigen

Auffassung wurden nicht nur in China Seidenraupen gezüchtet. Friedrich II. der Grosse, König von Preussen, hatte eine blühende Seidenraupenzucht aufgebaut. Goethes Vater versuchte sie bekanntlich in Hanau einzuführen, woran sich Goethe (Dichtung und Wahrheit, 4. Band) lebhaft erinnerte: „und sobald die Maulbeerbäume genügsames Laub zeigten, liess man sie ausschlüpfen und wartete der kaum sichtbaren Geschöpfe mit grosser Sorgfalt. In einem Mansardenzimmer waren Tische und Gestelle mit Brettern aufgeschlagen, um den Raupen mehr Raum und Unterhalt zu bereiten, denn sie wuchsen so schnell und waren nach der letzten Häutung so heisshungrig, dass man kaum Blätter genug herbeischaffen konnte, sie zu nähren; ja sie mussten Tag und Nacht gefüttert werden, weil eben alles darauf ankommt, dass sie der Nahrung ja nicht zu einer Zeit ermangeln, wo die grosse und wundersame Veränderung in ihnen vorgehen soll. War die Witterung günstig, so konnte man freilich dieses Geschäft als eine lustige Unterhaltung ansehen; trat aber Kälte ein, so dass die Maulbeerbäume litten, so machte es grosse Not. Noch unangenehmer aber war es, wenn in der letzte Epoche Regen einfiel; denn diese Geschöpfe können die Feuchtigkeit gar nicht vertragen; und so mussten die benetzten Blätter sorgfältig abgewischt und getrocknet werden, welches denn doch nicht immer so genau geschehen konnte, und aus dieser oder vielleicht auch einer andern Ursache kamen mancherlei Krankheiten unter die Herde, wodurch die armen Kreaturen zu Tausenden hingerafft wurden. Die daraus entstehende Fäulnis erregte einen wirklich pestartigen Geruch, und da man die Toten und Kranken wegschaffen und von den Gesunden absondern musste, um nur einige zu retten, so war es in der Tat ein äusserst beschwerliches und widriges Geschäft, das uns Kindern manch böse Stunde verursachte.»
Dass Seidenraupenzucht kein einfaches Geschäft war, hatte in Basel bereits Felix Platter gegen Ende des 16. Jahrhunderts erfahren müssen. Aus seinen Aufzeichnungen wissen wir, dass er in seinem Haus «zum Samson» an der Ecke von Petersgraben und Hebelstrasse erfolgreich Seide zog; 1595 löste er aus ihrem Verkauf neunzig Pfund und zwei weitere Pfund aus den Samen, das heisst den Eiern, die er zur Weiterzucht abgab. Seine und andere schweizerische Versuche blieben indessen in den Anfängen stecken. Zwischen der Schweizer Mustermesse und dem Badischen Bahnhof legte man ums Jahr 1850 eine grosse Maulbeerpflanzung an, in der Hoffnung, die Seidenraupenzucht auch in unserer Stadt einführen zu können. Die damit verknüpften Erwartungen erfüllten sich indessen nicht; denn gerade in jenen Jahren brach die Pebrine, eine verheerende Seidenraupen-Krankheit aus, welche die Kulturen vollständig vernichtete, bis ihr Louis Pasteur durch die Resultate seiner mikroskopische Forschungen 1867 Einhalt gebot und den Maulbeerbaum wiederum zu einem «arbre d'or» machte.

In Basel kam man auf den Versuch indessen nicht mehr zurück; doch wurde dort, wo die Maulbeerbäume einst gepflanzt worden waren, eine Gaststätte «Mulbeeri» getauft und 1906 einem der von der Isteinerstrasse zur Schwarzwaldallee führenden Strassenzüge der Name «Maulbeerstrasse» verliehen.

1967 entschloss sich Rudolf Senn, der Direktor der Senn & Co. AG, angesichts des trockenen Sommers dazu, einen neuen Zuchtversuch zu wagen. Er hatte im Rahmen seiner Ausbildung als Seidenbandfabrikant die Seidenraupenzucht in Italien kennen gelernt. Ein italienischer Geschäftsfreund belieferte ihn im Juni mit den notwendigen, in Kühlräumen überwinterten Eier des Maulbeerseidenspinners (Bombyx mori), die etwa anderthalb Millimeter gross sind und meist grünliche Farbe zeigen. Am 29. Juni wurden sie in den Brutkasten gesetzt, und am 11. Juli konnte das Ausschlüpfen der jungen Räupchen beobachtet werden. Nun wurden sie auf die Zuchthürden gelegt, und mit der Fütterung konnte begonnen werden. Täglich hatte man von Ziefen frische Maulbeerblätter herbeizuschaffen, um die Ernährung der Raupen, die morgens und abends erfolgte, sicherzustellen. Das Futter wurde auf durchlöcherte Papierbogen (Betten) gelegt, durch welche die Seidenraupen durchkrochen. Sie zeigten eine ungeheure Fresslust und entwickelten sich zusehends.

Die Anfangsversuche mit den Eiern und kleinen Räupchen führte Rudolf Senn persönlich im Erlacherhof in Basel durch. Als dann die Raupen grösser wurden, brachte er das Zuchtgehege in die Fabrik nach Ziefen. Mit den Schülern der 5. Klasse von Ziefen wurde dann der Zuchtversuch bis zum Schluss weitergeführt. Jeden Morgen während der 10-Uhr-Pause kamen zwei Schüler zur Fütterung der Raupen in die Fabrik. Je grösser die Raupen wurden, desto mehr Äste musste man von den Maulbeerbäumen schneiden. Wir hatten wie erwähnt je einen italienischen und japanischen Maulbeerbaum. Die Blätter des italienischen Baumes waren grösser, glänziger und härter; die Blätter des japanischen Baumes samtartig und weicher. Die Versuche zeigten, dass die italienischen Raupen lieber die Blätter des japanischen Maulbeerbaumes mit den schwarzen Früchten frassen. Wir mischten dann das Futter beider Bäume und machten damit keine schlechte Erfahrung. Die Raupen gediehen prächtig, und beide Bäume wurden gleichmässig des kostbaren Laubwerkes beraubt.

Nach sechs Tagen fand die erste Häutung statt, der in etwa gleichen zeitlichen Abständen drei weitere folgten. Bis zur Verpuppung hatten die ursprünglich lediglich drei Millimeter grossen Räupchen eine Länge von rund neun Zentimetern erreicht. Am 8. August konnten die ersten ausgewachsenen Raupen ihrer Spinntätigkeit überlassen werden. Ihr Vorderkörper führte nunmehr Bewegungen in der Form

Versuch mit Seidenraupenzucht, 1967: Seidenraupen.

von Achterfiguren aus, mit denen sie ein Netz von Seidenfäden span-
nen, um sich selbst langsam darin einzuschliessen. Dann ruhte sich
die Raupe in dieser „Hängematte" aus; jetzt begann die Arbeit am
Cocon, der Puppenwiege, die in den ersten Fällen bereits am
9. August sichtbar wurde. Nach fünfzehn Stunden ist in der Regel die
äussere Form des Cocons angedeutet; dann wird Lage um Lage der Seidenfäden an die Innenwände des Gehäuses gelegt, welches nach etwa
sechsunddreissig Stunden so dicht wird, dass der Raupenkörper nicht
mehr sichtbar ist. Bis zur Fertigstellung des ganzen Gehäuses sind
rund sechzig Stunden erforderlich; dann haben sich die Spinndrüsen
der Raupe entleert, und das Tier ruht eingekrümmt in der Puppenwiege, um sich nach einer letzten Häutung zur Puppe zu verwandeln,
an welcher sich bereits die Organe der Schmetterlinge erkennen lassen. Bei der Seidengewinnung im Grossen wird in diesem Stadium die
Entwicklung unterbrochen: Die Puppen im Innern der Cocons werden
abgetötet und letztere der industriellen Verarbeitung zugeführt. Nur
diejenigen Puppen, welche zur Nachzucht Verwendung finden, werden zum Schlüpfen gebracht.
Der Versuch im «Erlacherhof» und in Ziefen wurde glücklicherweise nicht
durch Kälte und Regen beeinträchtigt, und so blieben auch die Krankhei-

Versuch mit Seidenraupen-
zucht, 1967: versponnene
Cocons.

ten aus und ebenso der «pestartige Geruch», den die Fäulnis der toten Kreaturen im Goethehaus verursacht hatte. Es war ein denkwürdiges Experi-
ment – besonders denkwürdig an der Stätte, an der eine stilvolle Gedenk-
tafel über dem Eingang zum Treppenturm an Goethes zweifachen Besuch
erinnert.

Wegen der hektischen Geschäftszeit bei Senn & Co. AG. nach 1967 musste dann auf die Weiterverarbeitung der Cocons zu brauchbarer Webseide
verzichtet werden. Der grösste Teil der Cocons wurde nachher bei
Betriebsbesichtigungen an die Besucher und Besucherinnen abgegeben;
ein Teil davon erhielt auch das Kantonsmuseum Baselland für seine
Bandweberei-Ausstellung.

(Informationen über die Hintergründe der Seidenraupenzucht aus einem Zeitungsartikel von Herrn Gustav Adolf Wanner in den „Basler Nachrichten", Nr. 346 vom
17. August 1967)

Versuch mit Seidenraupenzucht, 1967: Die erste Produktion.
Von links nach rechts: Rudolf Senn, Willy Hänggi, Wilhelm
Senn.

Versuch mit Seidenraupenzucht, 1967: Die Versuchsanord-
nung im Treppenhaus des Verwaltungsgebäudes. Rechts der
Versuchsbetreuer, Willy Hänggi.

Verdol-Jacquard-Webmaschinen

In den sechziger Jahren herrschte eine grosse Nachfrage nach Jacquard-bändern verschiedenster Art. Es war deshalb naheliegend, dass unsere Direktion die Jacquardbandfabrikation ausbauen wollte. Die ITMA 1963 in Hannover bot deshalb die beste Möglichkeit, die neuesten Jacquard-maschinen überprüfen und bestellen zu können. Herr Rudolf Senn, Herr Roth und ich wollten zu diesem Zweck für zwei bis drei Tage die ITMA besuchen. Weil jedoch in Hannover und in der näheren Umgebung keine Hotelzimmer mehr zu bekommen waren, wollte Herr Rudolf Senn diesen Messebesuch nicht mitmachen. Herr Roth und ich bekamen deshalb von ihm den Auftrag, den Kauf der besten Jacquardmaschinen selbst vorzube-reiten. Ich wusste von unserer Nachbarfirma Kannegiesser AG in Ziefen, dass sie in Floto, in der Nähe von Hannover, ihren Hauptbetrieb hatten. Als Hersteller von verschiedenen Maschinentypen für Grosswäschereien hatten sie natürlich einen grossen Messestand an der ITMA 63. Es war deshalb naheliegend, dass ich in unserer Notlage den Chef der Kanne-giesser AG Ziefen um Rat fragte. Herr Ruschemeier bot uns dann eine Unterkunft in ihrem Werkhotel in Floto an. Das Werkhotel sei allerdings etwa 80 Kilometer vom Messegelände der ITMA enfernt. Wir sollen uns einfach beim Messestand Kannegiesser AG melden, wo uns dann alles Drum und Dran mitgeteilt werde. Es klappte ausgezeichnet. Der hollän-dische Vertreter von Kannegiesser nahm uns nach Messeschluss mit sei-nem Auto nach Floto mit und am anderen Morgen wieder auf die Messe. Und die Unterkunft im grossen Werkhotel der Kannegiesser AG war sehr schön. Die beiden geselligen Abende genossen wir dort in vollen Zügen. Meistens erhielten wir die Hannoveraner Leibspeise, Kasseler-kraut mit Kartoffelbrei und Schweinefleisch, im Hotel und in den Res-taurants im Messegelände serviert. Herr Roth bekam vom vielen Krautes-sen Magenbeschwerden mit Durchfall und wollte deshalb so rasch wie möglich wieder nach Hause zurückkehren. Nach der Erfüllung unseres Messeauftrages wäre ich mit ihm noch gerne nach Hamburg gefahren, um die interessante Stadt und den berühmten Meerhafen anzusehen. Seine Beschwerden trieben ihn jedoch so schnell wie möglich nach Hause, wo er wieder zu seiner gewohnten Hausmannskost kam. Ohne ein gutes Wohlbefinden kann man auch eine Stadt wie Hamburg nicht rich-tig geniessen.

Wir bestellten sechs neue Verdol-Jacquardmaschinen für drei zusätzliche Webstühle, auf denen nachher 17 französische Linien* breite Jacquard-bänder mit Blumenmotiven gewebt werden sollten, aber auch die rein-seidenen Trachtenbänder mit dem Granatapfeldessin und den feinen Schusspicots.

Es war eine grosse Arbeit, drei normale Schiffchenwebstühle in Jacquard-
webstühle umzubauen. Herr Roth musste einen eisernen Stuhlaufbau für
die beiden Jacquardmaschinen pro Webstuhl konstruieren. Dazu gehörte
auch ein Laufsteg rund um die Jacquardmaschinen mit einem Schutzge-
länder und einer Zugangsleiter. Der Schreiner Karl Spiess rüstete die
tragfesten Laufbretter dazu. Das ergab eine praktische und solide Maschi-
nenkonstruktion, die auch optisch gut aussah. Emil Roth und Karl Spiess
erwiesen sich als die geeigneten Fachleute, um eine solche Arbeit optimal
ausführen zu können.

Die Chorfäden* für den Harnisch* wurden von bestimmten Hilfskräften
vorbereitet. Sie mussten auf die richtige Masse abgelängt und in der
Mitte mit einer Schlaufe zum Anhängen versehen werden. Nachher
erfolgte die grosse Arbeit des Anhängens der Chorfäden an die Schnur-
schlaufen der Jacquard-Zugplatinen* und das richtige Einfädeln in den
Chorbrettchen*. An jeden Chorfaden wurde nachher eine Drahtlitze mit
dem damit verbundenen Litzengewicht angeschlauft. Am Schluss wurden
die Bretter der Litzenabschrankung montiert, durch deren Löcher die
Trennstifte der einzelnen Gänge (Bänder) gestossen wurden. Diese beiden
Bretter wurden zuerst höher montiert, damit man sie als Richtmass für
das definitive Litzenknüpfen* verwenden konnte. Quer über die beiden
Längsbretter wurde dann eine Schnur mit einem Schlenkengewicht an beiden Enden gehängt. Das vordere Brett war etwas höher montiert als das
hintere. Die gestreckte Schnur gab die genaue Höhe an, auf die das jewei-
lige Litzenauge gerichtet werden musste. Nachher wurde mit einem speziellen Knoten der Chorfaden bei der oberen Litzenschlaufe festgeknüpft.
Diese Arbeit musste sehr exakt gemacht werden, damit beim Weben ein
sauberes Kettfach entstand. Das war eigentlich die heikelste Präzisionsar-
beit, die bei einem neuen Jacquard-Harnisch ausgeführt werden musste.
Ganz am Schluss, nachdem die Chorfäden mit den angeknüpften Litzen
und Gewichten sich richtig ausgestreckt hatten, mussten vielleicht noch
einige ungenaue Litzen in der Höhe korrigiert werden.

Dann konnte man die Chorfädenenden etwa 1 Zentimeter oberhalb des
Knotens abschneiden. Für einen 32-gängigen (32 Bänder) Jacquardwebstuhl brauchten zwei Personen für die komplette Litzenarbeit gut zwei
Arbeitswochen. Und für das anschliessende Abrispen der Litzen und spätere Einziehen, Andrehen, Durchziehen und ins Webblattziehen der
Kettfäden brauchten diese beiden Frauen nochmals etwa zwei Wochen.
Für den kompletten Umbau eines Jacquardwebstuhles von der Mechanik
bis zum Weben musste man gut zwei Monate Arbeitszeit mit zwei Personen rechnen. Man musste unbedingt eine anhaltend gute Beschäftigung
während zwei Jahren auf einem solchen umgebauten Jacquardwebstuhl
haben, um die Unkosten überhaupt amortisieren zu können.

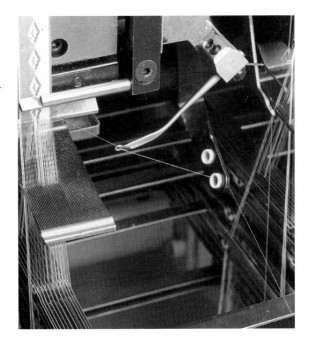

Detail des Bandwebeautoma-
ten (Foto: F. Gysin, Mikro-
filmstelle Staatsarchiv Basel-
Landschaft).

Die Samtweberei

Mit den Fachkenntnissen von Stuhlschreiner Wilhelm Mangold waren
wir in der Lage, einen Occasions-Samtstuhl von der Firma Sarasin Söhne
AG aufzustellen und neu auszurüsten. In diesem Zusammenhang wollten Emil Roth und ich einen neuen, revolutionären Weg einschlagen
und die Stuhlaufmachung und den Materialfluss stark vereinfachen.
Willy Mangold hatte zuerst Mühe, unser neues System anzunehmen, war
aber nachher sehr begeistert davon. Bei diesem System liefen die Polfäden* nicht mehr über den Zettelkranz*, sondern auf direktem Weg von
der Zettelrolle über die mit Plüsch überzogene Polwalze und von dort
ins Webgeschirr. Mit diesem neuen System konnten die Polfäden, mit
der Zuhilfenahme eines Andrehblöcklis*, schnell und bequem hinter
dem Webstuhl angedreht werden. Auf die alte Art mussten die Polfäden, die ja wegen des grossen Einwebens öfters anzudrehen waren, vor
dem Webstuhl zwischen dem Webgeschirr und Seidenbaum in gebeugter, mühsamer Haltung angedreht werden. Für den Polausgleich* hatten
wir ein «Wögli» konstruiert, das sehr einfach und effektvoll funktionierte. Unser neues Samtwebsystem war so andersartig und revolutionär,
dass Frau Trüssel bei ihrer Vorstellung sagte: «Mit diesem neuen Web-

Nadel-Bandwebautomaten
NB 2 / 40 s, zu dessen
Entwicklung unser Betrieb
massgeblich beitrug (Foto:
Maschinenfabrik Jakob
Müller AG, Frick).

system können Sie doch keinen Samt weben!» Es war die gleiche Reaktion wie anfänglich bei Willy Mangold. Sie kam dann aber doch zu uns
und fand schon nach kurzer Zeit unser neues System sehr praktisch und
gut. Sie ging dann sogar so weit, dass sie den Weberinnen verbot, mit
anderen Personen über diese neue Webstuhleinrichtung zu sprechen.
Wir hatten dadurch ein streng gehütetes Geschäftsgeheimnis des Samt-
websystems, das unsere Konkurrenz viele Jahre nicht kannte. Dieses
neue System wurde der Webmaschinenfabrik Jakob Müller AG erstmals
gezeigt, als wir auf einer 2-nadeligen Knopflochwebmaschine* mit drei
Gängen Samt gewebt hatten.
Wir waren die erste Bandweberei, die im Jahr 1971 den Versuch unter-
nahm, auf einer Nadelwebmaschine Samt herzustellen. Wir hatten nachher die Webmaschinenfabrik Jakob Müller AG Frick zu uns eingeladen,
um dieses neue Samtwebsystem auf ihrer umgebauten Knopfloch-Nadelwebmaschine zu demonstrieren. Die eingeladenen Fachleute machten
grosse Augen, als sie unsere Neukonstruktion sahen. Auf eine Patentschrift für dieses neue Samtwebsystem wollten wir verzichten. Dafür
musste uns die Firma Müller eine erste Kleinmaschine nach diesem Websystem bauen. Unter grosser Geheimhaltung wurde diese erste Kleinmaschine bei uns ausprobiert und von Herrn Roth und mir noch verbessert.
Anschliessend bestellten wir eine erste Serie Samt-Nadelwebmaschinen
für alle Bandbreiten. Quasi als unser Patentschutz wurde die Firma Jakob

Müller AG Frick dazu verpflichtet, in den nächsten zwei Jahren keine Samt-Nadelwebmaschinen an unsere weltweite Konkurrenz zu verkaufen. Auf diese Art konnten wir unsere ganze Samtproduktion auf die neuen Nadelwebmaschinen umstellen, bevor die Konkurrenz dieses tolle Websystem überhaupt ausprobieren konnte. Ich habe diesen ganzen Ablauf so genau beschrieben, weil ich damit zeigen wollte, wie man in einem zielstrebigen, modernen Fabrikationsbetrieb vorgehen musste.

Zum Aufschneiden der Samtbänder setzten wir ein laufendes Bandmesser ein. Die Idee dazu bekamen wir von der Hemdenfabrik Bila AG in Lausen, wo wir das Zuschneiden von vielen Stofflagen zu sehen bekamen. Und die rotierenden Schleifsteine zum Nachschärfen des Bandmessers lieferte uns die Schweizerische Schmirgelsteinfabrik Winterthur. Mit viel Geduld und grossem Einsatz gelang uns schlussendlich eine Konstruktion auf der 2-nadligen Knopflochwebmaschine, mit der wir einen schönen und sauber geschnittenen rohen Nylonsamt herstellen konnten. Es war uns aber auch klar, dass die zukünftige Samt-Nadelwebmaschine nur eine Kleinmaschine mit zwei oder maximal vier Doppelgängen sein musste. Man musste für die komplizierte Samtweberei eine Maschine haben, die von allen Seiten gut zugänglich war. Das ermöglichte ein bequemes Einrichten der Webmaschine und ein schnelles Flicken der defekten Kett-, Schuss- und Hilfsfäden.

Wir luden dann Herrn Jakob Müller mit seinen Konstrukteuren zur Begutachtung unserer Nadel-Samtwebmaschine in die Fabrik nach Ziefen ein. Sie waren von unserer Pionierleistung sehr beeindruckt und des Lobes voll. Sie versprachen raschmöglichst den ersten Prototyp einer kleinen Samt-Nadelwebmaschine zu bauen, den wir nachher ausprobieren konnten. Ungefähr ein Jahr nach diesem Augenschein bekamen wir bereits diese erste Versuchsmaschine. Die Praxis zeigte dann, welche Änderungen unsere Mechaniker oder diejenigen der Firma Jakob Müller AG an der Maschine noch vornehmen mussten, bis alles optimal funktionierte. Es war durchaus verständlich, dass wir die vorzügliche Zusammenarbeit und das gute Gelingen dieser Gemeinschaftsarbeit am Schluss mit einem köstlichen Glas Wein begossen. Danach wurde von uns unverzüglich eine grössere Anzahl solcher Samt-Nadelwebmaschinen bestellt: den Typ NBs für schmale Breiten und den Typ NCs für die Bandbreiten von 40-100mm. Zirka ein Jahr nach der ersten Versuchsmaschine konnten wir bereits den grössten Teil unserer Samtproduktion auf den neuen Samt-Nadelwebmaschinen weben. Wir hatten dadurch ein enormes Plus gegenüber unserer weltweiten Konkurrenz, die diesen Maschinentyp erst ein Jahr darauf bei der Maschinenfabrik Jakob Müller AG bestellen konnte. Den Vorsprung von zwei Jahren auf die Konkurrenz hatten wir bei der Firma Müller für unsere bedeutenden Vorausleistungen vereinbart.

Viele Konkurrenten wagten einen solchen Schritt gar nicht mehr und gaben die Bandfabrikation auf. Von grosser Wichtigkeit war auch die Ausbildung von gelernten Facharbeitern, die unsere neuen Nadelwebmaschinen optimal einrichten und bedienen konnten. Viele Konkurrenten von uns hatten ein überaltertes Kader und scheuten die grosse Aufgabe, junge Bandweberinnen und Textilmechaniker auszubilden. Die dreijährige Lehrzeit dieser jungen Leute brachte nicht nur Erfreuliches. Man musste sich mit ihnen abgeben und sie in jeder Hinsicht fördern. Und bei der grossen Beanspruchung der Meister und ihrer Mitarbeiter im täglichen Arbeitsprozess war das nicht immer leicht. Es war aber einfach nötig, diesen bedeutenden Schritt zu tun, wenn man junges Personal haben wollte, das später in einer Kaderfunktion eingesetzt werden konnte. Wir wagten diesen Schritt und hatten Erfolg damit.

Die Reise mit den Herren Emil Roth und Fritz Spiess zur Samt-Webstuhlfabrik Güsken GmbH in Duisburg im Jahr 1971

Wir flogen von Zürich nach Düsseldorf und wurden dort von einem Chauffeur der Firma Güsken mit dem Geschäftswagen abgeholt und in die Fabrik nach Duisburg geführt. Für Herrn Spiess war es der erste Flug in seinem Leben. Er freute sich sehr darauf und war auch begeistert davon. Herr Roth hatte seinen ersten Flug kurze Zeit vorher erlebt, als wir die ITMA 71 (Internationale Textilmaschinen Ausstellung) in Paris besucht hatten. Die Firma Güsken propagierte an der ITMA in Paris eine bedeutende Erfindung im Sektor Samt-Webmaschinen. Diese neue Erfindung konnte man in Paris nicht sehen. Es war alles noch streng geheim.
Uns interessierte natürlich dieses neue Web- und Schnittsystem des Samt sehr – erstens zur eventuellen Verbesserung der noch produzierenden Schiffchen-Samtwebmaschinen und zweitens wegen der geplanten neuen Samt-Nadelwebmaschine, die wir mit einer 2-nadligen Knopfloch-Nadelwebmaschine der Firma Jakob Müller AG Frick zu bauen versuchten. Wir gaben der Firma Güsken damals an, dass wir unsere zukünftigen Nylon-Samtbänder eventuell als Samtstoff weben und nachher in Bänder von verschiedenen Breiten zerschneiden wollten. Bei unserer Schrägband-Fabrikation in den Betrieben Basel und St. Louis würden wir schon heute Stoffe zu Schrägbändern zerschneiden. Das war natürlich eine Täuschung. In Wirklichkeit wollten wir nur einen Grund finden, um vom Webmaschinenhersteller Güsken GmbH, der Webmaschinen für breite Samtstoffe baute, überhaupt begrüsst und in die Fabrik gelassen zu werden. Die vorgeführte Schäftesteuerung für den Samtpol und die Schneidvorrichtung des Pols waren nicht so revolutionär, wie wir uns vorgestellt hatten.
Es wurde uns dabei klar, dass wir den eingeschlagenen Weg weitergehen

Im Betrieb selbst entwickelte
Direktzettelmaschine,
etwa 1967.

mussten. Auf der Nadelwebmaschine brauchte es für die Polsteuerung Spezialexzenter mit mehr Hub, um eine genügende Polhöhe zwischen dem Ober- und Unterband zu bekommen. Und für die Polfäden brauchte es eine zwangsläufig auf und ab bewegende Polausgleichstange, damit die Fäden beim Weben immer gleichmässig angestreckt waren.

Die Nadelwebmaschinen

Der fabrikeigene Maschinenbau

Die Direktzettelmaschine war eigentlich die erste Textilmaschine, die wir von Grund auf neu konzipiert und gebaut hatten. Vorher hatten wir uns immer auf wichtige und gewinnbringende Verbesserungen an bestehenden Maschinen beschränkt. Es war deshalb ein neues Gebiet für uns, und wir hofften damit, unserer Konkurrenz wieder ein grosses Stück vorauseilen zu können. Wir hatten viele Ideen und eine ausgezeichnete Werkstattequipe, so dass unsere Vorhaben eigentlich gelingen sollten. Bei dieser neuen Direktzettelmaschine wurde dann leider mit einer elektronischen Steuerung ein so grosser Perfektionismus betrieben, dass die Maschine für Störungen zu anfällig wurde. Bei der Maschine gab es

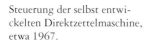
Steuerung der selbst entwickelten Direktzettelmaschine, etwa 1967.

ab und zu Steuerungsfehler, zu deren Behebung wir immer den Elektroniker aus Aarau herbeirufen mussten. Und das war eine teure Sache, abgesehen vom Produktionsverlust wegen der langen Wartezeit. Nach kurzer Zeit wurde die Maschinensteuerung vereinfacht und dadurch auch betriebssicherer gemacht.

Wir konnten die Lehre daraus ziehen, dass wir in erster Linie eine produktive Bandweberei sein mussten und nicht eine Maschinen-Konstruktionswerkstätte. Dazu fehlten uns einfach die Sachkenntnisse vor allem im elektronischen Bereich. Es war aber durchaus richtig, dass wir eine Entwicklungsabteilung schufen. Da die Bandweberei gegenüber früher eine unbedeutende Industrie geworden war, entwickelte die eigentliche Maschinenindustrie kaum noch neuzeitliche Vorwerkmaschinen. Aus diesem Grunde musste praktisch jede fortschrittliche Bandweberei ihre auf den Betrieb zugeschnittenen Maschinen selbst bauen. Wir hatten mit unserer guten Schreinerei, der tollen mechanischen Werkstatt und den ausgezeichneten Fachkräften diese Chance.

Unsere ganze Samtweberei lief schon mit diesen superschnellen und ausgeklügelten Nadelwebmaschinen, bevor unsere Konkurrenz im In- und Ausland dieses neue Websystem überhaupt ausprobieren konnte. Das verschaffte uns natürlich einen grossen Vorsprung und eine Zunahme des Samtgeschäfts. Die Auswirkung war noch grösser, weil wir gleichzeitig auf eine schöne, stückgefärbte Nylonsamtqualität umstellten. Diese neue

Benninger Sektionalzettelmaschine (Foto: Peter Forcart, 1961).

Nylonqualität war druckfest und sah auch sonst sehr fein und schön aus. Zudem konnten wir mit einer roh gewebten und nachher am fertigen Band gefärbten, d. h. «stückgefärbten» Samtqualität viel rationeller produzieren und auch kurzfristiger liefern. Die bisherige Samtqualität wurde mit fadengefärbtem Viscosematerial gewebt. Eine Stückfärbung sah beim Viscosematerial sehr schlecht aus, weil beim Färbeprozess der Samtflor niedergedrückt wurde und sich nachher mit keiner Nachbehandlung mehr schön aufstellen liess. Mit dem neuen Nylonsamt wurde das Geschäft sehr attraktiv; es war eben ein ganz neues Produkt mit vielen Vorteilen. Unsere Konkurrenten hätte wohl der Schlag getroffen, wenn sie im Jahr 1973 unsere supermoderne Samtweberei hätten sehen können.

Wir hatten aber nicht nur mit den Samt-Nadelwebmaschinen Pionierarbeit geleistet; nein, schon viel früher. Die Weichen zur zukünftigen Nadelweberei stellten wir an der ITMA 1969 (Internationale Textilmaschinen Ausstellung) in Basel. Die Maschinenfabrik Jakob Müller AG hatte dort das erste Mal ihre neuentwickelten Nadelbandwebmaschinen vom Typ NA ausgestellt. Auf allen diesen NA-Maschinen wurden nur Baumwollbänder gewebt. Herr Jakob Müller glaubte damals, dass der Zeitpunkt für die feine Seidenbandweberei noch nicht gekommen sei, um auf diese neue Webtechnik mit den Nadelwebmaschinen umzustellen. Der grösste Teil der Kundschaft könne sich noch nicht mit dem veränderten Webende bei der rechten Häkelkante abfinden. Er hatte aber nicht berücksichtigt, dass es immer weniger Bandgrossisten gab, die vom Weben etwas verstanden und das weniger schöne Webende mit der Häkelkante überhaupt bemerkten. Ich selbst war jedoch überzeugt, dass für unsere Firma der Zeitpunkt gekommen sei, um unsere gangbaren Lagerqualitäten auf einer 12er-NA Maschine auszuprobieren.

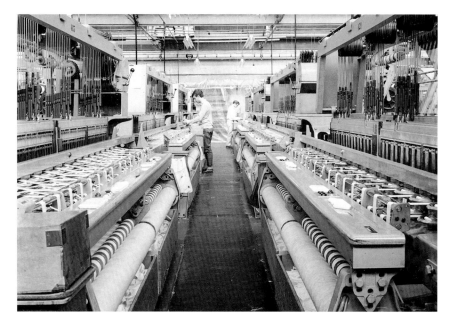

Schiffchen-Bandweberei im Betrieb Selectus Ltd., 1965
(sah im Betrieb Ziefen etwa gleich aus).

Unsere Tochtergesellschaft Selectus Ltd. in England bestellte an der
ITMA 69 noch 32 neue Schiffchenwebstühle bei der Firma Jakob Müller AG Frick. Die Engländer glaubten damals noch nicht an die Nadelweberei. Weil sie in erster Linie Grosgrain- und Beltingbänder (Hut-
und Miederbänder) herstellten, brauchten sie eben immer noch Schiffchenwebmaschinen. Bei diesen Bandqualitäten muss das Webende
immer auf beiden Seiten genau gleich sein. Bei der Nadelwebmaschine
ist das nicht so. Dort hat das rechte Webende eine Häkelkante und das
kommt bei einer groben Bandstruktur sehr nachteilig zur Geltung.
Dazu kommt noch die grosse Verletzbarkeit des Häkelfadens. Wenn
zum Beispiel der Häkelfaden bei einem Beltingband (Bundband für
Hosen und Jupes) beim Gebrauch verletzt und zerrissen wird, dann zer-
fällt das ganze Webende. Das kann sich dann katastrophal auswirken
und einen grossen Schaden verursachen. Bei der Schiffchenweberei kann
das nicht passieren, weil der Schuss immer ganz durchs Webfach hin
und her gefahren wird und es keinen Häkelfaden braucht. Deshalb ist
das Webende bei der Schiffchenweberei beidseitig gleich und auch
nicht so verletzbar.

Nach der ITMA 69 in Basel bekamen wir sofort die dort ausgestellte 12er-NA Maschine zugestellt. Bei dieser Maschine hatten wir zuerst die Konenaufsteckvorrichtung, den Zettelablauf und die elektrische Maschinensteuerung abgeändert. Ferner konstruierten wir eine Haspeleinrichtung, um die gewebten Bänder direkt bei der Webmaschine aufhaspeln zu können. Nachher wurden alle bisherigen Lagerqualitäten gemustert und auch solche unserer Tochtergesellschaft Selectus Ltd. in England.

Die Musterresultate waren so überwältigend, dass sogar unsere Herren in England staunten. Die Entwicklung, die wir da eingeleitet hatten, war auch für die Maschinenfabrik Jakob Müller AG überraschend. Umso mehr, als wir nach wenigen Monaten weitere 11 NA-Maschinen bei ihr bestellten und zwar ohne die elektrische Maschinensteuerung. Wir hatten nämlich in der Zwischenzeit mit der Firma Sauter AG in Basel eine Steuerung mit Zeitrelais entwickelt, die es uns erlaubte, die Webmaschinen auch nachts risikolos ohne personelle Überwachung laufen zu lassen. Jede Webmaschine konnte von der Weberin nach der Abendschicht individuell für die sogenannte «Geisterschicht» eingestellt werden. Wenn es während der Vorgabezeit keinen Fadenbruch gab, dann konnte die Webmaschine bis zur eingestellten Relaiszeit durchlaufen und stellte dann ab. Dabei wurde auch der Antriebsmotor ausgeschaltet. Der Meterzähler der Bandhaspeleinrichtung war auch an der Steuerung angeschlossen. Wir konnten einfach die Meterzahl der gewünschten Bandlänge einstellen und dann weben, bis das Zählwerk auf Null kam. Durch den Zählerimpuls wurde die Webmaschine dann abgestellt. Die Weberin fixierte dann mit einer Stecknadel jedes einzelne Band und schnitt es nachher ab. Dann wurde der mit Bandstrangen gefüllte Haspel aus der Webmaschine gefahren und durch einen leeren Bandhaspel ersetzt. Nachdem die Bänder wieder angeheftet waren, musste der Meterzähler noch zurückgestellt werden, dann war die Steuerung wieder frei für den Weiterlauf der Webmaschine. Diese ganze Prozedur dauerte zirka drei Minuten, während der die Webmaschine stillstand.

Die Meterzähler hatten wir auch als Spezialausführung durch die Firma Zivy SA. bauen lassen. Es ist ganz klar, dass wir mit diesen ausgeklügelten NA-Webmaschinen unsere rohen Nylon-Lagerqualitäten so produktiv und preisgünstig weben konnten, dass unsere Konkurrenten mit den besten Schiffchenwebmaschinen nicht mehr mithalten konnten. Die ganze, neue NA-Weberei mit zwölf Webmaschinen wurde von einer Weberin in der Tages- und Abendschicht bedient. Dazu brauchte es noch einen Abteilungsmeister und eine Frau für das Bandnähen. Das war das ganze Bedienungspersonal in dieser Abteilung für die tägliche Arbeitszeit von etwa 18 Stunden inkl. «Geisterschicht». Es wurden dabei jeden Tag etwa 24'000 Meter rohe Nylonbänder gewebt und das nur in dieser relativ kleinen Webereiabteilung.

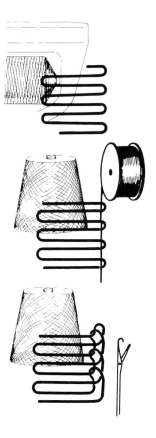

Prinzip der Webverfahren: konventionelles
Schiffchen-Webverfahren (oben), Nadelweb-
verfahren ohne Sicherheitsfaden (unten)
(Zeichnung der Maschinenfabrik Jakob
Müller AG, Frick).

Das Nähen der rohen Nylonbänder

Die vielen aufeinanderliegenden Bandlagen wurden auf dem Haspel
beidseits ganz nahe beim Webende durchstochen, und der Nähfaden
dann zu einer Schlaufe geknüpft. Das wurde auf beiden Bandseiten in
gleichmässigen Abständen dreimal gemacht, so dass es pro Strange sechs
Nähstellen gab. Der Anfang und das Ende des Bandes wurde dabei mit-
befestigt und machte die Strange dadurch zu einem festen Gefüge für
den Färbeprozess. Wenn die Strangen aus der Färberei zurück kamen,
waren sie noch so kompakt zusammen, dass der Anfang gut zu finden
war, und man sie mühelos für die anschliessende Appreturbehandlung
auf Bandrugel umfahren konnte. Weil die Nähstellen direkt neben den
Webenden waren, fielen die Nadelstiche in den Bändern nicht so auf
und wurden durchs Appretieren fast zum Verschwinden gebracht. Die

Schiffchen-Webmaschine CSRp 329 der Firma Jakob Müller AG, Frick, wie sie in unserer Fabrik zur Anwendung kam (Foto: Maschinenfabrik Jakob Müller AG, Frick).

rohen genähten Bänder wurden immer – nach Breiten getrennt – in transparente, starke Plastiksäcke abgefüllt. Jede Breite hatte auch ihr Sack-Standardmass, das als Minimum für eine Farbfärbung diente. Mit diesem Prinzip hatten wir die Möglichkeit, auf eine einfache und schnelle Art die unterschiedlichsten Farbpartien zum bestmöglichen Farbtarif einfärben zu können.

Wir waren nicht nur sehr schnell, sondern auch preisgünstig. Unsere Konkurrenz bekam dadurch immer mehr Schwierigkeiten, um im Geschäft mithalten zu können. Sie musste den gleichen Schritt in die neue Nadelweberei wagen, sonst verlor sie immer mehr Aufträge und musste schliesslich den Betrieb aufgeben.

Die Konsequenzen der neuen Nadelweberei

Die NA-Webereiabteilung war längere Zeit das Prunkstück unseres Betriebes und der verheissungsvolle Anfang für weitere Entwicklungsphasen. Dabei muss noch erwähnt werden, dass bei der raschen Einführung der Nadelweberei in erster Linie die jungen Herren Beat und Urs Senn zuständig waren. Wären sie nicht von diesem grossen und mutigen Schritt überzeugt gewesen, dann wären wir nie so schnell voran gekommen. Sie mussten ja die grosse Menge Kapital zur Verfügung stellen, um die vielen neuen Maschinen anschaffen zu können. Mit unserem Webermeister Fritz Spiess hatten wir aber auch einen Fachmann zur Hand, der die Nadelweberei schon von der Elastik AG Gossau her kannte und somit tüchtig mithelfen konnte. Die Elastik AG hatte allerdings selbstgebaute Nadelwebmaschinen, die im Prinzip ähnlich funktionierten. Herr Spiess und ich, wir stürzten uns damals wie die Wilden auf diese neue Aufgabe,

Detail der Schiffchen-
Webmaschine: Schiffchen
(Foto: Maschinenfabrik Jakob
Müller AG, Frick).

und wir durften nachher mit den Herren Roth und Salathe zusammen stolz auf unsere geleistete Arbeit sein. Es brauchte eine gute Zusammenarbeit, um bei einer so grossen neuen Aufgabe rasch und kostengünstig zum gewünschten Ziel zu kommen. Wir hatten zuerst alle Lagerqualitäten aus unserem Betrieb und dann auch diejenigen von Selectus Ltd. gemustert. Es waren alle begeistert von der Exaktheit und Schönheit der vielen Bandqualitäten. Ich hegte schon von Anfang an grosse Hoffnungen; aber dass wir in so kurzer Zeit zu positiven Resultaten kommen würden, das hätte ich mir nie träumen lassen. Für uns war schon im Jahr 1970 klar, dass es nur noch einen Schritt in eine sichere Zukunft geben konnte, und zwar die schnelle Umstellung von der Schiffchen- auf die neue Nadelweberei. Dazu brauchte es viel Geld, aber auch eine positive Einstellung der Belegschaft zu einem derart grossen Vorhaben. Unsere Direktion war bereit, das nötige Kapital zur Verfügung zu stellen, und an mir lag es in erster Linie, die langfristige Planung vorzunehmen. Das war eine sehr heikle Aufgabe, weil mit dem Abbau der alten Schiffchenwebstühle auch die alten Weber in Pension gehen mussten. Noch grösser war jedoch das Handicap, im alten Fabrikbau einen Holzboden zu haben, der für die schnelllaufenden Nadelwebmaschinen zu wenig tragfähig und stabil war. Dieser Boden vibrierte zu stark und hätte die neuen Maschinen in kurzer Zeit zerstört. Wir mussten deshalb mit der neuen NA-Nadelweberei im Neubau von 1960 beginnen. Dort war ein Betonboden, der für die neuen, schnell laufenden Webmaschinen gerade noch genügte. Die nötigen Schiffchenwebstühle mussten in diesem Neubau abgebrochen und auch andere Maschinen noch verschoben werden, um den Platz für die ersten NA-Nadelwebmaschinen frei zu bekommen. Im Jahr 1971 liquidierten wir die ersten 16 Schiffchenwebstühle im Altbau, um den

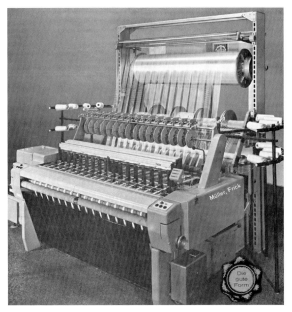

Nadel-Bandwebautomat NA
(Foto: Maschinenfabrik Jakob
Müller AG, Frick).

Platz frei zu machen für die erste Bodenetappe. Der Holzboden wurde an dieser Stelle ausgebrochen und dann ein starker Betonboden eingebaut, auf den zum Schluss ein schöner Holzparkett aufgeklebt wurde. Dieser Holzparkett war sehr nützlich und vor allem warm. Vorgängig musste die Baustelle mit Plastikwänden umrahmt werden, damit der Baustaub nicht die umliegenden Produktionsmaschinen verschmutzte.

Die ganze Bauetappe musste zeitlich sehr genau geplant werden und die massgeblichen Handwerker hatten sich sehr streng an den Zeitplan zu halten. Mit den guten und seriösen Handwerkfirmen in unserem Tal war eine solche Extraleistung auch möglich. Sie hatten uns bei den vier nachfolgenden Bodenetappen im Altbau nie im Stich gelassen oder enttäuscht. Den alten Parkettboden konnten wir an Private verkaufen, und das Gebälk und das Holz des abgebrochenen Blindbodens übernahm die Zimmerei Hess AG, Ziefen. Das Gebälk wurde wieder verwendet und das Holz des Blindbodens in der Heizung verbrannt. Man kann sich kaum vorstellen, wie umfangreich und zeitaufwendig die jeweiligen Zügelarbeiten waren. Und wenn man bedenkt, dass diese Arbeiten neben der normalen Produktion einhergehen mussten, dann muss diese Arbeitsleitung mit einem grossen Lob bedacht werden. Auch die Webermeister mussten viel mithelfen, und die Mitarbeiter der betreffenden Abteilung konnten mit dem nötigen Verständnis und ihrem Einsatz noch viel zum guten Gelingen beitragen. Man kann heute sagen, dass der Übergang von der Schiffchenweberei zur modernen Nadelweberei mit allem Drum und Dran auch die notwendige und natürliche Ablösung der alten Webereibelegschaft bewirkte. Die alten Weber und Weberinnen arbeiteten einfach so lange, bis ihre Schiffchenwebstühle abgebrochen wurden. Dann wurden sie pensioniert und blieben zu Hause. Die meisten von ihnen waren ja weit über 65 Jahre alt.

Der älteste von allen, Hans Rudin-Schaad, war sogar 81 Jahre alt, als seine Webstühle abgebrochen wurden und er in Pension gehen musste. Obschon diese Weber und Weberinnen vom Geschäft nur eine freiwillige und den Dienstjahren entsprechende Pension bekamen, gab es keine Härtefälle nach der Pensionierung. Die meisten von ihnen waren an ein bescheidenes Leben gewöhnt und konnten mit der AHV, der Pension und dem Ersparten gut auskommen. Hans Rudin-Schaad und seiner Frau ging es im Leben noch nie so gut wie im Alter. Seit seinem 65. Lebensjahr bezogen sie die AHV-Ehepaarrente; er verdiente noch in der Fabrik ganz ordentlich, und seine Frau webte zu Hause auf einem Heimposamentstuhl. Man hatte den Eindruck, dass sie das Geldverdienen so richtig genossen und noch möglichst viel Geld für ihre Nachkommen zusammenbringen wollten. Was sie in jungen Jahren darben und vermissen mussten, das konnte nun im Alter etwas nachgeholt werden. Das war verständlich und diesen fleissigen Leuten auch zu gönnen.

Wir brauchten zirka neun Jahre, bis der ganze Betrieb auf Nadelwebmaschinen umgestellt war. Frau Paula Bürgin-Wassmer aus Itingen war unsere letzte Weberin, die bis 1979 auf den letzten beiden Schiffchen-Jacquardwebstühlen noch reinseidene Trachtenbänder gewebt hatte. Einer dieser Schiffchen-Jacquardwebstühle wurde sehr sorgfältig abgebrochen und dem Kantonsmuseum Baselland gegeben. Dieser alte und wertvolle Jacquardwebstuhl liegt dort nun auf Lager und kann vielleicht später wieder einmal aufgestellt und aufgemacht werden. Dazu wäre allerdings ein zusätzlicher, fünf Meter hoher Ausstellungsraum nötig! Und ob es je einmal eine solche Gelegenheit geben wird, kann man heute noch nicht sagen, sondern nur hoffen.

Die relativ lange Zeit für die komplette Umstellung auf Nadelwebmaschinen war natürlich abhängig von der Entwicklung und dem Bau der verschiedenen Webmaschinen für alle möglichen Qualitätsbereiche. Für die vielen Spezialqualitäten brauchte es auch neue Maschinentypen, auf denen solche Qualitäten gewebt werden konnten. Ich denke dabei an die Picot-, Samt-, Ecossais-, Pilzkopf-, Kranzschlaufen- und Jacquardbänder, für die es eine speziell ausgerüstete Nadelwebmaschine brauchte. Bei der Lösung dazu hatten wir meistens auch mitgeholfen und dadurch wieder den Vorsprung zur Konkurrenz bekommen.

Der Weg zur Picot-Nadelwebmaschine

Als Produkt für alle möglichen Dekorationszwecke war das Band mit Kett- oder Schusspicots schon immer sehr begehrt gewesen. Wegen des grossen Aufwands und des heiklen Webverfahrens auf den Schiffchen-Webstühlen konnten solche Qualitäten meistens nur mit grosser Mühe hergestellt werden. Es gab nur wenige Weber und Weberinnen, denen man eine Picotqualität zum Weben anvertrauen konnte. Weil der dicke Cordonnetfaden fürs Picot (Kantenschlaufe) von einem Picot zum anderen im Webende (Hohlkante) eingeschlossen war und nur kurz für die Picotschlaufe, genannt Öhrchen, aus dem Webende genommen wurde, musste darauf geachtet werden, dass alle Picots gleich gross wurden. Mit Hilfsfäden, welche die Picotschlaufen flach und fest hielten, konnte die Gleichmässigkeit der Picots am besten gewährleistet werden. Der Nachteil solcher Hilfsfäden war nur, dass man sie nach dem Weben von Hand wieder entfernen musste. Das erforderte nach dem Bandhaspeln einen zusätzlichen Arbeitsprozess. Die Bandputzerin legte die Bandstrange auf den Arbeitstisch, durchschnitt an mehreren Stellen die Hilfsfäden und zog diese dann mit einer Pinzette aus den Picotschlaufen. Das war eine zeitraubende Handarbeit, die sehr sorgfältig ausgeführt werden musste.

Auf den alten Schiffchenwebstühlen in der Fabrik und bei den zuverlässigsten Heimposamentern probierten wir dann ein neues Bremssystem bei den Picotfäden aus, das es erlaubte, auf die Hilfsfäden verzichten zu können. Aber auch dieses neue System musste von den Arbeitern noch streng überwacht und sorgfältig ausreguliert werden. Dieses neue Bremssystem konnte man später auch sinngemäss bei den Nadelwebmaschinen anwenden.

Bei der Nadelwebmaschine wurden die Picots beim linken und rechten Webende gleichzeitig und in regelmässigen Abständen mit einem Stechdraht aus dem Webende (Hohlkante) gehoben. Bei den Schiffchenstühlen waren die Picots der beiden Webende um einige Schüsse versetzt; bei der Nadelwebmaschine verliefen sie parallel zueinander. Die Kundschaft musste sich nun an dieses ungewohnte Picotbild gewöhnen. Durch das Wegfallen der Picot-Hilfsfäden wurden die Picotbänder etliches billiger. So verursachte diese Umstellung eine grosse Nachfrage danach. Das Mitmachen bei der Lancierung der neuen Picot-Nadelwebmaschine hatte sich für uns wieder gelohnt. Wir erhielten die erste Testmaschine, konnten dann sofort weitere Maschinen bestellen und erzielten dadurch wieder einen wichtigen Vorsprung gegenüber der Konkurrenz. Heute ist es mit diesen ausgereiften und bequemen Picot-Nadelwebmaschinen viel leichter, eine schöne Picotqualität herzustellen. Dadurch wagten sich auch immer mehr Bandwebereien in den Billiglohnländern an die Herstellung von Picotbändern heran. Für unsere einheimische Bandindustrie ist das natürlich ein grosser Nachteil. Man kann diese Feststellung durchaus verallgemeinern. Mit den modernen Nadelwebmaschinen wird das Bandweben in allen Sparten immer einfacher und problemloser. Aus diesem Grunde verlagert sich die heutige Bandweberei immer mehr in die Billiglohnländer. Das ist leider ein Trend, den wir kaum mehr aufhalten können und mit dem wir uns abfinden müssen. Mit der Zeit wird man bei uns nur noch Spezialqualitäten herstellen. Das sind vor allem reichhaltige und komplizierte Fantasiebänder (Façonnés) mit besonderer Veredlung, die auch entsprechend teuer sind. Es sind aber auch Qualitäten aus speziellen Materialien, die heikel zu verarbeiten sind.

Wir waren der erste Bandwebereibetrieb auf der ganzen Welt, der das reichhaltige Sortiment an Spezialqualitäten ausschliesslich auf Nadelwebmaschinen herstellen konnte. Es war in dieser Zeit bei uns ein ständiges Auswerten von Ideen, neuen Materialien und besseren und schnelleren Maschinentypen festzustellen – demnach eine sehr hektische und aufreibende Zeit mit viel Arbeit und langen Arbeitstagen. Dazu kamen noch grosse Personalprobleme, indem für die neuen, modernen Maschinen junge und gut ausgebildete Arbeitskräfte nötig waren. Die alten Weber und Weberinnen waren nicht mehr in der Lage, die schnellen Webmaschinen mit der neuen Nadelwebtechnik zu bedienen. Und junge Leute zum Anlernen gab es nur noch als Fremdarbeiter. Es war mir aber schon beim Beginn des neuen Webmaschinenzeitalters im Jahr 1969 bewusst, dass es zur Bedienung der modernen Webmaschinen qualifiziertes und gut ausgebildetes Personal brauchte.

Die neuen Nadelwebmaschinen waren viel komplizierter als die alten Schiffchenwebmaschinen und mussten sehr sorgfältig und fachgerecht eingestellt werden. Da auch der ganze Mechanismus der verschiedenen Webmaschinentypen viel umfangreicher war als bei den alten Schiffchenwebstühlen, brauchte der Abteilungsmeister eine fundierte Ausbildung in Mechanik und Webtechnik. Aus diesem Grunde bemühte ich mich schon damals um die Einführung der beiden Berufe Textilmechaniker und Bandweberin in der Bandindustrie.

Berufslehren für Bandweber/innen und Textilmechaniker/innen

Die Bandweberin

Die Bandweberin absolvierte eine dreijährige Berufslehre und musste während dieser Zeit sämtliche Produktionsarbeiten lernen. Dazu gehörte die Materiallagerung, die Materialausgabe, das Winden, das Zwirnen, das Zetteln und das Schreiben der entsprechenden Vorschriften. Diese Arbeiten gehörten zum sogenannten Vorwerk*, d. h. zur Aufarbeitung der Seide vom einzelnen Faden bis zum fertigen Webstuhl-Auftrag. Die Vorbereitungsarbeiten für den Webprozess begannen mit dem Rüsten des Webgeschirres. Das geschah für die alten Schiffchenwebstühle noch in der Einzieherei. Dort wurden die Baumwollgeschirre für die Landstühle und die Stahllitzengeschirre für die Fabrikstühle gemacht. Es war eine sehr exakte und zeitraubende Arbeit. In der Einzieherei durften nur zuverlässige Leute mit einer langjährigen Erfahrung arbeiten. Jeder Einzugsfehler kam beim Weben zum Vorschein und musste meistens mit viel Aufwand und Ärger korrigiert werden. Das Geschirrmachen war eine abwechslungsreiche und interessante Arbeit für die Lehrtöchter. Sie haben diese Arbeit meistens gerne gemacht und dabei auch die ersten technischen Vorschriften lesen und auswerten gelernt. In einer weiteren Lernphase kam dann in der Weberei das Stuhlaufmachen, Rispen*, Andrehen* und Durchziehen* dazu. Dann das Lamellenstecken*, Gewichtanhängen und Vorbereiten der Webkarten oder Steuerketten und zum Schluss das Anweben der Webmaschine.

Die längste Zeit der Lehre verbrachte die Bandweberin-Lehrtochter in der Weberei, wo sie das komplette Stuhlaufmachen und Stuhlanfangen lernen musste. Vor allem die vielen Finessen beim Einstellen der heiklen Nadelwebmaschinen mussten gut beherrscht werden. Die Lehrtochter musste immer die wichtigsten Arbeitsabläufe ins persönliche Arbeitsbuch eintragen oder aufzeichnen. So konnte sie beim Anweben jeder Webmaschine nötigenfalls auf diese Aufzeichnungen zurückgreifen. Weil jede Bandqualität zum Teil neue Anforderungen stellte, war auch das Stuhlanfangen immer wieder eine interessante Aufgabe. Am Schluss war es für die Lehrtochter immer wieder eine Freude und Genugtuung, wenn die Webmaschine gut lief und schöne und präzis gewebte Bänder produzierte. Sie musste mir auch jedesmal ein Anfangsmuster von jeder neu angefangenen Bandqualität ins Büro bringen. Bei der Begutachtung des Musters zeigten sich öfters noch kleinere Schönheitsfehler, die dann nach meinen Anweisungen zu korrigieren waren. Es brauchte manchmal mehrere Anstösse, bis das Qualitätsmuster restlos befriedigen konnte. Die Lehrtöchter staunten am Anfang nicht wenig, mit welcher Hartnäckigkeit ich eine einwandfreie Bandqualität verlangte. Das gehörte aber unbedingt zu einem fortschrittlichen Betrieb, der vorzügliche Ware produzieren und verkaufen wollte. An diesem Prinzip hatte ich während meiner ganzen Geschäftszeit festgehalten und konnte damit den guten Namen unserer alten Firma weltweit sichern.

Im Anschluss an die Arbeiten in der Weberei folgte dann noch eine kürzere Lehrtätigkeit in der mechanischen Werkstatt und in der Wirkerei- und Strickereiabteilung. Wir wollten wirklich fachkundige Lehrtöchter ausbilden, die am Schluss der dreijährigen Lehre die vielseitige Bandweberei gut beherrschten. Im Betrieb Basel mussten sie noch eine kurze Zeit in der Appretur (Bandveredlung) und im Pliage (Bandaufzieherei) arbeiten. Sie bekamen dort den nötigen Einblick in das fertige Ausrüsten der Bänder und in die Schlusskontrolle, bei der alle Webfehler weggeschnitten wurden. Bei diesen Arbeiten konnten sie sehen, wie wichtig es war, dass in allen Arbeitsbereichen sehr sorgfältig und exakt gearbeitet wurde. Jeder Bandausschnitt bedeutete einen Verlust und öfters auch eine Reklamation, wenn der Kunde viel zerschnittene und zusammengesetzte Ware bekam. Die Endstation der Bandherstellung war zugleich eine Schulung für ein noch besseres und genaueres Arbeiten.

Eine ausgebildete Bandweberin konnte in jeder Fabrikabteilung eingesetzt werden. Das war im Fall von Arbeitsausfällen wegen Krankheit oder Ferien in der Belegschaft von grosser Bedeutung. Nach einer bestimmten Zeit konnte eine gelernte Bandweberin als Hilfsmeisterin in jeder Abteilung arbeiten. Sie war die begehrte Allrounderin. Leider wurde der Beruf der Bandweberin im Jahr 1986 vom BIGA in Bern abgeschafft. Da wir in der Schweiz die einzige Firma waren, die Bandweberinnen ausbildete, waren es nur unsere wenigen Lehrtöchter, die diesen Beruf erlernten. Im Zuge einer Vereinfachung und Straffung der Textilberufe musste leider der Beruf der Bandweberin aufgegeben werden. Alle unsere Bemühungen für die Beibehaltung dieses für uns so wichtigen Berufes schlugen fehl. Unsere Konkurrenten gaben sich mit nur angelernten Hilfsarbeiterinnen zufrieden und wollten keine Bandweberinnen ausbilden. Dabei war es damals die einzige Möglichkeit, um überhaupt noch eine Schweizer Frau in eine Bandweberei zu bekommen. Die einheimischen Lehrtöchter Verena Recher, Andrea Fässler und Silvia Waldner liebten diesen abwechslungsreichen Beruf sehr und machten eine erfreuliche Abschlussprüfung. Nach der Lehre arbeiteten alle noch einige Zeit bei uns als Hilfsmeisterinnen.

Nach der Streichung des Bandweberin-Berufes gab es dann nur noch die Möglichkeit, die Lehrtöchter als Textilmechanikerinnen auszubilden. Wie dann ein Versuch zeigte, war das keine befriedigende Lösung. Es ist schon ein grosser Zufall, wenn man eine Lehrtochter findet, die Freude an der Mechanik hat und gleichzeitig auch mit den feinsten Seidenmaterialien umzugehen weiss. Entweder ist sie ein «Raudi» und passt in die Mechanik, oder sie ist eine zarte Person und bevorzugt die feinen, eher weiblichen Textilarbeiten. Durch den Wegfall der Lehre als Bandweberin haben wir für den Bandwebereibetrieb viel verloren und kaum noch die Möglichkeit gehabt, junge Töchter für eine Lehre in der Bandindustrie zu gewinnen. Dadurch fehlt mit der Zeit das nötige Kader, das ein zielstrebiger Betrieb für eine gesicherte Zukunft so dringend braucht. In der Schweiz mit den hohen Lohnkosten muss man sich immer mehr auf spezielle Bänder verlegen, welche Unternehmen im Ausland nicht herstellen können. Zur Herstellung solcher Spezialqualitäten braucht es jedoch qualifiziertes Kaderpersonal mit einer fundierten, webtechnischen Ausbildung. Und diese Ausbildung erreicht man nur mit einer optimalen Berufslehre. Und wenn die Bandwebereiberufe in einem Betrieb nicht mehr ausgebildet werden können, dann sinkt das Betriebsniveau, so dass mit der Zeit nur noch einfachere Bandqualitäten hergestellt werden, die man im Ausland viel preisgünstiger produzieren und verkaufen kann.

Der Textilmechaniker

Die Lehre des Textilmechanikers dauerte ebenfalls drei Jahre. Wie es schon der Name sagt, liegt das Schwergewicht bei diesem Beruf bei der Mechanik. Zwei Drittel der Lehrzeit bestand aus einer gründlichen mechanischen Ausbildung und nur ein Drittel wurde für den webtechnischen Teil verwendet. Weil wir den Lehrlingen in unserer Werkstatt aus zeitlichen Gründen keine optimale mechanische Grundausbildung geben konnten, mussten wir nach einer anderen Lösung suchen. Die einfachste Lösung wäre gewesen, wenn unsere Lehrlinge während des ersten Jahrs ihrer Lehre die Grundschule Metall in Liestal hätten besuchen können. Sie wären von uns angestellt gewesen und man hätte ihnen dieses Schuljahr an der Lehre voll angerechnet. Diese Möglichkeit gab es leider nicht, weil die Grundschule Metall schon mit anderen Berufen ausgelastet war. So mussten wir uns nach einem anderen Betrieb umsehen, der Mechaniker ausbildete und wenn möglich eine Lehrlingswerkstatt besass. Die beste Voraussetzung dazu bot sich bei der Maschinenfabrik Jakob Müller AG in Frick. Erstens hatte diese Firma eine ausgezeichnete Lehrlingswerkstatt und zweitens baute sie die Bandwebmaschinen, die wir in regelmässigen Abständen von ihr bezogen.

Nach einer kurzen Verhandlung mit der technischen Direktion der Firma Jakob Müller AG wurde die Lösung gefunden. Unsere Textilmechaniker-Lehrlinge konnten während der ersten vier Monate der Lehre dort in der Lehrlingswerkstatt die mechanische Grundausbildung absolvieren. Sie mussten die gleichen Lehrstücke anfertigen wie die Müller-Lehrlinge und bekamen auch alle schriftlichen Unterlagen dazu. In der Regel wohnten sie während dieser Ausbildungszeit in Frick und gingen übers Wochenende nach Hause. Im dritten Lehrjahr, kurz vor der Lehrabschlussprüfung, bestritten sie dann bei der Firma Müller noch einen gründlichen Repetitions- und Vorbereitungskurs. Nachher konnten sie mit grosser Zuversicht an die mechanische Prüfung herangehen. Die praktische Mechanikerprüfung mussten sie bei der Maschinenfabrik Heberlein AG in Wattwil ablegen, die theoretische Fachprüfung in der

Schweizerischen Textilfachschule Wattwil. Die praktische Textilprüfung fand immer in unserer Fabrik in Ziefen statt. Die beiden Prüfungsexperten der Textilfachschule Wattwil fanden bei uns alle Textilmaschinen, die für die Prüfung nötig waren. Der Textilmechaniker
musste alle mechanischen Arbeiten ausführen, ebenso auch alle Maschinentypen einstellen können. Er musste bei der praktischen Textilprüfung eine Nadelwebmaschine komplett aufmachen und anfangen. Nur
für das Einziehen, Andrehen* und Lamellenstecken* durfte er eine
Hilfskraft beiziehen. Alle unsere Bandweberinnen und Textilmechaniker machten eine ausgezeichnete praktische Textilprüfung. Es war ein
grosser Vorteil, dass sie diese Prüfung im eigenen Betrieb mit den vertrauten Maschinen absolvieren durften. Für die Schulprüfung an der
Gewerbeschule Olten bekamen sie immer die schlechtesten Noten und
erstaunlicherweise meistens in Deutsch. Nach einiger Berufserfahrung
wurden der Textilmechaniker mit der Zeit als Abteilungsmeister und
die Bandweberin als qualifizierte Facharbeiterin oder Hilfsmeisterin
eingesetzt. Man brauchte unbedingt beide für einen gut funktionieren-
den Bandwebereibetrieb.
Domenico Madonia war unser erster Textilmechanikerlehrling, der im
Jahr 1974 seine Lehre begann und 1977 mit Erfolg abschloss. Bei der
Ausbildung dieses jungen Italieners half auch meine Frau noch tatkräftig mit. Jeden Donnerstagnachmittag gab sie ihm Deutschunterricht
und machte mit ihm die schriftlichen Hausaufgaben für die Gewerbeschule am Freitag. Nach der Lehre konnte man „Mimo" schon bald
eine Webereiabteilung anvertrauen, die er heute noch als tüchtiger und
sachverständiger Webermeister leitet. Nach ihm folgten die weiteren
Textilmechanikerlehrlinge Martin Rudin aus Ziefen, Hans Rudin aus
Arboldswil, Martin Wermuth aus Lampenberg und der Türke Saim
Oezcelik aus Frenkendorf. Diese jungen Männer brachten einen fri-
schen Wind in unseren Betrieb und bildeten eine solide Basis für ein
gut ausgebildetes Kader.

Fremdarbeiterinnen

Junge Leute aus der näheren Umgebung konnten wir in den fünfziger
Jahren nicht mehr bekommen. Alle wollten eine Lehre machen, und die
Lehrberufe Bandweberin und Textilmechaniker konnten wir ihnen
damals noch nicht anbieten. Diese beiden Berufe wurden von uns erst mit
der Einführung der neuen Nadelwebtechnik geschaffen. (Domenico
Madonia begann im Jahr 1974 als erster Lehrling die Lehre als Textilmechaniker. Verena Recher war 1977 unsere erste Lehrtochter als Bandweberin.) Die grosse Personalnot seit dem Jahr 1956 zwang uns, nach Fremd-

arbeiterinnen Ausschau zu halten. Andere Firmen wie die Hanro AG hatten damals schon seit längerer Zeit Italienerinnen in ihrem Betrieb beschäftigt. Da wir bisher, mit einer Ausnahme, nur mit einheimischem Personal arbeiteten, wollten wir wegen der sprachlichen Probleme zunächst keine Italienerinnen anwerben.

Innerschweizerinnen?

Im Jahr 1956 absolvierte ich mit der Füs. Kp. II/53 einen Ergänzungskurs im schönen Entlebuch und zwar im Gebiet Salwideli ob Flühli-Sörenberg. Die Leute im oberen Entlebuch lebten zur Hauptsache von der Landwirtschaft und vom Tourismus; es gab nur wenig Industrie in diesem Gebiet. Das brachte mich auf den Gedanken, aus diesem Gebiet junge Töchter für unsere Fabrik anzuwerben zu versuchen. Ich schrieb deshalb einen Brief an das Katholische Pfarramt in Flühli, worin ich unseren Betrieb in Ziefen samt den Personalproblemen vorstellte und Fotos vom Dorf und der Fabrik beilegte. Als Unterkunft für die Töchter war zunächst ein zu mietendes Logis im Dorf vorgesehen.
Wir waren sehr erfreut, als die erste Reaktion auf unseren Brief nicht negativ ausfiel. Der Pfarrer sah durchaus die Möglichkeit, einige junge Töchter für uns gewinnen zu können. Im konkreten Fall würde er sich mit uns in Verbindung setzen und zu einem Augenschein nach Ziefen kommen.
Nach zirka drei Wochen bekamen wir dann den Bescheid, dass aus dieser Sache nichts werden könne, weil Ziefen eine reformierte Gemeinde sei und sich die nächste Katholische Kirche erst in Liestal befinde. Damit mussten wir diese Möglichkeit aufgeben und konnten nur noch auf den Einsatz junger Österreicherinnen hoffen, was Herr Rudolf Senn anbahnen wollte.

Österreicherinnen

Herr Rudolf Senn stellte die Verbindung zu einer früheren Dienstmagd in Österreich her. Ihre Eltern wohnten in Eisenerz in der Steiermark und waren bereits im Pensionsalter. Da es in diesem Bergwerkgebiet nur wenig Frauenarbeit gab, mochte es dort genügend junge Frauen haben, die auf eine schöne Arbeit warteten. Herr Rudolf Senn schrieb somit den Eltern seiner ehemaligen Dienstmagd wegen der Anwerbung von jungen Österreicherinnen und bekam von ihnen auch prompt eine erfreuliche Antwort. Herr und Frau Sulzer hatten sich in Eisenerz schnell umgesehen und konnten nach kurzer Zeit schon die ersten sechs Frauen melden. Da wir für sie eine schöne Unterkunft brauchten, wurde schnellstens ein neues Doppelhaus geplant und gebaut. Dies geschah im Steinenbühlge-

Eisenerz in Österreich mit dem Erzberg, wo meine Frau und
ich auf der Ferienreise die Arbeiterinnen auswählten
(Postkarte).

biet im gleichen Areal, wo schon zwei Doppelhäuser für unsere Angestellten standen. Damit wir schneller aus der prekären Lage herauskamen,
mussten die Österreicherinnen bis zur Fertigstellung des neuen Doppel-
hauses in privaten Wohnungen im Dort untergebracht werden.
Zum Glück fanden wir je eine Wohnung in der Kirchgasse im Haus von
„Dickhuldi" und an der Hauptstrasse im Haus von «'s Stockfriede Otti».
Es war nun zunächst meine Aufgabe, nach Eisenerz zu reisen und dort
mit den Gemeindebehörden, der Familie Sulzer und den sechs ersten jungen Frauen Verbindung aufzunehmen. Da ich wegen meiner grossen Aufbauarbeit im Betrieb Ziefen noch wenig Gelegenheit hatte, eine Reise ins
Ausland zu machen, beschloss ich, auf diese geschäftliche Reise meine
Frau mitzunehmen.
Neben dem geschäftlichen Teil in Eisenerz wollten wir uns ferienhalber
noch die Städte Innsbruck, Wien und Salzburg näher ansehen. Wir fuhren zunächst im schnellen und bequemen TEE-Zug von Basel nach Innsbruck, wo wir im modernen Garni-Hotel Kreid Unterkunft bezogen. Es
war eine abwechslungsreiche Fahrt durch wunderbare Gebiete mit schönen Ortsbildern und reizenden Landschaften. Im nahe gelegenen «Euro-

pastüberl» liessen wir uns kulinarisch verwöhnen. Dort kamen wir auch erstmals in den Genuss von «Leberknödeln» und des berühmten «Kaiserschmarrens», beides österreichische Spezialitäten. Wegen des guten Essens im «Europastüberl» wären wir noch lange in Innsbruck geblieben. Die sehenswerten Objekte wie das Goldene Dacherl in der Kaiserin Maria Theresia-Strasse, die Hofkapelle mit den Ahnengräbern der Habsburger-Könige und die wunderschöne Altstadt von Innsbruck sahen wir uns an. Ein Ausflug auf den Hungerberg mit der prächtigen Rundsicht auf die Stadt und die umliegenden Berge beeindruckte uns sehr. Danach ging unsere Reise von Innsbruck nach Eisenerz weiter. Die Züge fuhren auf dieser Strecke nicht mehr so ruhig, und auch die Sitzgelegenheiten waren nicht mehr so bequem. Beim letzten Teilstück von Hieflau nach Eisenerz glaubte man schon eher in einem besseren Vieh- als in einem Personenwagen zu reisen. Aber auch diese Tortur ging vorbei, und wir waren froh, als wir in Eisenerz ankamen. Im Hotel Ammerer konnten wir die vorbestellte Unterkunft beziehen. Meine Frau war etwas schockiert, als uns die Wirtin das eher primitive Zimmer zeigte. Weil aber das Essen in diesem Hause gut war, konnten wir uns auch mit dieser Situation abfinden. Nach dem Nachtessen kamen dann Herr und Frau Sulzer mit den sechs jungen Frauen zu einer ersten Kontaktnahme zu uns ins Hotel. Unser erster Eindruck von allen Personen war sehr erfreulich und verheissungsvoll. Wir waren sicher, in Herrn und Frau Sulzer die vertrauenswürdigen Bezugspersonen gefunden zu haben, die auch in Zukunft eine gute Vorauswahl vorzunehmen versprachen. Als ältere, einheimische Personen kannten sie die Familienverhältnisse und konnten demzufolge eine seriöse und uns dienende Sachbearbeitung durchführen. Das beruhigte und bestärkte uns natürlich sehr. Und alle sechs jungen Damen waren wohlauf und guten Mutes, den grossen Schritt in die noch unbekannte Schweiz zu wagen. Sie waren auch sehr beeindruckt von den Plänen für ihr neues Haus, die wir ihnen vorlegen konnten. Sie glaubten es kaum, dass eine Firma so grosszügig gegenüber Fremdarbeitern sein wollte. Für uns war es aber wichtig, dass die jungen Frauen eine schöne und gut eingerichtete Wohnung bekamen und sich bei uns rasch heimisch fühlen sollten. Mit einem solchen Entgegenkommen hofften wir die Fremdarbeiterinnen lange Zeit halten zu können und auch den Grundstein für eine nutzbringende Personalpolitik gelegt zu haben. Ein guter und solider Anfang war da wichtig, und wir legten grossen Wert darauf. Tags darauf lernten wir bei einem zweiten Treffen im Hotel auch die Eltern der jungen Frauen kennen. Sie waren sehr erfreut über den persönlichen Kontakt mit uns. Und nachdem wir alle wichtigen Fragen beantwortet und die nötigen Zusicherungen abgegeben hatten, ging man in gegenseitigem Vertrauen und mit grosser Zuversicht auseinander. Unser Kontakt

mit der Behörde von Eisenerz verlief auch in gutem Einvernehmen und
sehr positiv, so dass wir nach drei Tagen voller Hoffnung die Reise fort-
setzen konnten. Wir mussten nun über die Familie Sulzer nur noch die
Arbeitspapiere für die Gastarbeiterinnen erhalten, dann konnten wir
beim Kantonalen Arbeitsamt in Pratteln die Arbeitsbewilligungen und
bei der Kantonalen Fremdenpolizei die nötige Einreisebewilligung verlangen. Das war damals nicht so schwierig, weil unser Kanton noch nicht
so viele Fremdarbeiter/innen hatte. Herr Sulzer bekam eine Werbeprämie
von hundert Franken für jede Frau, die er uns vermittelte. Die Prämien-
zahlung erfolgte über das Clearingsystem.
Die Einreise der Arbeiterinnen konnte erst stattfinden, nachdem die gemie-
teten Wohnungen im Dorf eingerichtet waren. Wir mussten vom Zapfenzie-
her bis zum Kleiderschrank alles neu einkaufen. Dabei unterstützten mich
unser Personalchef in Basel, Herr Küpfer, und meine Frau mit Rat und Tat,
und es ging relativ schnell, bis wir die nötigen Sachen beisammen hatten.
Unsere tüchtige Putzfrau Katharina Meury richtete dann die Wohnungen
bis ins letzte Detail ein, so dass man seine Freude daran haben konnte. Da
die Wohnung an der Hauptstrasse früher bezugsbereit war, konnten die
ersten drei Gastarbeiterinnen am 25. Mai 1956 einreisen. Für die anderen
drei war die Wohnung in der Kirchgasse erst am 18. Juli 1956 bereit.
Von Eisenerz reisten wir dann mit einer dampfbetriebenen Bergbahn über
den Prepichel nach Leoben weiter. Diese Bergbahn schüttelte so stark,
dass es meiner Frau fast übel wurde. Während dieser beschwerlichen
Fahrt musste die Dampflokomotive noch zweimal anhalten, um Wasser
nachzufüllen. Wäre die Berggegend nicht so schön und romantisch gewesen, hätten wir diese Zugfahrt als eine Qual empfunden. Wir waren auf
jeden Fall sehr froh, als wir in Leoben in einen normalen Zug umsteigen
konnten, um dann nach Wien weiter zu reisen. Die Gegend vor Wien war
sehr abwechslungsreich, und wir erblickten vom fahrenden Zug aus viele
Rehe, Hasen und Fasane. Ich hatte in meinem ganzen Leben nie mehr so
viele Hasen zusammen gesehen, die miteinander frassen und spielten.
Wir freuten uns natürlich sehr auf die schöne Stadt Wien mit den vielen
Sehenswürdigkeiten und der berühmten und beschwingten Wienermu-
sik. Umso grösser war dann die erste Enttäuschung, als wir das Hotel
Continental betraten, in dem es noch etliche Trakte gab, die im Krieg
zerstört worden waren. Man konnte in diesem grossen Hotel nur schlafen
und vom Portier die gewünschten Auskünfte und Empfehlungen bekommen. Das Essen mussten wir in der näheren Umgebung in Kaffeestuben
und Restaurants einnehmen. Für ein gutes Wienerschnitzel mussten wir
ins „Deutsche Haus" beim Stephansdom gehen, und die schönen Wiener-
walzer hörte man in dieser Nachkriegszeit auch selten. Umso mehr
bestaunten wir die prunkvollen Bauten dieser schönen Stadt: die impo-

sante Hofburg mit den wertvollen Kronjuwelen und den wunderschönen Königsgewändern; den farbenprächtigen Wintergarten mit den vielen exotischen Pflanzen, die duftende Blüten oder herrliche Früchte zeigten. Dann das pompöse Schloss Schönbrunn mit den grossartigen Gartenanlagen und Wasserspielen. Als nüchterne Schweizer empfanden wir diesen Prunk als Verschwendung und grosse Ungerechtigkeit dem damaligen Volk gegenüber. Auf der andern Seite bedeuten diese vielen Sehenswürdigkeiten für Wien und das Land Österreich heute und in Zukunft eine bedeutende Bereicherung und Anziehungskraft. Der Stephansdom, das Kunstmuseum, die Spanische Reitschule und die mächtige Oper waren weitere Höhepunkte bei unserem Wienbesuch. Leider war auch im Jahr 1956 – als Folge des Zweiten Weltkrieges – in Wien und auch im übrigen Österreich noch nicht alles zum besten bestellt. Man konnte noch viele Kriegswunden sehen, und auch die sprichwörtliche Heiterkeit und Höflichkeit der Wiener war noch nicht ganz zurückgekehrt. Beim alten Hotelportier konnte man die zuvorkommende Wienerart noch feststellen, aber sonst waren die Leute meistens noch geprägt vom vergangenen Krieg und von finanziellen Sorgen. Wir fühlten damals recht deutlich, wie glücklich und dankbar wir sein konnten, dass wir den schrecklichen Zweiten Weltkrieg mit den vielen Opfern und Schäden nicht direkt miterleben mussten. Mit diesem dankbaren Empfinden und einer grossen Befriedigung über die vielen schönen Sachen, die wir in Wien gesehen hatten, reisten wir nach drei Tagen nach Salzburg weiter. Die Reise von Wien nach Salzburg gefiel uns sehr. Das Salzkammergut mit den imposanten Burgen und den blumengeschmückten Ortschaften war wirklich eine Augenweide. Auch die Landleute, die uns ab und zu vom Felde zuwinkten, schienen fröhlicher und zufriedener zu sein. Sie hatten während des Krieges nicht so darben müssen wie die Stadtbevölkerung; auch hatten sie weniger Kriegsschäden. Auffallend waren immer wieder die prächtigen Gehöfte mit vielen Blumen und schönen Gemüsegärten. Zu jedem Gehöft gehörte noch ein ordentlicher Baumgarten, der zierliche Ziehbrunnen und der schmucke Dachreiter mit dem Vesperglöcklein. Ein reizendes Bild, das eine wohltuende Ruhe ausstrahlte und den bäuerlichen Wohlstand verdeutlichte.

In der schönen Stadt Salzburg angelangt, fuhren wir zunächst mit einem Taxi in unser Hotel. Im Gegensatz zu den bisherigen Hotels war das «Kaiserbräu» ein gut bürgerliches, romantisches Gasthaus. Es schien dort alles noch beim alten zu sein wie vor dem Krieg. Im wohnlichen Zimmer mit den schön bemalten Bauernmöbeln fühlten wir uns recht heimisch. Auch die Bedienung und das Essen waren in diesem Hotel sehr gut, so wie wir es bei uns in der Schweiz gewohnt waren. Wir wären damals am liebsten in dieser schönen und freundlichen Stadt geblieben. Wir dachten dabei, wie schön und einfach es gewesen wäre, wenn man die Bandweberei Senn & Co. AG im

Raume Salzburg statt in Ziefen gebaut hätte. Dort gab es immer noch genügend einheimisches, junges Personal für einen Fabrikbetrieb. Wie lange das jedoch in dieser aufblühenden Kulturstadt so geblieben wäre, müsste auf einem andern Blatt stehen. Es waren nur Wunschvorstellungen, und die durfte man ja hegen, auch wenn sie von der momentanen Personalknappheit mit vielen Problemen und von Verbesserungsabsichten herrührten.

Salzburg war in jeder Hinsicht eine prachtvolle und liebenswürdige Stadt. Hier konnte man im Vorbeigehen die heitere Musik eines Mozart aus dem Mozarteum hören. Dann konnte man sich freuen an der Blumenpracht im Mirabellgarten und am stilvollen Palais Mirabell. Und oben auf dem Berg thronte die mächtige Feste Hohensalzburg, der Sitz der Fürstbischöfe, die im Mittelalter in Salzburg regierten. Zu dieser Feste Hohensalzburg konnte man mit einer kuriosen, alten Bergbahn fahren. Diese Bahn hatte je einen Wagen in der Berg- und Talstation. Die beiden Wagen hatten einen Wasserbehälter angebaut und waren mit einem dicken Stahlseil miteinander verbunden. Bei der Bergstation wurde der Wasserbehälter gefüllt und bei der Talstation dann wieder entleert. So konnte der schwerere Bergwagen beim Hinunterfahren den leichteren Wagen vom Tal auf den Berg ziehen. In der Streckenmitte kreuzten sich die beiden Wagen. Mit dem Wechselspiel von Wasser Einfüllen und Wasser Ablassen funktionierte der ganze Bahnbetrieb ausgezeichnet. Als Nachteil konnte nur die nötige Wartezeit für das Füllen und Entleeren der Wasserbehälter bezeichnet werden. Bei Stosszeiten gab es keine Möglichkeit, zusätzliche Wagen einzusetzen. Auf jeden Fall war es eine sehenswerte und zweckdienliche Bergbahn.

Sehr sehenswert war auch der prunkvolle Dom, bei dem zu dieser Zeit gerade die Kriegsschäden repariert wurden. Es imponierte uns auch der mächtige Domplatz, auf dem jedes Jahr die berühmten Salzburger Festspiele durchgeführt werden. Zum Schluss wollten wir noch das weltberühmte Glockenspiel auf dem Rathaus ansehen. Bei diesem Glockenspiel sind alle Holzteile verzapft. Es ist schon phantastisch, wenn man bedenkt, dass die ganze Tragkonstruktion der vielen Glocken ohne eine einzige Schraube solid und standfest gemacht werden konnte. Meine Frau war von den Reisestrapazen und den vielen Besichtigungen so mitgenommen, dass sie einen Querbalken des Glockenspieles missachtete und mit dem Kopf dort anschlug. Sie war dann so benommen, dass wir auf weitere Besichtigungen verzichteten und möglichst schnell ins Hotel zurückkehrten. Am Schluss waren wir beide froh, wieder nach Hause fahren zu können und die 10-tägige Reise so gut und erfolgreich überstanden zu haben.

Wir haben auch in späteren Jahren noch oft an diese Reise zurückgedacht, die den Anfang unserer Fremdarbeiterbeschäftigung markierte. Diese neue Epoche brachte zu Beginn sowohl in der Fabrik als auch im

Dorfgeschehen viele Umtriebe. Ich erinnere mich noch gut an den 25. Mai 1956, an dem die ersten drei Österreicherinnen zu uns kamen. Herr Rudolf Senn hatte sie in Basel vom Zuge abgeholt und mit seinem Auto samt dem Gepäck nach Ziefen gebracht. Nach einer kurzen Begrüssung in der Fabrik konnten die Österreicherinnen dann ihre Wohnung im Dorf beziehen und etwas essen. Anschliessend zeigte man ihnen noch die Einkaufsmöglichkeiten im Dorf und die Gemeindekanzlei, wo sie sich anmelden mussten. Sie waren dann frei, bekamen noch einen Vorschuss in Schweizerfranken und durften sich endlich ausruhen. Am nächsten Tag um 7 Uhr begann dann ihre Arbeit in der Fabrik. Und Herr Rudolf Senn und ich waren froh, dass alles so gut abgelaufen war, und wir endlich mit den jungen Österreicherinnen das Betriebspersonal aufstocken konnten. Herlinde Fuchs und Elisabeth Scharnreiter brauchten wir dringend für die Samtweberei und Auguste Hebenstreit fürs Spülimachen.

Die drei «feschen» jungen Frauen waren natürlich für die Dorfbevölkerung und vor allem für die jungen Burschen eine grosse Attraktion. Und für die ältere, konservative Bevölkerung stellten sie vorerst noch Fremdlinge dar, die ins Dorf kamen und eventuell den Hausfrieden stören könnten. Man war damals nicht in der Lage, Ausländer/innen freudig und ohne Skepsis aufnehmen zu können. Da die Österreicher/innen in ihrer Art uns Baselbietern sehr ähnlich sind, sollte es eigentlich keine grossen Kontaktschwierigkeiten geben. Dennoch mussten schon am ersten Abend in Ziefen die Gastarbeiterinnen eine schlechte Erfahrung mit jungen Burschen machen. Am anderen Morgen bei Arbeitsbeginn hatte ich die drei jungen Frauen mit Tränen in den Augen im Büro. Die jungen Dorfmusikanten störten ihre Nachtruhe nach Wirtschaftsschluss, indem sie herumgrölten, ans Fenster klopften und sogar den Fenstersims «verkotzten». Die Österreicherinnen waren von dieser Ruhestörung in der ersten Nacht so schockiert, dass sie sofort wieder heimreisen wollten. Mit gutem Zureden konnte ich sie zunächst beruhigen. Ich telefonierte sofort Herrn Rippas, dem Präsidenten der Musikgesellschaft, und verlangte von ihm, dass er die Ruhestörer ausfindig mache und diese nach Feierabend zu mir ins Büro schicke. Am gleichen Abend schon erschienen die drei Sünder bei mir im Büro. Im Beisein der jungen Frauen las ich ihnen gehörig die Leviten und drohte ihnen mit der Polizei, falls nochmals so etwas vorkommen sollte. Nach dieser eindrücklichen Moralpredigt entschuldigten sie sich bei den Österreicherinnen und gingen dann gesenkten Hauptes nach Hause.

Die ganze Sache hatte sich natürlich rasch im Dorf herumgesprochen, zur Freude der einen, zum Verdruss der anderen. Auf jeden Fall gab es sofort Ruhe, und die Frauen wurden nicht mehr belästigt, sondern sehr anständig behandelt. Mit der Zeit hatte sich auch die Dorfbevölkerung an die Österreicherinnen gewöhnt, sie schätzen gelernt und lieb gewonnen. Von

den vielen Östereicherinnen, die 1956 bis 1961 bei uns arbeiteten, heirateten einige Schweizer Männer. Das neue Doppelhaus auf Steinenbühl, das sie im Herbst 1956 beziehen konnten, war nicht nur schön und gut eingerichtet, sondern auch abseits vom Dorf in einer wunderbaren, ruhigen Wohnlage. Sie genossen dort mehr Freiheit und konnten sich unauffällig mit ihren Schweizerfreunden treffen. Ich konnte auch eher ein Auge zudrücken, wenn mir ein ungeschickter Vorfall von dort zugetragen wurde. Solange die Mädels ihre gute Arbeitsleistung brachten und die Bevölkerung ihr privates Leben tolerierte, war für unsere Firma alles in Ordnung. Diese Österreicherinnen brachten neuen Schwung in unsere schwerfällige, ältere Belegschaft, und das konnte uns nur recht sein. Von den 24 Österreicherinnen, die wir während fünf Jahren beschäftigten, möchte ich vor allem die Geschwister Fuchs und Wentner erwähnen. Die zwei Fuchs- und drei Wentner-Frauen hatten damals ausgezeichnet gearbeitet. Rosmarie Wentner brachte in der Winderei eine so grosse Arbeitsleistung, wie sie nachher keine Nachfolgerin mehr erbringen konnte. Sie war eine Ausnahmeerscheinung.

Rupert Zettl
EISENERZ STMK. [Steiermark]
Edelweissstrasse 36
Werte Firma!

Eisenerz, am 31.7.1961

Ich Rupert Zettl möchte Sie werter Scheff der Firma Senn & Co. AG freundlich ersuchen, mir mitzuteilen, ob meine Tochter Brigitte Zettl derzeit bei ihrer Firma noch arbeitet, oder ob sie in der Zwischenzeit zu einer anderen Firma gegangen ist. Sollte sie noch bei Ihrer Firma sein, so ersuche ich Sie recht herzlich mir mitzuteilen, ob meine Tochter ihren Dienst ordentlich einhält, oder ob Sie werter Scheff mit ihr unzufrieden sind.

Ich als Vater ersuche Sie nochmals recht herzlich, mir so bald als möglich zu schreiben.

Hochachtungsvoll
sig. Rupert Zettl

Betrieb Ziefen
Herrn Rupert Zettl
Edelweisstr. 36
Eisenerz / Steierm.
Oesterreich

Sa[lathe].
1961.

Ziefen, den 3. August

Sehr geehrter Herr Zettl,

in Beantwortung Ihres Schreibens vom 31. ds. können wir Ihnen mitteilen, dass Ihre Tochter nach wie vor in unserem Betrieb arbeitet. Uns ist auch nichts bekannt, dass sie in nächster Zeit andere Arbeit annehmen möchte.

Wir sind mit ihren Leistungen sehr zufrieden und hoffen, dass sie weiterhin in unserem Betrieb bleiben wird.

Zur Zeit hat sie nun Urlaub genommen und wird nächsten Montag, den 7. August die Arbeit bei uns wieder aufnehmen.

Anderseits können wir Ihnen nichts Nachteiliges berichten und hoffen, Ihnen mit diesem Schreiben gedient zu haben.

Mit freundlichen Grüssen
SENN & CO., AG, ZIEFEN

Betriebsausflug nach Bern, 16. Mai 1959: die jungen
Österreicherinnen und Schweizerinnen vor dem Bundeshaus.
Von links nach rechts: Fany Hug, Edith Tschopp, Krimhilde
Pirsch, eine unbekannte Frau, Mathilde Rudin, Susi
Schlumpf, Selma Aerni, Mathilde Engel (jeweils die Namen
vor einer Heirat ...).

Leider konnten wir die Mitarbeit der tüchtigen und fröhlichen Österreicherinnen nur fünf Jahre nutzen. Ab Mitte 1961 bekamen wir aus Österreich keine Arbeitsbewilligungen mehr, weil die einheimische Industrie
die Arbeitskräfte selbst benötigte. Das vorarlbergische Arbeitsamt schal-
tete sich ein und konnte bewirken, dass die Frauen aus Eisenerz keine
Ausreisepapiere mehr für die Schweiz erhielten. Sie durften nun in der
vorarlbergischen Industrie statt in der Schweiz arbeiten. Unser Personalchef Kurt Salathe sprach bei den zuständigen Amtsstellen in Eisenerz und
Graz vor und versuchte, die neuen Massnahmen wieder rückgängig zu
machen. Er kehrte sehr deprimiert von dieser Geschäftsreise zurück, ohne
etwas erreicht zu haben. Von dieser Zeit an mussten wir auf italienische
Fremdarbeiterinnen umstellen.

... und die ältere Belegschaft im Car. Links am Fenster Rosa Tschopp,
vorne links Katharina Meury, rechts Hanna Urwyler-Rudin.

Italienerinnen

Armando Leoni, den ich als Bauarbeiter beim Fabrikanbau kennenlernte,
vermittelte uns sieben Italienerinnen aus der Region Umbrien. Er selbst
stammte auch aus dieser Gegend und kannte die meisten von ihnen.
Nach der Bauerei stellten wir ihn dann als Hilfsarbeiter für die mechanische Werkstatt ein. Natürlich mussten wir seine Wohnung im Dorf und
auch drei Wohnungen im neuen Block für die Fremdarbeiterinnen wieder komplett möblieren. Das kostete eine Menge Geld und viel Geduld,
bis alles in Ordnung war. Alle Schlafzimmer, Küchen und Wohnstuben
hatten wir wieder sehr wohnlich und zweckdienlich eingerichtet. Auf
jeden Fall waren alle sehr erstaunt und begeistert von den schön eingerichteten Unterkünften. Sie waren in Umbrien an viel einfachere Wohnverhältnisse gewöhnt. Für das häusliche Wohl der Fremdarbeiterinnen
war nun wirklich gut gesorgt. Es sollte sich nun bald zeigen, ob sie auch
gut miteinander auskommen und von unserer Belegschaft wohlwollend
aufgenommen würden.

Augenscheinlicher Unter-
schied in der Belegschaft auch
beim Ausflug auf die Insel
Mainau, anfangs der sechziger
Jahre: Die jungen Österrei-
cherinne und die Schweizerinnen mit frisch gekauften
Hütchen, von links nach
rechts Fanny Pansegrau-Hug,
Erika Weissensteiner,
Krimhilde Pirsch, Stephie
Wenter, Rosmarie Wenter
(die flinkeste Spulerin, die es
gab ...).

Wir hatten mit ihnen mehr Probleme als mit den Österreicherinnen.
Erstens konnten sich unsere Leute mit ihnen nicht verständigen und
zweitens war ihre Lebensauffassung ganz anders als die unsrige. Vor allem
unsere älteren Posamenter/innen hatten grosse Mühe mit diesen Fremdarbeiterinnen, weil sie einen ruhigeren Lebensstil gewohnt waren und sich
mit ihnen nicht unterhalten konnten. Dazu kam noch das laute Gestiku-
lieren und Singen dieser Leute, das unseren bedächtigen Baselbietern
zuwider war. Damit wir uns mit diesen fremdsprachigen Arbeiterinnen
einigermassen verständigen konnten, war es nötig, für unsere Kaderleute
einen Italienischkurs durchzuführen.
Meine Frau und ich hatten schon vor längerer Zeit einen Italienisch-
Abendkurs in Reigoldswil besucht. Herr Rudolf Senn und ich waren am
Anfang die einzigen Personen in der Fabrik, die sich mit den Italienerinnen verständigen konnten. Das genügte natürlich nicht, weil Herr Senn
pro Woche nur einen Nachmittag in Ziefen war und ich von meiner Arbeit
her ja auch nicht den ganzen Tag nur bei den Fremdarbeiterinnen sein
konnte. Wir beschlossen deshalb, sofort einen Italienischkurs mit unseren
Kaderleuten durchzuführen. Herrn Merz, einen pensionierten Sprachlehrer
aus Muttenz, konnten wir dazu engagieren. Er gab uns wöchentlich zwei
Lektionen Italienisch in einer einfachen und gut verständlichen Art. Dieser
Kurs fand immer im Kantinenraum von 16-18 Uhr statt. Unsere Meister
nahmen an diesen Sprachlektionen mit grossem Eifer teil und konnten sich

... und die älteren Mitarbeiterinnen und Mitarbeiter der
Schweizer Belegschaft, von
links nach rechts Hulda Roth
(angeschnitten am Bildrand),
dann Hanna Urwyler-Rudin,
Frieda Antonini und Emilie
Furler.

dadurch schon nach wenigen Wochen ganz ordentlich mit den Italienerinnen verständigen. Der Weg war nun geebnet, um je nach Bedarf noch
mehr Italienerinnen kommen zu lassen. Wenn unsere alten, ehemaligen
Posamenter/innen in Pension gingen, dann konnten sie bei uns nur noch
durch Fremdarbeiterinnen aus Italien oder Sardinien ersetzt werden. Um
das zu ermöglichen, war es dann auch nötig, für diese Leute einen zweiten
4er-Wohnblock zu bauen. Mit den Plänen des ersten Wohnblockes und der
guten Baufirma Chiesa aus Bubendorf war dieser zweite Wohnblock rasch
zu verwirklichen. Dieser bekam dann zwei grössere Logis und im Unter-
schied zum ersten Block mit seinen Holzöfen eine Ölheizung. Das hatte
Herr Kurt Salathe so gewünscht und als Personal- und Liegenschaftchef
bei der Direktion auch durchgebracht.
Mit der Zeit gab es aber Schwierigkeiten mit den verschiedenartigen Italienerinnen aus Nord-, Mittel- und Süditalien und vor allem mit denjenigen aus Sardinien. Ihre Lebensgewohnheiten waren so unterschiedlich,
dass es zu Differenzen kommen musste. In der Regel wohnten vier Arbeiterinnen zusammen in einer Wohnung. Meistens hatten sie Streitigkeiten
wegen des Kochens. Weil die Essgewohnheiten so verschieden waren,
musste in Etappen gekocht werden. Dadurch gab es auch Arbeiterinnen,
die fast nur noch kalt assen. Wir mussten deshalb etwas unternehmen,
damit das Ess- und Haushaltproblem gelöst werden konnte. Wir dachten
dabei an eine italienische Heimleiterin, die für alle häuslichen Angele-

genheiten zuständig und verantwortlich war. Sie sollte das Kochen, Waschen, Putzen und die Freizeit organisieren und den jungen Frauen auch moralisch beistehen. Daneben sollte sie halbtags noch in der Fabrik arbeiten. Weil wir in dieser Sache keine Erfahrung hatten, erkundigten wir uns bei der Firma Hanro AG in Liestal. Der Hanro-Personalchef fand unsere Idee erstrebenswert und wollte uns dabei mit seiner Equipe für Personalwerbung helfen. Da der Arbeitsmarkt in Norditalien im Jahr 1961 auch für die Hanro AG ausgeschöpft war, ging die gemeinsame Suche nach italienischen Arbeiterinnen bereits auf Sardinien über. Dort hatte die Firma Hanro AG schon Fremdarbeiterinnen rekrutiert und war mit ihnen besser zufrieden als mit denjenigen aus dem südlichen Kalabrien. Die Sardinierinnen seien in jeder Beziehung besser geschult und auch arbeitswilliger. Die Personalequipe der Hanro AG begutachtete und testete alle Fremdarbeiterinnen, bevor sie in die Schweiz mitgenommen wurden. Gemäss den Arbeitsansprüchen in unseren Fabrikabteilungen wurden die Frauen nach einem Testverfahren ausgesucht und zugeteilt. Diese Werbekampagne war sehr aufwendig und deshalb auch teuer. Wir mussten mit etwa 1'500 Franken pro Person für die Anwerbung, den Testbericht, die Beschaffung der Arbeitspapiere und die Reisekosten mit Begleitpersonal rechnen.

Im grossen ganzen lohnten sich aber diese hohen Werbekosten, weil wir dadurch ausgewählte Arbeiterinnen bekamen und die meisten von ihnen doch längere Zeit bei uns blieben. Auf diese Art bekamen wir auch die gewünschte Heimleiterin und eine angebliche Köchin. Es zeigte sich aber bald, dass wir mit der Heimleiterin und der Köchin nicht das grosse Los gezogen hatten. Die Heimleiterin war eine bildhübsche, junge Frau, die sich von Anfang an mehr um sich selbst als um die Gastarbeiterinnen in der Wohngemeinschaft kümmerte. Am Abend ging sie in Liestal oder sogar in Basel ihrem persönlichen Vergnügen nach, und bei der Halbtagsarbeit in der Fabrik machte sie auch nicht den besten Eindruck. Sie wurde durch ihr schlechtes Vorbild von den anderen Hausgenossinnen gar nie akzeptiert und verschwand schon nach wenigen Wochen mit einem Freund nach Frankreich. Nachdem sie weg war, ging es in den Wohnungen wieder besser. Die jungen Frauen wollten beweisen, dass sie nicht so ungeschickt waren und die häuslichen Probleme in Zukunft selbst zu lösen vermochten. Bei Streitigkeiten mussten wir schlimmstenfalls eine Frau in eine andere Wohngemeinschaft versetzen, dann gab es wieder Ruhe. Es kam aber auch vor, dass man eine unverbesserlich Streitsüchtige wieder nach Italien oder Sardinien zurückschicken musste. Eine solche Radikallösung konnte Wunder bewirken. Die Nachfolgende wurde immer sehr liebevoll in die Hausgemeinschaft aufgenommen, und wenn wir mit ihr Glück hatten, konnte sie für längere Zeit einen guten Einfluss auf die anderen ausüben. Man musste die ganze Sache mit den Fremdarbeiterinnen quasi als Lotterie ansehen. Einmal hatte man Glück dabei und das andere Mal eben Pech. Es waren meistens die zwischenmenschlichen Beziehungen, die die Geschäftsleitung nur sehr beschränkt beeinflussen konnte.

Mit der angeblichen Köchin war es auch nicht besser. Erstens konnte sie den andern beim Kochen nichts vormachen und zweitens sah sie rein äusserlich nicht vorteilhaft aus. Wir hatten für die Italienerinnen extra einen schönen Pflanzgarten bereit gemacht. Wir wollten, dass sie ihren eigenen Salat und das gewünschte Gemüse hätten pflanzen können. Die Köchin, Fräulein Cherchi, meinte dazu ganz trocken, dass ihr und den jungen Frauen der Boden fürs Pflanzen zu tief gelegen sei. Sie hätten keine Lust für eine so unbequeme Nebenbeschäftigung. Mit der Zeit kamen wir zur Einsicht, dass man für fremde Leute nicht alles schön vorausplanen kann. Es war in der Regel besser, wenn man sie zappeln liess und sie mit ihren Problemen selbst fertig werden mussten. Unsere These lautete deshalb öfters: «Kommt Zeit, kommt Rat.» Mit ruhigem Zuwarten kann sich manches Problem selbst lösen.

Zu den ersten, tüchtigen Italienerinnen gehörten Angela Scortina, Silveria Spina, Angela Tetti, Maria Faedda, Wilma Carnevale und Bachisia Dettori. Die meisten von ihnen sind nach mehreren Arbeitsjahren wieder nach Italien zurückgekehrt und haben dort geheiratet. Einzig Bachisia Dettori, die ledig geblieben ist und mit ihrem Bruder zusammen in einem Fabriklogis wohnte, arbeitete 34 Jahren lang bei Senn & Co. AG Ziefen. Sie hatte sich in all den Jahren zu einer Allrounderin entwickelt und gehörte quasi zum Inventar. Als schwierige und eigensinnige Person ist mir Celia G. (Name geändert), genannt «Fratello», in Erinnerung geblieben. Sie war ihrem Wesen nach eher ein Mann als eine Frau. Sie konnte sehr übermütig sein und die alten Weber im Winter mit Schneebällen bewerfen oder auf eine andere Art necken. Das pure Gegenteil war ihre Schwester Gerda, die sehr charmant und sehr schüchtern war. Zwei grössere Gegensätze konnte man sich kaum vorstellen. Die «männliche» Celia war die Respektperson im Wohnblock, die für Ruhe und Ordnung sorgte und der alle anderen Hausgenossinnen zu gehorchen hatten. Bei Streitigkeiten konnte sie einschreiten und meistens auch schlichten. Nur selten erfuhren wir etwas von solchen Streitereien. Wir waren froh darüber, denn wir hatten im Betrieb schon genügend Unvorhersehbares und meistens auch Unliebsames zu erledigen. Eine sehr energische Person konnte auch Mariantonia Cossu sein, die sonst aber recht mütterlich wirkte. Auch sie verstand es, Streitigkeiten zu schlichten und die Wohngemeinschaft wieder zusammenzuführen. Mit der Zeit meldeten sich auch verheiratete Italienerinnen, deren Männer im Baugewerbe arbeiteten. Sie wohnten in den Nachbardörfern und hatten meistens noch kleine Kinder.

Die ersten Italienerinnen 1962 vor dem Wohnhaus im Steinbühl; noch identifiziert werden können unter den stehenden Frauen Frieda Trüssel (2. von links, Samt-Meisterin), Lidia Ruggiu (3. von links), Wilma Canevese (4. von links), Vincenza Ruggiu (3. von rechts) und Mafalda Leoni (2. von rechts).

Weil keine Firma in unserem Tal eine Kinderkrippe führte, gab es einige Hausmütter, die tagsüber gegen ein Pflegegeld die Kleinen hegten und pflegten. Somit konnten auch Mütter in der Fabrik arbeiten. Der Nachteil dieser Situation zeigte sich jedoch, wenn ein Kind krank wurde. Dann konnten die Arbeiterinnen meistens das kranke Kind nicht der Pflegemutter bringen, sondern mussten es selbst pflegen, bis es wieder gesund war. Für uns gab es dann immer Umstellungen im Betrieb. Es hatte aber auch einen gewissen Vorteil, weil durch solche Personalumstellungen die Leute flexibler und vielseitiger wurden. Einige unter ihnen begrüssten sogar ab und zu einen solchen Arbeitswechsel.

Je länger desto mehr waren wir froh über den zweiten zusätzlichen Wohnblock. Es gab wichtige Mitarbeiter, die heiraten wollten und eine Wohnung brauchten. Dank der Möglichkeit, diesen Mitarbeitern eine Geschäftswohnung anbieten zu können, konnten wir sie bei der Stange halten.

Der Kampf um Fremdarbeiter/innen

Schon ab dem Jahr 1968 gab es immer wieder parlamentarische Vorstösse im Bundeshaus zu Bern, um den Zustrom von Fremdarbeitern resp. Gastarbeitern in die Schweiz zu stoppen, ja sogar rigoros zu reduzieren. Der Zürcher Nationalrat James Schwarzenbach lancierte eine Initiative, um die Zahl der Gastarbeiter in der Schweiz abbauen zu können. Diese Initiative kam dann im Jahr 1970 zur Abstimmung und wurde von einer knappen Mehrheit des Volkes und der Stände abgelehnt.

Um der bevorstehenden Unsicherheit auf dem Arbeitsmarkt vorzubeugen, nahmen wir frühzeitig Gespräche mit dem Kantonalen Arbeitsamt in Pratteln auf, um unser bewilligtes Ausländerkontingent absichern zu können.

Bei einem Gespräch am 20. Dezember 1968 wünschten wir vom Kantonalen Arbeitsamt – als Kantonale Ausführungsbehörde des Bundesamtes für Industrie, Gewerbe und Arbeit in Bern (BIGA) – die Unterstützung für eine Spezialregelung zu erhalten. Wir hofften, durch diese Spezialregelung die ständige und unkürzbare Zuteilung von 35 bewilligungspflichtigen Gastarbeiterinnen und Gastarbeitern erwirken zu können. Herr Dr. Adolf Ballmer, Vorsteher des Kantonalen Arbeitsamtes und mein langjähriger Kompaniekommandant im Militär, kam zu einem Gespräch persönlich zu uns in die Fabrik nach Ziefen. Er konnte sich an Ort über unsere damaligen Betriebs- und Arbeitsverhältnisse genauestens informieren. Bei diesem Gespräch zeigte sich deutlich, dass er unsere prekäre Arbeitslage erkannte und unsere Bemühungen tatkräftig unterstützen wollte. Wir konnten ihn später sogar dazu gewinnen, vor der bedeutenden Abstimmung zur Schwarzenbach-Initiative in der Turnhalle zu Ziefen – als Vorsteher des Kantonalen Arbeitsamtes – ein aufklärendes Referat darüber zu halten. Zu diesem wichtigen Orientierungsabend hatten auf unsere Veranlassung hin die Industrie- und grösseren Gewerbebetriebe des Hinteren Frenkentales eingeladen. Der Erfolg unserer Bemühungen zeigte sich dann deutlich beim Abstimmungsresultat, das in unserem Tal mit grossem Mehr gegen die Schwarzenbach-Initiative ausfiel.

Das BIGA hatte Verständnis für unsere schwierige Personalsituation und gab grünes Licht für eine Übergangsregelung bis zum Volksentscheid über die Schwarzenbach-Initiative. Nach der Ablehnung der Initiative erliess der Bund ohnehin neue Vorschriften zur Fixierung und Regelung von Ausländerbewilligungen. Wir durften dann mit grosser Erleichterung feststellen, dass wir nachher – durch die Neuregelung – keine Schwierigkeiten mehr hatten.

Ab dem Jahr 1970 erfolgte dann im Betrieb Ziefen die grosse Umstellung von der Schiffchen- auf die Nadelweberei. Und dazu brauchten wir eine Menge Geld für neue Maschinen, dafür aber weniger Löhne für das Bedienungspersonal. Die alten Weber und Weberinnen gingen mit dem Abbau

der ausgedienten Schiffchenwebstühle in Pension, und die neue moderne
Betriebsstruktur verlangte eine neue Personalpolitik mit einer Verjün-
gung der Belegschaft.

Die Textilberufe der Bandweberin und des Textilmechanikers wurden in
unser Ausbildungsprogramm aufgenommen, so dass wir auch wieder
junge einheimische Arbeitskräfte einstellen konnten. Und die neuen
schnellen Nadelwebmaschinen waren so toll und leistungsfähig, dass wir
auch höhere Leistungslöhne bezahlen konnten. So kamen vermehrt junge
Leute aus anderen Branchen zu uns, um die interessanten und abwechslungsreichen Arbeiten in unserem Betrieb zu erlernen und nachher auszuführen. Dank dieser Personalpolitik entwickelten wir uns immer stärker
zu einem hochqualifizierten Spezialitätenbetrieb. Diese Qualifikation
führte schlussendlich dazu, dass die Firma Senn & Co. AG heute die einzige traditionelle Bandweberei geblieben ist, die im Raume Basel noch
produziert. Ich hoffe, dass es so bleiben wird und sie, trotz der hohen
Betriebskosten in der Schweiz, die Fabrik Ziefen nie aufgeben muss.

Immerhin hat das nachfolgend zitierte Gesuch zur Folge gehabt, dass
unser Betrieb als Spezialfall anerkannt wurde. Das Gesuch zeigt deutlich
unsere Personalprobleme in der Schweiz und besonders des Ziefner
Betriebs mit der überalterten Schweizer Belegschaft.

Ziefen, den 20.12.1968 WW

                                        An das
                                        Bundesamt für Industrie,
                                        Gewerbe und Arbeit
                                        3000 Bern
US/TL 18. April 1969.   Unterabteilung Arbeitskraft

Betr: Gesuch für eine Ausnahmebewilligung für kontrollpflichtige, ausländische
Arbeitskräfte, eingereicht durch die Firma Senn & Co. A.G., Betriebsstätte
Band in Bandweberei Ziefen.

Sehr geehrte Herren,

Das obenerwähnte Gesuch begründen wir mit den nachfolgenden Argumenten:
Unsere Firma wurde im Jahre 1725 gegründet und kann in 6 Jahren das 250jäh-
rige Geschäftsjubiläum feiern. Es ist noch eine der wenigen Firmen, welche von
der einstmals bedeutenden Basler Bandindustrie übrig geblieben ist.

Bis zum Fabrikbau in Ziefen im Jahre 1945/6 haben wir die ganze Bandfabrikation in Heimarbeit (Heimposamenterei) betrieben. Durch den schnellen Rück-
gang der überalterten Heimposamenter in jenen Jahren war klar ersichtlich, dass

eine langfristig gesicherte Produktion nicht mehr alle in Heimarbeit betrieben werden konnte. Die Landflucht der damals jungen Generation setzte bereits ein. Aus diesem Grunde wurde in den damaligen Jahren in zwei Etappen ein Fabrikbau erstellt, in welchem zuerst ein kleinerer, dann ein grösserer Teil der wegfallenden Heimarbeit verlagert wurde. Der ganze Plan war so konzipiert, dass durch die Inbetriebnahme der Fabrikweberei in Ziefen keine Posamenter entlassen werden mussten, sondern dass nur die alters- und todeshalber ausgeschiedenen Posamenter durch Fabrikweber ersetzt wurden, sowie Heimarbeiter aus dem Reigoldswilertal weiterhin Arbeit in der Fabrik als Weber fanden.

Auch heute beschäftigen wir noch 23 Heimposamenter, deren Durchschnittsalter über 70 Jahren liegt, obwohl heute im Gegensatz zu früher uns eine Produktionseinheit in Heimarbeit teurer zu stehen kommt als in der Fabrik. Diese restlichen Posamenter werden wir in den nächsten Jahren altershalber auch noch verlieren.

Altersmässige Aufstellung unserer Schweizerbelegschaft in der Fabrik:

Jahrgang:	1891 –1900	1901 –1910	1911 –1920	1921 –1930	1931 –1940	1941 –1953	Totalbestand anno 1968
	9	22	7	9	4	1	52 Personen

Aus dieser Aufstellung geht hervor, dass wir auch in der Fabrik eine relativ alte Schweizerbelegschaft haben. Die Jahrgänge 1891–1910 sind alles ehemalige Heimposamenter (zum Teil eigene, zum Teil von andern Bandfabriken übernommene), welche in unserem Tale die Heimposamenterei aufgegeben haben und, wie vorhin erwähnt, als Weber in unsere Fabrik gekommen sind.

Die nachfolgende Aufstellung zeigt Ihnen unseren Personalbestand von Fabrik- und Heimarbeitern vom Jahre 1963–1969.

Jahr	Schweizer in der Fabrik	Bewilligte Ausländer	Entplafonierte[3] Ausländer	Heim- posamenter	Total- Bestand
1963	56	44	—	60	160
1964	54	44	—	49	147
1965	58	42	—	47	147
1966	62	40	—	43	145
1967	67	39	—	33	139
1968	52	35	2	23	112
1.3.69	49	30	7	23	109
Dez.69	etwa 46	21	16	ca. 15	98

[3] Ausländer/innen, die nicht mehr in die plafonierte (limitierte) Kontigentszahl gerechnet wurden, heute etwa solche mit Niederlassungbewilligung C.

Der Personalbestand vom Jahre 1963 bis 1.3.1969 wurde also von 160 auf 109 Personen reduziert, d.h. um 31,9 %, also rund 1/3.

Trotz dieser grossen Personalreduktion konnte die Produktion von 140'628 Produktionseinheiten im Jahre 1963 auf 145'369 Einheiten im Jahre 1968 erhöht werden.

Diese Produktionssteigerung konnten wir trotz dieser enormen Personaleinsparung mit folgenden Rationalisierungsmassnahmen wettmachen:

a) durch eine höhere Maschinenzuteilung pro Beschäftigte infolge Einsatz von technisch verbesserten Webstühlen.

b) durch Konzentration des Fabrikationsprogrammes.

c) durch möglichst grosse Produktionsauflagen, obwohl durch diese Massnahme das Lagerrisiko beträchtlich stieg.

d) durch Einsatz von technisch moderneren Maschinen in allen Abteilungen, welche Personaleinsparungen erlaubten.

Wir beabsichtigen in den kommenden Jahren einen weiteren Teil des Maschinenparkes zu erneuern, so dass wir durch diese Massnahme weitere Arbeiter einsparen können.

Die Erhaltung unserer Produktionsstätte in Ziefen ist jedoch nur möglich, wenn die altershalber wegfallenden älteren Fabrikarbeiter- und Arbeiterinnen durch junge einheimische oder ausländische Arbeitskräfte ersetzt werden können.

Trotz grossen Bemühungen ist es uns in den letzten Jahren nicht mehr gelungen, junge einheimische Arbeitskräfte einzustellen. *Die letzte junge einheimische Arbeitskraft ist bei uns im Dezember 1960 eingetreten.*

Die Gründe, weshalb wir keine einheimischen Arbeiterinnen mehr bekommen können, sind die folgenden:

a) der ungünstige Standort des Betriebes im abgelegenen Reigoldswilertal.
b) Wir haben im Reigoldswilertal keinen Bahnanschluss, und die Autobusverbindung ist unbefriedigend im Vergleich zu andern Regionen.
c) Etwa 70 % der heutigen Jugend besucht die Realschule in Reigoldswil oder das Gymnasium in Liestal und machen anschliessend eine Berufslehre oder ein Studium.
d) Mit der Einführung einer Berufswahlklasse in Ziefen können nun auch die restlichen 30% der Schüler im Anschluss an diese Ausbildung eine Berufslehre absolvieren.

e) Da wir in der Bandweberei fast durchwegs mit angelernten Frauen arbeiten, so ist es, wie aus Lit. c und d hervorgeht, nicht mehr möglich, junge einheimische Hilfsarbeiterinnen zu bekommen.

f) Die jungen Leute suchen heute immer mehr eine Beschäftigung in grösseren Orten und Städten, wo ihnen in mancher Hinsicht mehr geboten werden kann und wo sie sich vor allem der elterlichen Aufsicht entziehen können.

Zufolge dieser höchst prekären Lage haben wir im Jahre 1960 und 1963 weitere neue Wohnungen für ausländische Arbeitskräfte gebaut. Dank diesen schönen und preisgünstigen Wohnungen war es uns möglich, die für die Aufrechterhaltung der Produktion notwendigen Gastarbeiter zu gewinnen und in Ziefen anzusiedeln. Der Entscheid unserer Firma, die Fabrikationsanlagen in Ziefen aufzubauen, wurde massgeblich durch die damals von der Basellandschaftlichen Regierung forcierten Politik beeinflusst, welche zum Ziele hatte, verschiedene Industrien in den damals wirtschaftlich unterentwickelten Nebentälern anzusiedeln. In den frühen Kriegsjahren verhandelte unsere Firma mit der Regierung des Kantons Tessin und prüfte sorgfältig die Möglichkeit im Raume Bellinzona, Locarno Fabrikanlagen zu bauen, wo wir heute bewilligungsfreie Grenzgänger beschäftigen könnten. Die kurz darauf beginnende Förderungspolitik der Basellandschaftlichen Regierung bewog uns dann, dieses Projekt fallen zu lassen und den Standort Ziefen zu wählen. Die alteingesessene Bandindustrie sollte dadurch dem Baselbiet erhalten bleiben.

Mit den Bundesratsbeschlüssen vom 28. Februar 1968 und 26. März 1969 über die Begrenzung und die Herabsetzung der Zahl der kontrollpflichtigen Arbeitskräfte befürchten wir, dass durch die Entplafonierung ein Teil unserer ausländischen Arbeitskräfte an Betriebe in grösseren Orten wie Bubendorf, Liestal, Lausen, Frenkendorf u.s.w. zu verlieren. Wir haben vier Ausländerinnen, welche noch dieses Jahr entplafoniert werden und in diesen obenerwähnten grösseren Orten wohnen. Diese eventuellen Abgänge können wir nur durch einheimische oder andere entplafonierte Arbeitskräfte ersetzen.

Unser Fabrikationsprogramm umfasst vor allen Dingen Spezialartikel wie Samt-, Plüsch-, Jacquard- und Façonné-Bänder, zu deren Herstellung es gute und erfahrene Arbeiterinnen braucht. Für die Herstellung von etwa 80% des Fabrikationsprogrammes benötigt erfahrungsgemäss eine Weberin eine Lehrzeit von mindestens einem halben Jahr, so dass bei einem Wegfall von einer Weberin kurzfristig, d.h. bis zum Zeitpunkt, in welchem die neue Arbeitskraft angelernt ist, wir einen empfindlichen Produktionsausfall haben.

Im weiteren befürchten wir, dass die Chemische Industrie mit den Werken in Schweizerhalle, welche momentan bei Muttenz und Augst ganze Wohnquartiere baut, die im oberen Baselbiet niedergelassenen entplafonierten Ausländer abwerben wird.

Damit unsere Bandweberei weiterbestehen kann und wir ohne Bedenken die vorgesehenen, grossen Investitionen verwirklichen können, benötigen wir von Ihnen eine Ausnahmebewilligung für die ausländischen Arbeitskräfte.

Wir wünschen von Ihnen die ständige und unkürzbare Zuteilung von 37 bewilligungspflichtigen Gastarbeitern.

Wir hoffen, dass Sie unser Anliegen als *Spezialfall* taxieren werden und uns die Ausnahmebewilligung unserem Wunsche entsprechend erteilen werden.

Mit vorzüglicher Hochachtung
Senn & Co., A.G

Der Wandel der Personalführung

Vom Frühjahr 1975 an beschleunigte sich die Umstellung der Bandproduktion von den alten Schiffchen-Bandwebstühlen auf die neuen Nadel-Bandwebmaschinen. Wir waren mit der Maschinenfabrik Jakob Müller AG Frick in regem Kontakt, um sämtliche Spezialartikel auf neuentwickelten Bandwebmaschinen herstellen zu können. Die gemeinsamen Bemühungen und unsere Investitionen für neue Maschinen waren zu diesem Zeitpunkt sehr gross, denn wir wollten den Betrieb Ziefen möglichst rasch modernisiert haben.

Dabei war uns klar, dass mit solchen Rationalisierungsmassnahmen auch die über 65jährigen Mitarbeiter/innen, die noch auf den restlichen Schiffchenwebstühlen arbeiteten, nach und nach in den Ruhestand treten mussten. Diese Massnahme war notwendig, weil diese älteren Leute nicht mehr fähig waren, die modernen, schnellen Nadelwebmaschinen optimal bedienen zu können. So mussten denn diese verdienstvollen Mitarbeiter/innen, quasi mit Abbruch ihrer alten Schiffchenwebstühle, zwangsläufig in Pension gehen.

In jeder Firma gibt es Mitarbeiter/innen, die dankbar sind, dass sie eine gute Arbeit haben und dafür ihren wohlverdienten Lohn bekommen. Wenn es sich dabei noch um gläubige Menschen handelt, die eine gute Lebenseinstellung haben und sich als pflichtbewusste, treue Mitarbeiter ausgezeichnet haben, dann bleibt auch nach ihrer Pensionierung eine gute Verbindung zwischen der Geschäftsleitung und ihnen bestehen. Diese Leute sind auch bereit, bei einer Notlage im Geschäft einzuspringen, sofern sie die erforderliche Arbeit noch ausführen können.

Brief von Ernst Fabry.

Bubendorf, den 27. Dez. 1974

Geehrter Herr Walther

Herzlichen Dank für Neujahrsgruss mit dem schönen Band als Zeichen der Verbindung im Andenken an die schöne Zeit des Zusammenlebens in der Bandfabrik.

Auch ich wünsche Ihnen und der ganzen Geschäftsleitung Gottes Segen ins neue Jahr, und es wird auch in diesem Jahr meine freudige Pflicht sein, diesen Segen für Sie und Ihre Familien und die ganze Arbeiterschaft von Gott zu erbitten.

Möchte auch für die grosse Güte der monatlichen Rente im vergangenen Jahr recht herzlich danken. Ich kann das der Firma Senn nicht hoch genug anrechnen weil wir ja nichts einbezahlt haben.

Mit freundlichem Gruss
E. Fabry

Ein solcher Mitarbeiter war Ernst Fabry, der 24 Jahre bei uns in Ziefen als Weber arbeitete und nicht der geschäftlichen Pensionskasse angehörte. Dieses Privileg hatten nur die Kaderleute in Basel und Ziefen. Demzufolge wurden Ernst Fabry auch keine Beiträge für eine Pensionskasse abgezogen. Die Firma Senn besass eine gut dotierte Stiftung, aus der die freiwilligen Rentenbeiträge für langjährige Arbeiter/innen bezahlt wurden. Die Höhe des Rentenbeitrages richtete sich nach den Dienstjahren und gab monatlich einen ordentlichen Zustupf zur Altersrente des Bundes (AHV).

Wir betrachteten es als unsere Pflicht, den Rentnern des Betriebes aufs Jahresende hin einen Neujahrsgruss zu schicken und sie gleichzeitig über den Geschäftsgang und die ausgeführten Maschinenerneuerungen zu orientieren. Diese Neujahrsgrüsse wurden von ihnen sehr geschätzt und meistens auch mit einem Briefchen beantwortet. Etliche kamen auch zu einem Fabrikbesuch, um sich zu bedanken und gleichzeitig unsere neuen Errungenschaften zu bestaunen.

Der nachfolgende Brief von Ernst Fabry zeugt von der engen Verbundenheit zwischen dem Geschäft und den ehemaligen Mitarbeitern. Die Mitarbeiter/innen waren froh um ihre schöne Arbeit in der Fabrik und die Firma Senn bedankte sich durch einen monatlichen Zustupf für die gute, langjährige Arbeit dieser Leute.

Die Geschäftsausflüge der Firma Senn & Co. AG Ziefen

Dank unseres jungen, initiativen Personalchefs Kurt Salathe wurden schöne Geschäftsausflüge durchgeführt. Er plante diese Ausflüge immer mit grosser Sorgfalt und wollte uns neben einer schönen Carfahrt durch prächtige Landschaften auch ein gutes Essen und eine gemütliche Unterhaltung bieten. Diese Geschäftsausflüge waren uns sehr willkommen, da sie die älteren Mitarbeiter mit den jungen ausländischen Arbeitskräften näher zusammenbrachte. In dieser ungezwungenen, fröhlichen Atmosphäre konnte manches Vorurteil abgebaut werden, so dass sie sich bei der Arbeit dann wieder besser verstanden. Man konnte nur staunen, wie unsere klotzigen, älteren Schweizermannen plötzlich einen feineren Umgangston zu den jungen Mitarbeiterinnen fanden. Man kann wohl sagen, dass diese Ausflüge viele Wogen geglättet und zu einem besseren, gegenseitigen Verständnis geführt haben. Herr Salathe hatte sich mit diesen Ausflügen immer eine grosse Arbeit aufgeladen. Sie zahlte sich jedoch aus, weil dadurch Reibereien in der Belegschaft verhindert wurden. Da wir meistens auch eine kleine Hausmusik mitnahmen, gab es vor und nach dem feinen Essen ein gemütliches Tänzchen. Auch da hatte manch alter Recke noch seine helle Freude, wenn er mit einer hübschen, jungen Dame tanzen konnte. Einigen jungen Mitarbeiterinnen machte es auch Spass, die Meister und älteren Mitarbeiter mit einem Schnitzelbank aufs Korn zu nehmen. Beim ersten Geschäftsausflug wurde auch «'s Sennelied» vorgetragen, das bei jeder Gelegenheit wieder gesungen wurde. Nach der ersten Geschäftsreise im Jahr 1959 in die

Hier anfangs der sechziger
Jahre Frauen in Hosen:
Auch Produktionen gehörten
zu den Betriebsausflügen ...

... bei denen die einzelnen Mitarbeiter/innen
aufs Korn genommen wurden: Mühe mit
emanzipierten Frauen wie Krimhilde Pirsch?

Bundeshauptstadt Bern war es durchaus verständlich, dass die Belegschaft schon bald nach dem Ziel der zweiten Reise im nächsten Jahr fragte.

Der zweite Geschäftsausflug im Jahr 1960 führte uns auf die prachtvolle Blumeninsel Mainau im Bodensee. Vom grossen Blumenangebot auf dieser Insel waren alle sehr begeistert. Unsere älteren Leute sahen zum ersten Mal Orangen-, Zitronen- und Bananenbäume mit Früchten. Die Heimfahrt führte damals über den Flugplatz Kloten, den die meisten Mitarbeiter/innen noch nie gesehen hatten. August Börlin konnte es kaum fassen, dass es so grosse Flugzeuge gibt, die mit vielen Passagieren und einer beträchtlichen Fracht durch die Lüfte fliegen können. Mit solchen Flugzeugen werden auch unsere Bänder in die weite Welt gebracht.

Wir können auch sagen, dass die vielen Geschäftsausflüge, die Herr Salathe organisiert hatte, uns viel Goodwill brachten.

Interne Information

Durch die bedeutungsvolle Umstellung des Betriebes von der alten Schiffchen- auf die neue Nadelweberei war es nötig, dass die Belegschaft über kommende Massnahmen regelmässig orientiert wurde. Neben den Betriebsrapporten, die ich sporadisch durchführte und an denen Beanstandungen und wichtige, kommende Ereignisse behandelt wurden, legte unser Personalchef Kurt Salathe grossen Wert auf eine gute und sachbezogene Orientierung der Leute. Daraus ergab sich «Das Seidenband» als betriebliches Mitteilungsblatt mit den wichtigsten Ereignissen aus der Vergangenheit und für die nahe Zukunft. Unsere Mitarbeiter/innen schätzten diese schriftlichen Mitteilungen und erwarteten mit grossem Interesse jeweils die nächste Ausgabe.

Im Zeichen der Modernisierung wurde auch die bisherige Betriebsordnung revidiert und vervollständigt. Im weiteren zeigt der «Rückblick» vom 25.10.1973 deutlich, wie gross und vielseitig unsere Anstrengungen waren, um das Ansehen der Firma Senn zu stärken und die Werbetrommel für neues Personal zu rühren.

Wenn ein Betrieb wachsen will, sind solche Anstrengungen einfach nötig. Was nützen dem Betrieb die schnellsten und modernsten Maschinen, wenn sie nicht von genügend qualifiziertem Personal bedient werden können? Deshalb Werbung, Werbung und nochmals Werbung und gute Möglichkeiten zu attraktiven Betriebsarbeiten und Berufslehren! Mit dieser Einstellung und den nötigen Anstrengungen sollte man ja zum Erfolg kommen. Und wenn es trotz allem nicht ganz gelingen sollte, dann hätte man wenigstens die wichtigen Schritte dazu unternommen, gemäss unserem Motto: «Wer wagt, gewinnt; wer nichts wagt, bleibt stehen!»

Das Seidenband Nr. 3

Seit unserer letzten Ausgabe ist erschreckend viel Zeit vergangen, obschon wir grossartig geschrieben haben, dass Sie bald wieder von uns hören werden. Gelogen haben wir nicht, denn jetzt hören Sie wieder von uns. Es sind tatsächlich keine weltbewegenden Dinge passiert; aber dennoch haben wir mit viel Eifer und Einsatz an unseren Problemen weitergearbeitet. Der Konkurrenzkampf ist nicht kleiner geworden. Es braucht den Einsatz Aller, um bestehen zu können. Aber wir sehen voller Zuversicht in die Zukunft, denn unsere Anstrengungen müssen doch auf irgend eine Art Früchte tragen.

Neu für Sie, und für uns, ist der Umstand, dass man nun in unserem Betrieb in dreijähriger Lehrzeit Bandweberin werden kann. Dies wird eine abwechslungsreiche und interessante Berufslehre werden, denn Sie wissen gut genug, wie vielseitig die Arbeiten in der Bandweberei sind. Die Berufsschule Olten wird den Unterricht in den geschäftskundlichen Fächern erteilen. Unsere Lehrlinge drücken die gleiche Schulbank wie die Breitweber, so dass sie auch über dieses Fachgebiet einiges wissen werden.

Die Verhandlungen mit dem Amt für Berufsbildung sind abgeschlossen, so dass sofort mit einer Lehre begonnen werden kann. In diese Richtung geht auch die Ausbildung als Textil-Mechaniker, und auch diesbezüglich sind die Möglichkeiten für einen jungen Mann gut und ein Beginn der Lehre ist sofort möglich. Wer vermittelt uns die erste Lehrtochter oder den ersten Lehrling? Wir jedenfalls werden uns Mühe geben, dass sie oder er einen guten Schulsack mit auf den Lebensweg nehmen können. Gerät ihnen nach der Lehrzeit das junge Blut in Wallung, ergreift sie der Wandertrieb, so besteht die Möglichkeit, sich in unserem Betrieb in England nützlich zu machen. Schon wenige Monate Auslandaufenthalt lassen einen jungen Menschen reifen. Reife Mitarbeiter werden zukünftige Vorgesetzte sein!

Unsere älteren und verdienten Mitarbeiterinnen und Mitarbeiter sind im vergangenen Jahr vermehrt ins zweite Glied zurückgetreten. Wir gönnen ihnen die Ruhe sehr, denn sie haben ihren Teil gearbeitet. Somit werden für jüngere, einheimische Kräfte wieder lukrative Arbeitsplätze frei. Machen Sie für uns Propaganda – Sie kennen ja unseren Betrieb. Ist es nicht so, wird es Zeit, wieder einmal einen Rundgang durch unsere Räume zu machen!

Letzten Sommer haben wir unter den Schülern von Ziefen einen Dessin-Wettbewerb durchgeführt. 95 eingegangene Mustervorschläge mussten beurteilt werden, was den Herren Jacques Düblin und Dr. Peter Suter etwelche Arbeit verursachte. Im Zweifelsfalle hat Herr Urs Senn den Stichentscheid geben müssen. «Potzdonnerwetter», so einfach ist die Arbeit einer guten Jury auch wieder nicht, das haben wir im vorliegenden Fall eindeutig feststellen können. Die 10 besten Entwürfe wurden prämiert. Ebenfalls im letzten Jahr haben wir als Weiterbildungskurs für unser Kader einen freiwilligen Englischunterricht eingeführt. Der erste Nutzniesser war Herr Roth, denn er war eine Woche im Betrieb in England und hat sich als «Schmalspurengländer» ganz ordentlich geschlagen.

Gegenwärtig erweitert der Sohn unseres Geschäftsleiters in England, Adrian Senn, seine Kenntnisse in Ziefen. Mit ihm sind erstmals lange Männerhaare in unseren Betrieb eingezogen. Sie, die Haare nämlich, stören keinesfalls, sofern der Träger ein anständiger Mensch ist. Diesen Beweis werden wir erbringen können. Nachdem nun wiederum auf die Festtage eine Nummer des Seidenbandes herauskommt, wäre es vielleicht sinnvoll, unsere Nummer als Festtagsblatt zu bezeichnen. Für alle diejenigen, die in unserem Betrieb noch die kalten Montage-Tage erlebt haben, sei noch erwähnt, dass wir eine neue Heizanlage soeben fertiggestellt haben.

Indem wir Ihnen noch alles Gute wünschen, verbleiben wir

mit freundlichen Grüssen
SENN & CO. AG ZIEFEN

Betriebsordnung der Firma Senn & Co. AG, Bandfabrik, 4417 Ziefen

I. Gesundheitsvorsorge und Unfallverhütung

1. Die Bewahrung der Gesundheit und die Verhütung von Unfällen sind für den Arbeitnehmer und den Betrieb von grosser Bedeutung. Deshalb ist jeder Arbeitnehmer verpflichtet, die Betriebsleitung in der Durchführung aller Massnahmen zur Gesundheitsvorsorge und Unfallverhütung zu unterstützen.

2. Schutzeinrichtungen an Maschinen und andere Betriebseinrichtungen müssen weisungsgemäss angewendet werden und dürfen auf keinen Fall ohne Erlaubnis der Betriebsleitung entfernt oder geändert werden.

3. Schutzausrüstungen, wie Schutzbrillen, Gehörschutzmittel und dergleichen, dienen vor allem dem Arbeitnehmer und müssen deshalb auch stets zweckentsprechend gebraucht werden.

4. Wer Beschädigungen oder Mängel an Gebäuden, an Maschinen oder anderen Beriebseinrichtungen, an Schutzeinrichtungen oder Schutzausrüstungen feststellt, hat sie unverzüglich zu melden.

5. Jeder Unfall ist sofort zu melden. Verletzungen sind in jedem Falle behandeln zu lassen.

6. Das Rauchen im Betrieb ist untersagt.

7. Der Genuss alkoholischer Getränke während der Arbeitszeit ist untersagt.

8. Die besonderen Weisungen der Betriebsleitung für bestimmte Arbeitsplätze oder für bestimmte Vorrichtungen gelten als Bestandteil dieser Betriebsordnung und sind wie diese genau zu befolgen.

II. Verhalten im Betrieb

9. Es ist für alle Betriebsangehörigen von Vorteil, wenn die Zusammenarbeit reibungslos abläuft und wenn alle aufeinander Rücksicht nehmen.

10. Die Arbeitnehmer sind verpflichtet, die ihnen übertragenen Arbeiten gewissenhaft auszuführen, und das Material sowie die Betriebseinrichtungen, besonders die Maschinen und Werkzeuge, sorgfältig zu behandeln. Für absichtlich oder fahrlässig verursachte Schäden kann der schuldige Arbeitnehmer zur Verantwortung gezogen werden.

11. Ohne Erlaubnis der Betriebsleitung dürfen keine betriebsfremden Personen in den Betrieb eingeführt werden.

III. Ordnung im Betrieb

12. Die Arbeit muss pünktlich begonnen werden. Ohne Erlaubnis der Vorgesetzten darf der Arbeitsplatz nicht vor der festgelegten Zeit verlassen werden.

13. Wer verhindert ist, zur Arbeit zu erscheinen, hat dies im voraus, bei unvorhergesehener Verhinderung so rasch als möglich zu melden und den Grund des Ausbleibens anzugeben.

14. Jedermann ist verpflichtet, für gute Ordnung und Reinlichkeit im Betrieb zu sorgen. Zum Aufbewahren von Kleidern und anderen Gegenständen sowie zum Einstellen von Fahrzeugen sind die dafür bestimmten Einrichtungen zu benützen.

IV. Sanktionen

15. Bei Missachtung der Betriebsordnung oder der besonderen Weisungen über die Gesundheitsvorsorge und Unfallverhütung werden die Fehlbaren zur Rechenschaft gezogen. Zivilrechtliche oder allenfalls sogar strafrechtliche Ansprüche bleiben vorbehalten.

Mit dieser Betriebsordnung erklären sich einverstanden:

Ziefen, im September 1972,	Arbeitnehmervertretung
Senn & Co. AG Ziefen	K. Salathe
sig. W. Walther	E. Waldner
	E. Recher-Moser

Personalwerbung durch Schulklassen-Führungen

Es war uns ein grosses Anliegen, durch Betriebsbesichtigungen mit
Schulklassen auf unseren interessanten Bandwebereibetrieb aufmerksam
zu machen. Eine solche Betriebsbesichtigung könnte auch bewirken, dass
die Schüler ihre positiven Eindrücke von der Bandfabrik Senn in Ziefen
an die Eltern und diese dann an Verwandte und Bekannte weitergeben.
Unser Betrieb in Ziefen musste im Vorderen und Hinteren Frenkental
unbedingt bekannter werden; und dazu waren Betriebsbesichtigungen
ein geeignetes Mittel. Bei der Besichtigung im September 1969 sahen
die Schüler/innen einen Betrieb mit vielen Vorwerkmaschinen (Wind-,
Zettel- und Spulmaschinen) und lauter Schiffchen-Bandwebstühle. Es ist
möglich, dass wir damals zu Versuchszwecken schon die erste NA-Nadel-
webmaschine von der Maschinenfabrik Jakob Müller AG Frick im Einsatz hatten, jedoch diese revolutionäre Bandwebmaschine – wegen der
Geheimhaltung gegenüber der Konkurrenz – nicht zeigen wollten.
Aus unserem Antwortschreiben an die Primarschule Niederdorf geht
auch hervor, dass wir damals nur den Beruf des Bandweberei-Disponen-
ten vorstellen konnten. Die beiden neuen Berufe der Bandweberin und
des Textilmechanikers wurden in unserem Betrieb erst nach 1974 eingeführt und zwar mit der grossen Umstellung von der Schiffchen- auf die
Nadelweberei. Sobald wir späteren Schuklassen die erste Abteilung mit
den modernen, schnellen NA-Nadelwebmaschinen im Einsatz zeigen
konnten, war der Werbeeffekt natürlich noch viel grösser. Wie aus den
flotten Schülerbriefen jedoch hervorgeht, waren die Schüler von Niederdorf auch so schon von der Vielfalt der verschiedenen Maschinen und
Bandqualitäten sehr überrascht und beeindruckt.

Rektorat der Primarschule   Niederdorf, den 8. Sept. 1969
4435 Niederdorf

                                        Firma
                                        Senn & Co. AG
                                        Bandfabrik
                                        4417 Ziefen

Sehr Geehrte,

wir sind am letzten Donnertag trotz des Nebels gut gewandert. Zum Gelingen
haben Sie mit Ihrer ausgezeichneten Führung durch die Bandfabrik am meisten
beigetragen. Die Schüler waren eigentlich so recht überrascht und beeindruckt.

Unser Dank richtet sich an die geschätzte Firma und an die Herren Walther und Salathe im besonderen für ihre Erläuterungen. Gewiss wird uns dieser Besuch immer in bester Erinnerung bleiben.

Mit bestem Dank senden wir Ihnen ein kleines Andenken an unsere Gegend, die Posamenterdörfer von dazumal.

Freundlich grüsst Sie
Hs. Häner, Lehrer

Niederdorf, den 8. Sept. 1969

Sehr geehrte Herren Walther und Salathe,

Ich habe mich sehr gefreut, Ihre Fabrik einmal anzuschauen. Besonders die Samtweberei hat mich interessiert. Ich konnte mir vorher nicht vorstellen, wie das zugeht. Auch die gewobenen Muster haben mich sehr beeindruckt. Ich wunderte mich jedesmal, wenn ein Faden abbrach, wie die Frauen ihn wieder einfädelten. Morgens um halb sieben Uhr dachte ich, wir gingen nicht wegen des Nebels. Ich läutete unserem Lehrer an und fragte. Frau Häner nahm das Telefon ab und sagte uns, dass die Wanderung stattfände. Um acht Uhr waren dann alle vor Ihrer Bandfabrik versammelt. Ich hätte nicht gedacht, dass die Webstühle einen solchen Lärm machen würden. Wenn man Samt oder sonst ein Band im Laden kauft, denkt man gar nicht, wie das eigentlich gemacht wird. Ich habe nicht gedacht, dass es so viele verschiedene rote und blaue oder andere Farben gibt, auch wo sie Faden auf Spüli aufspulen. Da muss man sehr aufpassen, damit es keine Knüppel drin gibt. Überhaupt war die ganze Betriebsbesichtigung sehr interessant. Ich möchte Ihnen für die gute Führung danken.

Freundliche Grüsse
Barbara Jenni

Niederdorf, den 8. Sept. 1969

Sehr geehrter Herr Walther!

Es hat mich sehr gefreut, einmal Ihre Bandweberei zu besichtigen. Schon mehrere Wochen, bevor wir die Absicht hatten, in Ihre Fabrik einen Blick zu werfen, hörten wir von den Seidenraupen in Italien. Deswegen kam unser Herr Lehrer auf die Idee, wir könnten unsere Wanderung nach Ziefen in die Bandweberei machen.

Wenn man von aussen nur so an die Fabrik heransieht, hat man noch lange nicht genug gesehen. Für mit Ihnen die Bandweberei anzusehen, reichte das Wetter. Sonst zum Wandern war ein wenig zu viel Nebel. Trotzdem danke ich Ihnen für die grossartige Führung durch die flotte Fabrik. Leider wurde dann die Zeit ein wenig knapp. Ich war nicht leicht erstaunt, als ich in das Magazin trat. Kiste an Kiste alles Rohseide, die noch verarbeitet werden soll. Nun wünsche ich Ihnen weiterhin gute Geschäfte und viel Glück!

Herzlich grüsst Sie
Benjamin Hostettler

Niederdorf, den 8. Sept. 1969

Sehr geehrte Herren Walther und Salathe,

Ich danke Ihnen sehr für den Aufenthalt in der Senn & Co. AG Bandfabrik in Ziefen. Es hat mir sehr gefallen. Ich habe vieles neues bei Ihnen gelernt. Die Fabrik ist sehr gross. Zuerst waren wir im Materialraum. Es war alles in Schachteln verpackt. Dann durfte ich die Spulen und alle Farben von Fäden anschauen. Nachher kamen wir zu den Webstühlen. Das war eine grosse Sache. Sie hatten neue bekommen. Die liefen sehr schnell. Es war das schönste auf der Reise. Das Wetter war nur nicht so flott. Es war neblig. Die Fabrik hat eine eigene Schreinerei und Schlosserei. Sie machen selber Webstühle. Sie verschicken die Ware in fünfundsechzig Länder. Zum Abschluss bekamen wir noch ein Geschenk. Es war ein Band aus Kunstseide. Die Besichtigung dauerte etwa zwei Stunden. Herr Walther erklärte uns alles schön.

Herzliche Grüssen
Werner Thommen

Niederdorf, den 8. Sept. 1969

Sehr geehrte Herren Walther und Salathe,

Ich habe mich sehr gefreut Ihre Fabrik einmal anzuschauen. Während der Geographiestunde hörten wir einmal von der Seidenraupenzucht in Italien. So entschloss sich unser Lehrer, einmal mit uns bei Ihnen anzuschauen, was nachher daraus verarbeitet wird. Weil ich so etwas noch nie gesehen habe, hat mich diese Betriebsbesichtigung besonders interessiert.

Es war sehr überraschend, wie die eingewobenen Muster entstanden. Aber auch die einfachen Bänder und besonders der Samt haben mich sehr beeindruckt. Dank der guten Führung hatten wir nach der Besichtigung etwa eine Ahnung, wie das alles vor sich geht. Auch möchte ich Ihnen nochmals herzlich für das Geschenk danken, das mir immer eine gute Erinnerung bleibt.

Freundliche Grüsse sendet Ihnen
Vreni Hunziker

Die Verbundenheit mit der Heimposamenterei

1971 regte Professor Paul Hugger von der Schweizerischen Gesellschaft für Volkskunde (SGV) an, das Kantonsmuseum sollte sich für die filmische Dokumentation der in den Bauernhäusern des Baselbiets im Aussterben begriffenen Seidenbandweberei einsetzen. Jürg Ewald gelang es 1972/73 mit grossem Einsatz und viel Überzeugungskraft, den Regierungsrat zu bewegen, in zwei Schritten einen Kredit von insgesamt 140'000 Franken aus dem Lotteriefonds zur Verfügung zu stellen: Für das entstandene Resultat schon damals eine nachgerade lächerliche Summe.
Der Waadtländer Yves Yersin (geboren 1942), der seit 1966 schon über ein Dutzend kürzerer Dokumentarfilme in der damaligen Reihe «Sterbendes Handwerk» der SGV realisiert hatte, drehte mit Kameramann Edouard Winniger und entscheidend unterstützt von Dr. Paul Suter, Reigoldswil, und seinem Sohn, Dr. Peter Suter, Arboldswil, etliche Wochen im Baselbiet. Aus dem umfangreichen schwarz-weissen und farbigen Material schnitt Yersin, der vor der Inangriffnahme der Dreharbeiten sogar eine dreiwöchige Schnupperlehre als Bandweber in Frick absolviert hatte, zunächst einen 40minütigen eigentlichen Dokumentarfilm («Heimposamenterei»). Danach aber noch einen abendfüllenden (105 Minuten) und an die Grenzen eines Spielfilms stossenden Streifen unter dem Titel «Die letzten Heimposamenter». Als dieser Film 1974 durch das Kantonsmuseum im Landratssaal öffentlich gezeigt wurde, schlugen sich die Leute nachgerade um die Eintrittskarten, und alle Vorführungen waren ausverkauft.
In den Filmen kommen nicht nur etliche Posamenter der Firma Senn & Co. AG zu Wort, sondern auch Seniorchef Herr Rudolf Senn, der einen historischen Überblick spricht, während sein Sohn Urs Senn die Zukunftsperspektiven erörtert. Ich selbst erläutere die technischen Belange der Bandweberei von der Heimposamenterei bis zur modernen Fabrikweberei. Die im Film dargestellte Nadel-Bandweberei im Betrieb Ziefen zeigt,

dass die Schiffchen-Bandweberei in der Fabrik und bei den Heimposamentern bereits dem Untergange geweiht war.

Bei den Dreharbeiten waren die Heimposamenter von den Filmemachern auf die Fabrik in Ziefen aufmerksam gemacht worden, welche die meisten von ihnen noch gar nie gesehen hatten. Ihr Wunsch nach einer Fabrikbesichtigung wurde von unserem Visiteur, der noch immer einen guten Kontakt zu ihnen hatte, an uns herangetragen. Selbstverständlich fand auch unsere Direktion den Zeitpunkt günstig, um unseren restlichen Posamenterinnen und Posamentern auf dem Lande den modernisierten Fabrikbetrieb in Ziefen mit seinen Entwicklungsmöglichkeiten zu zeigen. Es sollte danach nicht schwer fallen, die Heimposamenter zu überzeugen, dass die Bandweberei bei ihnen allmählich zu Ende gehen wird. Wir wollten unsere Heimposamenter jedoch noch so lange mit einfachen Bandqualitäten beschäftigen, wie sie dazu Lust hätten. Nachdem diese Landleute jahrzehntelang treu und fleissig für unsere Firma gearbeitet hatten, wollten wir ihnen das lebenserhaltende, geliebte Posamenten nicht abrupt entziehen. Unser Geschäftsgebaren wurde dann auch von den alten Posamentern/Posamenterinnen sehr geschätzt und gelobt. Die meisten Konkurrenten von uns liquidierten die Heimposamenterei schon früher und zwar von einem Tag zum andern.

Im Juni 1973, zur Zeit der Fabrikbesichtigung, beschäftigten wir noch 13 Heimposamenter/innen. Das Alter dieser Leute lag zwischen 63 und 88 Jahren. Am frühen Nachmittag des 27. Juni 1973 wurden sie mit unserem Personalbus in den Dörfern abgeholt. Es herrschte schon bei der Ankunft in unserem Fabrikhof eine fröhliche Stimmung unter diesen Leuten. Die Begrüssung war sehr herzlich, und alle waren natürlich gespannt auf die bevorstehende Betriebsbesichtigung. Das Staunen war gross, als sie durch die geräumige Fabrik geführt wurden und die modernen Maschinen im Einsatz sehen konnten. Das grösste Interesse galt natürlich den neuen Nadelwebmaschinen mit den hohen Webgeschwindigkeiten und den exakt gewebten Bändern aller Art. Viele unter ihnen konnten es kaum fassen, dass mit einer Webgeschwindigkeit von 1'200 Schusseintragungen pro Minute so glatte und schnurgerade Bänder gewebt werden konnten.

Im Vergleich zu ihren Produktionsmöglichkeiten auf den alten Schiffchen-Heimwebstühlen wurde es allen klar, dass es ein grosses Entgegenkommen der Geschäftsleitung bedeutete, wenn sie weiterhin einfache Bandqualitäten weben konnten.

Nach der Besichtigung mit vielen Eindrücken und Fragen offerierten wir ihnen ein währschaftes Zvieri mit einem guten Glas Wein und anschliessendem Kaffee und Kuchen. Die Stimmung wurde immer besser, und wir durften viel Lob und Dank entgegennehmen. Viele von ihnen bedauerten, dass sie schon so alt seien und die kommende, interessante Epoche nicht mehr miterleben konnten. Manche waren aber auch froh, dass die hektische Webarbeit sie nicht mehr berühren werde. Der älteste Posamenter, Karl Gysin-Thommen, hatte noch seine Geige mitgenommen und spielte einige lüpfige Volksmelodien von früher. Mit seinen 88 Lenzen war es erstaunlich, wie sicher und klangvoll er diese Volkslieder noch vortragen konnte. Es wurden natürlich auch viele lustige Erlebnisse mit den Visiteuren erzählt und zum Schluss noch tüchtig gesungen. Dieser Tag wird bei Senn & Co. AG in die Geschichte eingehen und den Posamentern ewig in Erinnerung bleiben. Wir sahen diesen Anlass praktisch als Auftakt zur abtretenden Heimposamenterei, die nach wenigen Jahren zu Ende ging. Unser letzter Baselbieter Heimposamenter, Paul Grieder in Rünenberg, hörte mit dem Posamenten im Jahr 1980 auf, während unsere Heimposamenterin E. Brogle-Brogle, Wittnau, noch bis 1986 weiterwebte. Die letzte Heimweberin unserer Firma im Dorf Ziefen, Hulda Furler-Rudin (mit dem Dorfnamen «'s Chnöpfler Heiris») arbeitete noch bis zum Jahr 1981.

Zum Schluss erwähne ich noch die letzten Heimposameter/innen unserer Firma, die bei der Fabrikbesichtigung alle dabei waren; ferner noch das Datum des zuletzt erhaltenen Webauftrages (Webstuhl-Rechnung):

Posamenter/in	Wohnort	Com.	Des.	letzter Webauftrag vom: vom
Marie Gisin Nr. 58	Oltingen	5939	26103	08.01.73
Emil Wahl-Spinnler	Bubendorf	5947	27742	06.03.73
Anna Liechty	Wittnau	6155	26251	02.04.74
E. Gloor-Beugger	Oltingen	6291	28150	09.09.74
Schwestern Schmassmann	Buckten	6303	28158	08.10.74
Gotthilf Gisin	Oltingen	6354	26251	03.02.75
Hans Dähler-Buess	Oltingen	6410	26251	23.06.75
Ernst Buser-Sacker	Rünenberg	6628	26261	14.04.76
Karl Gysin-Thommen	Wittinsburg	7172	27316	16.08.77
Paul Grieder	Rünenberg	0101	28070	05.03.80
Hulda Furler-Rudin	Ziefen	1005	28150	20.03.81
Ernst Brogle-Brogle	Wittnau	6316	28150	13.08.86

Unsere letzten Heimposamentstühle nach Orten verteilt:

Bubendorf	1 Webstuhl
Buckten	2 Webstühle
Oltingen	4 Webstühle
Rünenberg	2 Webstühle
Wittinsburg	1 Webstuhl
Wittnau	2 Webstühle
Ziefen	1 Webstuhl

Total 13 Webstühle in 7 Dörfern

Mitteilung an die Landposamenter der Firma Senn & Co., A.-G.

Da wir unseren bisherigen Visiteur, Herrn Herold, ab sofort als Webermeister in der Fabrik Ziefen benötigen, müssen wir den Landdienst wie folgt umstellen.

1. Herr Recher von der Fabrik Ziefen wird jeden Mittwoch bei allen unseren Landposamentern vorbeigehen und die Waren bringen und abholen.
2. Er wird auch alle Reparaturen an den Webstühlen und Spülimaschinen machen.
3. Da Herr Recher keine offizielle Warenkontrolle machen wird, muss der Posamenter diese Kontrolle täglich selbst ausführen. Wir werden in erster Linie nur die einfachen Qualitäten auf die Landstühle einteilen, so dass es für Sie keine grossen Probleme geben sollte.
4. Falls Herr Recher die Landtour wegen unvorhergesehenen Reparaturarbeiten am Mittwoch nicht fertig machen kann, so wird er dies in der Regel am Donnerstag nachholen.
5. Sie müssen bei jeder neuen Rechnung die Anfangsmuster nach Basel senden und dürfen erst weiterweben, wenn Sie von dort den Musterbericht erhalten haben.
6. Fehlermeldungen werden Ihnen in Zukunft per Post vom Hauptgeschäft in Basel zugesandt.
7. Bei unerwarteten Schwierigkeiten wollen Sie die Fabrik in Ziefen benachrichtigen, damit wir Sie beraten oder einen Webermeister vorbeischicken können.
8. Sofern sich jeder Posamenter an diese Regelung hält, sollten wir auch in Zukunft einen befriedigenden Landdienst haben.

Ziefen, den 8. Juli 1969. SENN & CO., A.-G.

Die letzte Bandfabrik im Kanton Basel-Landschaft

Im Jahr 1974 stellte die Firma Seiler & Co. AG die Bandfabrikation in Gelterkinden ein. Es war die letzte Betriebsstätte der im modischen Bereich so berühmten Seidenbandweberei. Die Betriebe in Grenzach und Basel waren schon früher aufgegeben worden. Für uns kam die Aufgabe des letzten Seiler-Betriebes etwas unerwartet; wussten wir doch, dass auch Seiler den Einstieg in die neue Nadelbandweberei gewagt hatte. Bei der Geschäftsleitung rückten auch junge und vielversprechende Kräfte nach, welche die renommierte Firma hätten weiterführen können. Es mussten andere wichtige Gründe gewesen sein, die zur Aufgabe des Geschäftes beigetragen hatten.

Mit dieser Betriebseinstellung stand für uns fest, dass – ähnlich wie bei der Liquidation von De Bary & Co. AG im Jahr 1960 – auch jetzt wieder eine grosse Herausforderung für uns kommen werde. Man musste sich auf ein beachtliches Anwachsen des bisherigen Produktionsvolumens gefasst machen. Die Firma Senn & Co. AG war mit ihrem modernen Maschinenpark in Basel, Ziefen, St. Louis (France) und Biddulph (England) durchaus in der Lage, einen grossen Teil der Seiler-Fabrikation raschmöglichst aufnehmen zu können. Die neuen Nadelwebmaschinen waren wohl kleiner, dafür jedoch schneller als die früheren grossen Schiffchenwebmaschinen, so dass mit solchen Maschinen auf der gleichen Betriebsfläche ein Mehrfaches produziert werden konnte. Dazu kam noch die Möglichkeit, eine zweite Schicht einzuführen. Das Problem lag nur bei der Beschaffung des nötigen Personals für eine solche Zusatzleistung. Natürlich konnten wir neben dem Kauf einiger Vorwerk- und Nadelwebmaschinen auch einige Arbeiterinnen von der Firma Seiler & Co. AG in unseren Betrieb aufnehmen. Das reichte aber nicht aus, um zum gewünschten Ziel zu kommen. Wir griffen deshalb den alten Gedanken auf, über zusätzliche Wohnungen das nötige Betriebspersonal finden zu können. Und da wir noch eine grosse Landreserve am Steilhang des Steinenbühlgebietes hatten, beauftragten wir unsere neuen Architekten Rainer Senn und Leo Balmer von der Archi-Co. Basel, eine Überbauung für dieses Hanggebiet auszuarbeiten. Dabei kam ein vielversprechendes Projekt mit Terrassenwohnungen heraus. Dieses Projekt sah sehr schön und zweckmässig aus, war jedoch wegen der Hanglage viel zu teuer. Wir verzichteten demzufolge auf dieses grosse Bauprojekt und setzten unsere finanziellen Mittel für den optimalen Ausbau des Maschinenparkes ein. Es wurden raschmöglichst die modernsten und schnellsten Produktionsmaschinen angeschafft oder selbst gebaut. Das fehlende Personal konnten wir in der weiteren Umgebung finden und mit einem eigenen Personalbus herbeiführen. Für die Abendschicht meldeten sich verheiratete Frauen, deren Männer nach der Arbeit den Hausdienst mit den Kindern zu übernehmen hatten. Diese Lösungen trugen dazu bei, dass wir den Mehrbedarf an Bändern gut zu decken vermochten. Und durch den Verzicht auf zusätzliche Betriebswohnungen war uns erst noch mancher Ärger erspart geblieben.

Wir konnten von den Seiler-Kunden einige bedeutende Bandgrossisten übernehmen. Der beste neue Kunde war die Firma Otto Fuchs AG in Baden, durch den das Kranzband- und Blumenbandgeschäft stark vergrössert wurde. Die qualitativ und kreativ hochstehenden Dekorationsbänder waren bei der Firma Fuchs AG hoch im Kurs. Dazu brauchte es aber unsererseits auch den vermehrten Einsatz für aufwändige, exklusive Musterungen. Daraus entstanden auch neue schöne Standardqualitäten, welche die Firma Fuchs AG dann in grossem Umfang immer wieder bestellte.

Der zweite grosse Kunde von Seiler & Co. AG war die Firma Grayblock in den USA. Grayblock war selbst ein Bandfabrikant und bestellte bei Seiler in grossen Mengen Samt- und Jacquardbänder. Durch die Übernahme dieses ehemaligen Seiler-Kunden mussten wir unsere Samt- und Jacquardweberei stärker ausbauen. Für den Samt hatten wir schon einen grossen Teil der neuen Nadelwebmaschinen im Einsatz und mussten einfach noch mehr Maschinen hinzukaufen. Für die zusätzlichen Jacquardbänder kauften wir neu die kleineren 4-gängigen NBJ-Nadelwebmaschinen von der Jakob Müller AG Frick hinzu, die mit neuesten Jacquardmaschinen von der Firma Grosse GmbH aus Deutschland bestückt waren. Diese neuen Jacquard-Webmaschinen brachten eine beachtliche Mehrleistung gegenüber den bisherigen Verdol-Jacquardmaschinen auf den grossen NA-Nadelwebmaschinen der Firma Jakob Müller AG. Die grossen NAJ-Maschinen liefen mit etwa 180 Touren pro Minute, die kleineren NBJ-Maschinen mit maximal 500 Touren. Leider konnten diese Grosse-Jacquardmaschinen nicht befriedigen, weil das dazu verwendete Material schlecht war. Die Maschinen mussten schon nach einem Jahr auf Garantiekosten überholt, d.h. mit besseren Metallplatinen ausgerüstet werden.

Die Fima Jakob Müller AG verfolgte diesen Übelstand sehr genau und entschloss sich zum Bau einer eigenen, noch effizienteren, elektronisch gesteuerten Jacquardmaschine. Diese NFEJ-Jacquard-Nadelbandwebmaschine arbeitete mit gut 900 Touren (Schusseintragungen) pro Minute. Aber wie es so ist mit modernen Hochleistungsmaschinen: Es traten Schwierigkeiten mit dem zu schnellen Durchscheuern der Knüpfstellen zwischen den Harnischschnüren und den Weblitzen auf. Die ersten beiden Harnische mussten nach kurzer Zeit ebenfalls auf Garantiekosten durch die Firma Jakob Müller AG ersetzt werden. Die Knüpfstellen wurden neu mit Plastikröhrchen überdeckt und an den Enden verschmolzen; nachher gab es keinen fehlerverursachenden Abrieb mehr.

In einem Zeitraum von knapp einem Jahr waren wir so weit, dass wir das ganze zusätzliche Bandvolumen dieser Seiler-Kunden bewältigen konnten. Es brauchte dazu den grossen Einsatz des gesamten Kaders, um dieses Ziel in so kurzer Zeit erreichen zu können. Wir konnten feststellen, dass viele zusätzliche Ideen und Kräfte mobilisiert wurden, die man vorher nicht für möglich gehalten hätte. Wir alle waren an dieser grossen Aufgabe gewachsen und hatten für die Zukunft viel gelernt und profitiert.

Dadurch war es uns auch einige Jahre später möglich, für den bedeutendsten Bandgrossisten Hymann Hendler in New York arbeiten zu können. Herr Hendler hatte seit vielen Jahren von allen Bandwebereien, die ihre Betriebe einstellen mussten, die Restposten von Seidenbändern aufgekauft. Er konnte dadurch schon jahrzehntelang von diesem exklusiven Bandlager profitieren und die schönen, meistens noch reinseidenen Qualitäten zu hohen Preisen verkaufen. Bei ihm konnte man für jeden Zweck das passende Band finden. Jedes Jahr kam er zweimal nach Europa, um seine einmaligen Bandqualitäten ergänzen zu lassen. Das konnte natürlich nicht in allen Belangen gelingen, weil sich die Rohmaterialien und die Webmöglichkeiten für solche Exklusivbänder stark verändert hatten. Das reinseidene Band konnte meistens aus Kostengründen nur durch ein kunstseidenes oder synthetisches Band ersetzt werden. Und öfters mussten die Qualitäten auch vereinfacht werden, weil die heutigen Nadelwebmaschinen nicht mehr genügend Webschäfte haben, um die früheren Bänder herstellen zu können. Man kann etwas Gleichwertiges nur noch mit dem Jacquard- anstelle des Schaft-Websystems erreichen. Wegen des höheren Aufwandes sind die Bänder jedoch viel teurer.

Hymann Hendler besuchte regelmässig die gleichen drei Firmen in Europa, die auf seine speziellen Wünsche eingehen wollten und von ihrer Betriebsstruktur her auch konnten. Es waren je eine Bandweberei in Frankreich und Deutschland sowie die Firma Senn & Co. AG in Basel/Ziefen. Die ganze Angelegenheit war für uns eine grosse Herausforderung, bei der wir viel hinzulernen und profitieren konnten. Andererseits konnten wir uns nur diesen einzigen Spezialkunden für solche Exklusivqualitäten leisten, da wir sonst vom Arbeitsaufwand her überfordert gewesen wären. Der Preis für solche Spezialbänder war auch nicht so attraktiv, dass wir mehr davon produzieren wollten.

Herr Hendler war ein älterer Mann ohne direkte Nachkommen, der dieses einmalige Bandgeschäft in New York betrieb. So muss man wohl annehmen, dass nach seinem Tode das Geschäft nicht mehr im gleichen Stil weitergeführt werden wird. Dann bleibt für die Firma Senn & Co. AG von den Sonderanstrengungen für den Bandgrossisten Hymann Hendler vielleicht nur noch der gute Name übrig. Aber auch das kann für ein Schweizer Unternehmen in Amerika von grosser Bedeutung sein.

Das Jahr 1975

1975 war für die Firma Senn & Co. AG ein bedeutendes Jahr. Zum 250-jährigen Geschäftsjubiläum wollte sich die Firma Senn, mit einer Ausstellung bei der Basellandschaftlichen Kantonalbank in Liestal, auf eine eindrückliche Art präsentieren und als eine der ältesten Firmen in Basel-Stadt und Baselland in Erinnerung rufen. Die gediegene Ausstel-

An der Maschinenausstellung der Fabrik Jakob Müller AG 1994:
von links Frau Elsy Walther, Tochter Beatrice, ich und Frau
Schaltenbrand.

lung fand dann auch ein gutes Echo bei der Bevölkerung und machte
unsere alte Firma in der Region Basel wieder näher bekannt. Wir erhoff-
ten, dadurch wieder leichter zum gewünschten Personal in den Betrieben
Basel und Ziefen zu kommen.
Eine Firma, die seit 250 Jahre existiert und von einer verantwortungsbe-
wussten fünften Generation Senn geführt wird, sollte auch im Arbeitsbe-
reich grosses Vertrauen erwecken. Solange der erwirtschaftete Geschäfts-
gewinn hauptsächlich zur Erneuerung und Modernisierung der
Produktionsmittel eingesetzt wird, sollte der bisherige gute Geschäftsgang gewährleistet sein. Und dieses sichere Gefühl konnte man als Mitarbeiter bei der Firma Senn & Co. AG durchaus haben.

Ansprache von W. Walther zum 250-jährigen Geschäftsjubi- ▶
läum der Firma Senn & Co. AG am 19. September 1975 in
Sissach.

Sehr geehrte Damen und Herren

Im Namen der Arbeitnehmer möchte ich der Direktion der Firma Senn & Co. AG zum 250jährigen Geschäftsjubiläum herzlich gratulieren und gleichzeitig auch danken, dass sie uns zu einem so schönen Fest eingeladen haben. Es freut mich besonders, weil ein jedes von uns seinen Ehepartner oder Freund mitnehmen durfte. Ich finde es nur recht so, weil unsere Ehefrauen oder Ehemänner geistig ja auch zum Geschäft der Firma Senn gehören.

Wie oft schon habe ich ein heikles Problem vom Geschäft nach Hause mitgenommen und dort in aller Ruhe mit meiner Frau besprochen. Sie, als Aussenstehende, hat mir schon viele Tipps geben können und mich auch beruhigt, wenn mich etwas sehr beschäftigt oder geärgert hat. Und dasselbe durften bestimmt auch andere Mitarbeiter/innen im gleichen Sinne erfahren haben, weshalb eben unsere Partner/innen halbwegs zum Geschäft gehören.

Ich freue mich auch über die Anwesenheit unserer letzten Heimposamenter, die durch ihre treue und gute Arbeit einen grossen Verdienst am Bestehen unserer Firma haben.

Nachdem wir in den letzten 3 - 4 Jahren eine grosse und bedeutungsvolle Erneuerung des Maschinenparkes in Ziefen durchführen konnten, möchte ich unseren Tochtergesellschaften in England und Frankreich für ihre Unterstützung bestens danken.

Nur dank dem Verständnis und Entgegenkommen dieser Auslandbetriebe konnten wir eine so rasche und revolutionäre Strukturveränderung im Betrieb Ziefen durchführen. Wir hoffen, diesen Tochterbetrieben zu gegebener Zeit auch wieder etwas zurückgeben zu können und zwar in Form unserer relativ grossen Erfahrung auf dem Gebiet der Nadelweberei oder dem Bau von neuen Spezialmaschinen.

Ich hoffe, dass unsere Direktion den bisherigen Weitblick, Wagemut und Elan beibehält; dann sehe ich für Senn & Co. AG auch in Zukunft gute Aussichten für ein erspriessliches Gedeihen. Die Voraussetzungen dazu sind vorhanden, und es geht nun darum, mit der gleichen Dynamik weiterzumachen.

Die nähere Vergangenheit hat uns ja in der Bandindustrie mit aller Deutlichkeit gezeigt, wohin es führen kann, wenn ein Betrieb stehen bleibt und seinen Maschinenpark nicht zeitgemäss erneuert hat. Aus diesem Grunde mussten in den letzten Jahren einige Konkurrenzbetriebe ihren Betrieb einstellen.

Zum Schluss noch einige Worte ganz allgemein für eine gesicherte Zukunft. Unsere Geschäftspolitik soll immer darin bestehen, mit einem modernen Maschinenpark, rationell, qualitativ hochstehend und schnell zu fabrizieren und zu liefern. Damit uns dies möglich ist, brauchen wir aber auch eine tüchtige und arbeitsfreudige Belegschaft. Ferner muss unsere Verkaufsorganisation im In- und Ausland im bisherigen, offensiven Stile weitermachen. Dieses Ziel müssen wir in Zukunft mit aller Hartnäckigkeit anstreben.

Unsere Parole wird immer sein: «Angriff ist die beste Verteidigung».

Preisübergabe anlässlich der Besichtigung der Firma Jakob
Müller AG in Frick an Frau Schaltenbrand und mich durch
Jakob Müller.

Zukunftsaussichten

Ich sehe für unsere Schweizer Betriebe ganz allgemein nur noch die
Chance in Qualitätsarbeit, und wenn man sich nicht darauf einstellt,
dann geht man im Konkurrenzkampf unter oder man muss seine Produktionsstätte ins billigere Ausland verlegen. Es wäre allerdings schade
und unverantwortlich, wenn es in der Schweiz mit der Zeit nur noch
Banken, Versicherungsgesellschaften, Chemiebetriebe, Elektronikfirmen
und grössere Maschinenfabriken gäbe. Die Textilindustrie sollte immer
noch eine reelle Chance haben, wenn sie sich auf hochwertige und exklusive Qualitäten spezialisiert, die sich weltweit gut verkaufen lassen.
Natürlich braucht es dazu einen guten Verkaufsapparat, der auch den
persönlichen Kontakt zur Kundschaft pflegt und an vorderster Front die
Wünsche für neue, zukünftige Bandqualitäten entgegennehmen kann.
Dazu muss man auch immer die neuesten Garnqualitäten aus dem Sortiment der Garnhersteller ausfindig machen können. Als versierter Band-
hersteller sollte man mindestens einmal pro Jahr zu der Viscosuisse in
Emmenbrücke gehen, um sich dort von der Forschungsabteilung über
die neu entwickelten Garne orientieren zu lassen. Mit solchen neuen

Am Fest zum 250-jährigen Bestehen der Firma fand ein firmeninterner Wettbewerb statt. Hier eine Mannschaft von Ziefen (Z), von links: Hansruedi Wahl, Urs Senn und Myrtha Salathe.

Materialien zeigen sich oftmals neue Perspektiven, wie alte Bandqualitäten verbessert oder ersetzt werden können. Der Trend geht ja immer mehr zu feinen, weichen und seidenähnlichen Qualitäten. Auf diese Art ist bei der Firma Senn & Co. AG auch die wunderbare Polyester Satinetqualität 28300 entstanden, die man punkto Griff und Glanz als reinseidene Qualität ansehen kann. Dank des guten Kontakts zur Viscosuisse sind wir auch auf Konkurrenzprodukte im Ausland aufmerksam gemacht worden. Das Vertrauen und der gegenseitige Kontakt zur Viscosuisse war so gut, dass wir als Testbetrieb im Bandwebereisektor die neuentwickelten Garne immer als erste ausprobieren konnten. Dadurch waren wir nicht nur bei den neuen Webmaschinen, sondern auch bei den Garnmaterialien der Konkurrenz immer ein schönes Stück voraus. Als Bandweberei mit einem grossen Qualitätssortiment war eine solche Strategie von Bedeutung. Es ist deshalb nicht verwunderlich, dass die Firma Senn & Co. AG als einzige Firma der einst so bedeutenden Bandindustrie im Raume Basel übrig geblieben ist. Nur unter grossen Anstrengungen konnte die Existenz für eine gute Zukunft gesichert werden.

Mein Abschied von der Firma

Am 19. April 1979 konnte ich bei der Firma Senn & Co. AG mein 40. Dienstjubiläum feiern. Es war für mich ein erhebender Tag nach so vielen Jahren harter Arbeit in einer Firma mit grosser Tradition, aber auch Höhen und Tiefen im geschäftlichen Leben. An so einem Tag vergisst man in der Regel die früheren schlechten Zeiten und denkt vor allem an die schönen und erfolgreichen Momente danach.

Im Rückblick auf meine 40 Dienstjahre – von der Lehre als Ferger bis zum heutigen Tag als Betriebsleiter eines modernen, gut laufenden Fabrikbetriebes – kann ich mit dem Erreichten zufrieden sein. Der Kontakt zu unseren Landposamentern und zur Betriebsbelegschaft war mir stets ein wichtiges Anliegen. Die menschlichen Beziehungen sind bei jedem Unternehmen von entscheidender Bedeutung, wenn das Geschäft florieren soll. Ich hatte diese Meinung schon in jungen Jahren bei der Ausübung des Visiteurberufes und auch als Offizier bei der Schweizer Armee gehabt und war damit stets gut beraten.

An diesem denkwürdigen Tag hoffte ich in erster Linie auf eine weiterhin gute Fügung meines Schicksals und auf eine gute Gesundheit, um die bevorstehenden Aufgaben mit Mut und Zuversicht erfüllen zu können. Ich hatte die Gewissheit, dass mir meine Mitarbeiter/innen auch in Zukunft mit einem guten Willen und einer optimalen Arbeitsleistung dabei helfen werden. Dementsprechend hatte ich auch die vielen Gratulationen und Aufmunterungen an diesem denkwürdigen Tag mit grosser Freude und Genugtuung aufgenommen.

Neben verschiedenen persönlichen Geschenken durfte ich von der Direktion eine kunstvolle Glasscheibe mit dem Motiv eines typischen Posamenterhauses von Reigoldswil und dem Symbol eines Botenwagens entgegennehmen. Im Namen der Belegschaft überreichte mir Ernst Recher-Moser einen prächtigen Blumenstrauss und ein humorvolles Gedicht, das er auf seine gewohnte Art in der fröhlichen Runde zum besten gab. Dieses Gedicht zu meinem 40. Dienstjubiläum folgt auf der nächsten Seite.

Die gut 48 Jahre von 1939 bis 1987 bei der Firma Senn & Co. AG waren trotz vielfältiger Probleme und immer wieder neuer Herausforderungen eine interessante Zeit. Ich habe während dieser langen Dienstzeit manches Hoch und Tief erlebt. Viele positive Erlebnisse konnten die negativen immer wieder überdecken. Ob ich diesen harten Job nochmals machen würde, wenn ich jung wäre, könnte ich im Nachhinein nicht mit einem eindeutigen Ja beantworten. Nachdem jedoch die Textilindustrie

40 Jahre bei Senn & Co. AG

Es sige schients scho 40 Johr vergange,
dass Sie bi der Firma Senn durs Tor si gange.
Nit zum glaube wie die Zyt verrinnt,
Wenn mä all Tag im Verdienscht no springt.

Zerscht z`Basel der Werdegang vom Bändel lehre kenne,
und zwüschenine zu de Posimänter no goh renne.
Sälbi Zyt het me für dä Zwäck kei Auti gha,
Z`Fuess oder mit em Velo stellt me dr Ma.

Im Johr 1945 isch die neui Fabrik erstande,
und Sie si als Betriebsleiter dört inegange.
In Ziefe hei Sie sich gly heimisch g`fühlt,
Ae liebi Frau het g`sorgt fürne sunnigs Gmüet.

Am Afang het`s viel z`schaffe geh bis alles g`loffen isch,
und öbe het me müesse chlopfe uff e Tisch.
He nu es isch bim Senn nit andersch g`loffe,
die einte chöme, die andere verdufte.

Sie chönnte do sicher mängs Müschterli verzelle,
vo all dene wybliche Wäse und männliche Gselle.
Früeher isch`s halt vielmehr gsi en g`mischte Betrieb,
Wo usgseh hett wiene Altersheim, vergieb.

Die Zyte hei sich denn schlagartig gänderet,
d`Nachkomme vo Senn hei d`Fabrik veränderet.
Es isch schön, dass Sie das alles hei dörfe erläbe,
mit dene moderne Maschine der Märt chönne z`beläbe.

Es isch schön, dass es no Lüt git wo vorwärts sträbe,
und all Tag mit grossem Isatz ihres Beschte gäbe.
Es git gnueg anderi wo nit sonen Istellig hän,
und scho früeh ans usplämple dänke, gäll.

Mir wei jetz nur hoffe, dass die gueti Beschäftigung blibt,
und für Sie die bar Johr no ne volli Beschäftigung git.
Zum Schluss möchte mir Ihne doch no alles Gueti wünsche,
und dass Sie in siebe Johr dörfe ins AHV-Alter rütsche.

Ihr Ernst Recher und Mitarbeiter/innen / 19. April 1979

gegen Ende des 20. Jahrhunderts in der teuren Schweiz sehr fragwürdig geworden ist, glaube ich eher: Nein!

Nach meiner Pensionierung im Jahr 1987 hatte ich das grosse Glück, im Kantonsmuseum Baselland bei der Betreuung der prächtigen Seidenband-sammlung der ehemaligen Firma Seiler & Co. AG mitwirken zu können. Als freier Mitarbeiter konnte ich bei der Bearbeitung der Seiler-Sammlung die webtechnischen Belange behandeln und auch bei speziellen Bandaus-stellungen tatkräftig mithelfen. Es war mir auch ein wichtiges Anliegen, die verantwortliche Konservatorin der Seidenbandsammlung, Frau lic. phil. Therese Schaltenbrand, umfassend in die technische Materie der Sei-denbandweberei einzuführen. Das nötige Fachwissen sollte dabei so gefest-igt werden, dass sie später auch ohne meine Beihilfe die optimale Betreu-ung der Seidenbandsammlung weiterführen kann.

Als grösste Aufgabe wurde mir allerdings vom damaligen Amtsvorsteher Dr. Jürg Ewald der Auftrag erteilt, meine Memoiren zu schreiben. Es ging darum, dass der Kanton Basel-Landschaft zu der wertvollen Seiler-Seiden-bandsammlung noch ein schriftliches Dokument bekam, in dem die Ent-wicklung der Bandweberei von der ehemaligen Heimposamenterei bis zur modernen Fabrikweberei beschrieben wurde. Da ich die ganze Entwicklung von der Pike auf miterlebt hatte, fühlte ich mich dazu veranlasst, diese Herausforderung anzunehmen. Und was dabei herausgekommen ist, kön-nen Sie nach dem Durchlesen meiner Memoiren selbst beurteilen.

Abschiedsfeier an meinem letzten Arbeitstag am 27. August 1987 (meinem 65. Geburtstag) mit der Direktion von Basel und den Mitarbeitern / Mitarbeiterinnen von Ziefen in der Betriebskantine; um den Tisch herum, von rechts nach links: Elsy Walther, ich, Beat Senn, Adrian Senn (Sohn von Peter Senn), Urs Senn.

Abschiedsfeier an meinem letzten Arbeitstag am 27. August 1987
(meinem 65. Geburtstag) mit der Direktion von Basel und den
Mitarbeitern / Mitarbeiterinnen von Ziefen in der Betriebskantine;
in der Mitte Mister John Powell, Dozent für Meeresgeschichte und
Windermeister in der Fabrik.

Die Entwicklung der Senn & Co. AG seit 1918

Beat Senn

Die vorliegenden Aufzeichnungen haben mich persönlich sehr berührt. Ich erinnere mich an viele der beschriebenen Entwicklungen und Episoden. Gerne folge ich deshalb der Bitte, den Aufzeichnungen von Herrn Walther noch eine kurze Darstellung unseres Gesamtunternehmens beizufügen.

Lucas Preiswerk-Iselin gründete die Firma im Jahre 1725. Erst am 1. November 1806 wurde den bisherigen Geschäftszweigen Kommission und Spedition durch den Kauf der Freyschen Bandfabrik auch die Bandfabrikation angegliedert. Die Geschichte der Firma ist seit dieser Zeit recht gut dokumentiert, und verschiedene persönliche Aufzeichnungen ehemaliger Mitarbeiter setzen Farbtupfer zu den einzelnen Abschnitten. Die Familie Senn trat im Oktober 1818 in Erscheinung, als Friedrich Senn-Bachofen seine Lehre in der Firma antrat. Ab 1899 hiess die Firma Senn & Co. Der Umsatz lag zu jener Zeit bei ca. 4 Mio. Franken; 1913 war er auf 5,6 Mio. Franken geklettert. 1920 erzielten wir im Sog der grossen Nachfrage nach dem Ersten Weltkrieg mit 18,9 Mio. Franken unseren Spitzenumsatz. Danach setzte eine lange Talfahrt ein, die im Jahre 1936 mit einem Bandumsatz von 0,663 Mio. Franken ihren tiefsten Punkt erreichte. Nur unsere Erfindung des nahtlosen Schrägbandes (Patenterteilung 1927) rettete die Firma vor dem Untergang. Schrägband wird nicht gewebt, sondern aus einer Stoffbahn im Winkel von 45° herausgeschnitten.

1930 bis 1950

Zur besseren Ausnützung ihres Schrägband-Patentes gründete die Senn & Co. AG im Jahre 1929 zwei Tochterfirmen, eine in St. Louis in Frankreich, die Société des Textiles en Biais, und eine in London, die Selectus Ltd. Für den schweizerischen Markt wurde das Schrägband im Fabrikgebäude an der Spitalstrasse in Basel hergestellt.

Natürlich waren die Schrägband-Umsätze in den ersten Jahren bescheiden, aber im Hinblick auf die schlechten Zahlen beim traditionellen Band halfen sie doch den Gesamtumsatz etwas aufzubessern. Parallel zur Entwicklung der Schrägbandabteilung musste die Firma in mehreren Etappen massiv restrukturiert werden. Dieser schmerzliche Prozess des Kleinerwerdens war etwa 1936 abgeschlossen.

Ebenfalls im Jahre 1936 wurde unsere neu gebaute englische Bandweberei Selectus Ltd. in Biddulph/Stoke-on-Trent in der Nähe von Manchester
in Betrieb genommen. Der erfahrene Chef unseres Stammhauses, Gustav
Senn, wanderte nach England aus und führte diese Firma zum Erfolg.
Hingegen musste die Schrägbandfabrikation in London geschlossen werden, weil sie Verluste produzierte.
Unsere französische Tochter, die Société des Textiles en Biais in St. Louis,
konnte bequem vom Stammhaus in Basel geleitet werden. Sie war
anfangs mit einer Fläche von 300 Quadratmetern in der grossen Bandweberei der Firma Vischer & Co. eingemietet. Während der ganzen Dauer
der Miete hatten wir uns verpflichtet, kein Band aus Basel nach Frankreich zu exportieren, sondern uns in diesem Land ganz auf das Schrägbandgeschäft zu konzentrieren. Das Unternehmen wuchs Jahr für Jahr,
bis das Elsass 1940 von Deutschland besetzt wurde. Nach dem Krieg
begann der Aufbau praktisch wieder von vorn.
Unser Stammhaus, die Senn & Co. AG, in welches Herr Walther 1939
als Lehrling eintrat, erlebte vom Tiefpunkt 1936 über die Kriegsjahre
bis 1948 einen Aufwärtstrend. Die Jahresumsätze stiegen im Bandverkauf auf 3,5 Mio. Franken und im Schrägband auf 1 Mio. Franken.
Schon zwei Jahre später, 1950, brachen die Bandverkäufe um über 50%
ein. Die Schrägband-Umsätze erwiesen sich als viel widerstandsfähiger.
Was führte nun mitten im Zweiten Weltkrieg zum Bau der Bandweberei
in Ziefen? Ab 1943 begann sich ein ermutigendes Kriegsende abzuzeichnen. Die Patrons Rudolf und Wilhelm Senn, beide gut vierzigjährig, waren
voller Energie und hatten fähige junge Mitarbeiter um sich geschart. Die
Nachfrage nach Band stieg, die Zahl der Posamenter und Posamenterinnen
schrumpfte, unsere Konkurrenz in den Ländern Europas litt unter Kriegsschäden. Unsere eigene Bandfabrik in England, die Selectus Ltd., entwickelte sich gut, man konnte auf die dort gewonnene Erfahrung zurückgreifen und – sehr wichtig – es gelang, die Finanzierung der neuen Fabrik
sicherzustellen. Die Zeit des Bauens und die Rekrutierung der Arbeitskräfte hat Herr Walther sehr anschaulich und ausführlich beschrieben.

1950 bis 1970

In den fünfziger Jahren war für die Firma das starke Wachsen der Konfektionsindustrie bedeutsam. Als Zulieferer profitierten unsere Schräg-
bandabteilungen von dieser Situation in Frankreich und in der Schweiz.
Bei unserem mode- und exportabhängigen Bandgeschäft war die Entwicklung viel mühsamer.
Speziell unsere französische Tochter Textiles en Biais wuchs fulminant.
Anfang der sechziger Jahre mussten wir uns in St. Louis nach einem grös-

seren Fabrikgebäude umsehen. Zum Glück konnten wir der Firma Vischer & Co in den Jahren 1962 und 1963 27 233 Quadratmeter Fabrikareal, wovon 12 500 Quadratmeter überbaut, abkaufen. Wir waren sehr stolz darauf, weil wir 1929 in dieser Fabrik, eingemietet auf 300 Quadratmetern, mit der Schrägbandfabrikation begonnen hatten. Beifügen möchte ich noch, dass unser Verhältnis zur Firma Vischer immer gut war.

Auch in der Schweiz wuchs der Schrägband-Absatz, und wir brauchten dringend mehr Raum. An der Spitalstrasse gehörte uns eine Kapelle, die wir während des Krieges einer religiösen Gruppierung abgekauft und zu einem Lager für unsere Bänder umfunktioniert hatten. Diese wurde 1968 abgerissen und vom Architekten Rainer Senn durch ein grosses, helles Fabrikgebäude ersetzt.

Die Fabrikvergrösserung in Ziefen von 1960/61 hat Herr Walther in den Erinnerungen sehr zutreffend und – mit der zeitlichen Distanz – für mich auch erheiternd beschrieben.

1970 *bis* 1980

Um das Jahr 1970 erfolgte in der Führung der Firma ein Generationenwechsel. Die Leitung ging von den Vettern Rudolf und Wilhelm auf ihre Söhne Urs und Beat Senn über. Einem Schrägband-Gesamtumsatz von ca. 22 Mio. Franken in der Schweiz und in Frankreich stand ein Bandumsatz von ca. 3 Mio. Franken in der Schweiz und von ca. 10 Mio. Franken bei Selectus in England gegenüber. Für unser Bandgeschäft mussten wir etwas tun – oder es aufgeben. Wir glaubten aber an unsere Bandabteilung und beschlossen deshalb, die alten Schiffchenbandwebstühle durch damals ganz neue und moderne Nadelbandwebstühle zu ersetzen. Beflügelt durch diesen bedeutenden Investitionsschub machten sich Herr Walther und seine Mitarbeiter mit Feuereifer daran zu erarbeiten, wie man die anspruchsvollen Qualitäten unseres Bandsortimentes ebenso schön wie zuvor auf den neuen Maschinen produzieren konnte. Die Bemühungen hatten Erfolg, und 1979 wurden die letzten Schiffchenstühle in der Fabrik abgebrochen.

In diesem Jahrzehnt verlangsamte sich der Zuwachs beim Schrägband und die Margen wurden knapper – dies sowohl in Frankreich als auch in der Schweiz. Dazu kam das Phänomen des starken Schweizerfrankens. Die Währungen unserer hauptsächlichen Kundenländer, wie England, die USA, Frankreich und Deutschland, verloren jedes Jahr im Verhältnis zum Schweizerfranken an Wert. Dies erschwerte unserer exportabhängigen Bandabteilung das Leben. Unsere Fabriken in Frankreich und in England profitierten hingegen von der Schwäche des französischen Frankens und des englischen Pfundes.

Der moderne Tochterbetrieb Textiles en Biais in Saint Louis und
unmittelbarer Flughafennähe (Hintergrund).

1975, mitten in dieser ziemlich schwierigen Phase, konnten wir den 250.
Geburtstag unserer Firma feiern. Wir begingen dieses Jubiläum mit
einem schönen Fest mit Bankett und Ball im Festsaal der Sekundarschule
Sissach. Wir wählten Sissach, weil die Geschichte der Familie Senn in
diesem Dorf ihren Anfang nahm, und weil wir als Bandfabrik unsere Verbundenheit mit dem Baselbiet unterstreichen wollten.
1980 erzielten wir einen Bandumsatz von 6 Mio. Franken. Zu dieser
Verdoppelung seit 1970 hatten die neuen Webstühle und ganz neue
gewebte und gewirkte Artikel für den Sportbereich geführt. Die Schräg-
band-Produktion in der Schweiz und Frankreich erreichte in diesem Jahr
zusammen 35,6 Mio. Franken und Selectus produzierte Bänder für ungefähr 18 Mio. Franken.

Selectus Ltd.

An dieser Stelle möchte ich etwas genauer auf die Firma Selectus eingehen. Sie gehört zum Teil dem Stammhaus und mit dem Rest den glei-

chen Aktionärsfamilien wie die Senn & Co. AG. Die Verbindung zwischen den beiden Firmen ist sehr eng, ganz besonders auch, weil die Selectus Ltd. von Familienmitgliedern geleitet wird.

1860 war England zum Freihandel übergegangen, und ab 1931 wurde wieder Zoll auf Textilien erhoben. In diesen zollfreien Jahren hatte sich Grossbritannien mit seinem riesigen Kolonialreich zum wichtigsten Kunden für die Senn & Co. entwickelt. Um nun nicht wegen der Zölle Kunden an unsere englischen Konkurrenten zu verlieren, beschlossen wir in Biddulph ganz nahe bei anderen Textilstädten wie Macclesfield, Leek und Congleton eine Fabrik zu bauen. Die Arbeitskräfte dort hatten den guten Ruf, seriös und arbeitsam zu sein. Ferner half uns die freundschaftliche Beziehung von Gustav Senn zu Mr. Arnold Simpson, einem kompetenten englischen Geschäftsmann.

1936 war die neue Fabrik bezugsbereit. Gefüllt wurde sie mit den vielen, wegen der grossen Krise überzähligen Webstühlen aus Basel. Jede Woche wurden zwei Stück nach England spediert und sofort montiert. So vermied man teure Standgelder für die Eisenbahnwagen. Die ersten Jahre waren natürlich mühsam und das Resultat bescheiden. Während des Krieges herrschte ein grosser Mangel an Rohmaterial und an Arbeitskräften. Die Regierung bündelte deshalb die vorhandenen Kapazitäten und legte Konkurrenzbetriebe zusammen. Gustav Senn hatte mit den Amtsstellen einen harten Kampf auszufechten, damit Selectus nicht geschlossen wurde, sondern für einen Konkurrenten weben durfte. Nach dem Krieg begann sich die Firma sehr gut zu entwickeln. Um einen Beitrag zur Linderung der damals enormen Wohnungsnot zu leisten, baute die Firmenleitung 76 Häuser in der Nähe der Fabrik, welche dann der Gemeinde verkauft wurden.

1956 erwarb Selectus die Lizenz zur Fabrikation und zum Verkauf von Velcro für Grossbritannien und Irland. Der Velcro-Flächenverschluss war eine revolutionäre Erfindung des Schweizers Georges de Mestral. Velcro entwickelte sich ausgezeichnet und war während Jahren das interessanteste Produkt aller unserer Firmen.

1957 starb Gustav Senn, und sein Sohn Peter Senn führte die Selectus Ltd. über viele Jahre allein, bis dann 1989 die Geschäftsleitung in die Hände seines Vetters Dieter Senn und seines Sohnes Adrian Senn überging. Im Jahre 1995 wurde Dieter auch Präsident der Firma.

Um die wachsende Produktion von Velcro und Band termingerecht zu bewältigen und ein gutes Produkt auf den Markt zu bringen, brauchte es eine eigene Färberei. Zuerst wurde in Luton ein kleiner Betrieb gekauft, und 1974 entstand direkt neben der Weberei in Biddulph eine prächtige moderne Färberei. Die überbaute Fläche erreichte nach verschiedenen Fabrikerweiterungen 14 000 Quadratmetern.

Am 250. Geschäftsjubiläum der Firma Senn & Co. AG: von links:
Urs Senns Mutter Margrit, Peter Senn (Leiter der britischen
Niederlassung), Dieter Senn und Beat Senn mit seiner Frau
Christine.

Der Velcro-Verschluss erschloss der Firma ganz neue Absatzgebiete im
technischen Bereich. Aber auch im Velcro-Geschäft zeichnete sich langsam eine Entwicklung ab, die wir bereits vom Schrägband kannten: Die
Patente liefen aus, die Zuwachsraten flachten ab und wegen der zuneh-
menden Konkurrenz wurden die Margen schmäler. 1988 versuchten
nicht weniger als vierzehn Konkurrenten, auf dem englischen Markt
Fuss zu fassen. Unser Glück war, dass Selectus dank grosser Investitionen für diese Entwicklung technisch gut gerüstet war. Das Velcro-
Geschäft dominierte über drei Jahrzehnte unser englisches Bandgeschäft.

1980 bis 2000

Am 31. August 1987 ging Herr Walther in Pension. Das war für die
Firma ein Einschnitt, und viele fragten sich, wie es ohne ihn überhaupt
weitergehen sollte. Es gab Abschiedszvieri, Abschiedsessen, eine
Abschiedsreise nach England zu Selectus und eine Würdigung in der

Meine Frau und ich – erleichtert nach meiner Ansprache am
250-jährigen Geschäftsjubiläum in Sissach (S. 229).

Basellandschaftlichen Zeitung. Mit Herrn Walther hatte eine allseits
hochgeschätzte, charismatische Persönlichkeit die Firma verlassen. In der
Folge übernahm Urs Senn die direkte Leitung der Weberei, unterstützt
von Hansruedi Wahl, dem langjährigen Assistenten von Herrn Walther.
1987 war geschäftlich ein gutes Jahr. Der Bandverkauf erreichte 7,7 Mio.
Franken, wogegen der Schrägbandabsatz (bezogen auf die Schweiz und
Frankreich) abgeflacht war und bei 30,7 Mio. Franken stagnierte. Selectus erreichte 24,5 Mio. Franken. In den achtziger Jahren begann sich ein
neues Problem abzuzeichnen, die Abwanderung der Konfektionsindustrie
in Billiglohnländer. Von dieser Entwicklung waren zuerst die Schweiz
und später auch Frankreich betroffen. Als Zulieferer der Konfektionsindustrie litten wir in der Schrägbandfabrikation unter dem Verschwinden vieler Kunden. Für einmal hatte die Bandindustrie ein leichteres
Leben. Die Auftragsbücher waren voll, und die Chemie zwischen den
Bedürfnissen des Marktes und unseren Produktionsmöglichkeiten
stimmte. 1991, beim 700-Jahr-Jubiläum der Eidgenossenschaft, durften
wir das Band für das 1. August-Abzeichen weben.
Ebenfalls 1991, in der Nacht des 10. Februar, verbrannte in einem Gross-
feuer unsere Fabrik in St. Louis mit dem ganzen Lager und allen Schräg-

Peter Senn, der Senior-Chef
der Selectus Ltd., begrüsst
1987 die 400. Mitarbeiterin.

bandmaschinen. Der Umsatz sank von 35,6 Mio. Franken im Vorjahr auf
22,1 Mio. Franken nach dem Brand. In einer provisorischen Produktions-
halle mit alten, etwas hergerichteten Maschinen und dank des gewaltigen
Einsatzes einer verkleinerten Belegschaft konnten wir am Markt bleiben.
94 Personen mussten wir leider nach dem Brand entlassen. Auf der grünen Wiese in St. Louis Neuweg bauten wir eine schöne neue Fabrik, in
welcher wir seit Januar 1993 mit Erfolg wieder produzieren.
Kaum war dieser Schreck überstanden, erlebten wir 1995 in der Bandabteilung einen scharfen Umsatzeinbruch, verursacht durch die nüchterne,
schmucklose Mode vor dem Jahrtausendwechsel. Auf unserer Suche nach
einer gangbaren Alternative stiessen wir auf die Firma Otto Steinmann
AG in Wohlen, die eben dabei war, ihre Tore zu schliessen. Steinmann
produzierte Bänder für den Floristikbereich, ein Gebiet, das wir bis anhin
nicht bearbeitet hatten. Rasch entschlossen kauften wir von Steinmann
die Maschinen und das Kundenportefeuille. Das Eingliedern der zusätzlichen Maschinen in die Weberei erforderte von der Belegschaft in Ziefen
viel Mehrarbeit. Wir taten uns nicht leicht mit diesen neuen Artikeln.
Heute darf ich aber doch feststellen, dass die Blumenbänder fest zu unserem Produktionsprogramm gehören.
Auch ein Generationenwechsel findet wieder statt. 1994 habe ich das
Präsidium des Verwaltungsrates an meinen Partner Urs Senn abgegeben.
Seit Juli 1999 ist mein Sohn Dominik Senn Geschäftsführer der Senn &
Co. AG, und nach meiner Pensionierung am 30. April 2000 wird Urs
Senn die Société des Textiles en Biais allein leiten.

Nachwort

Ich bemühte mich mit dieser Schilderung der Entwicklung unseres Gesamtunternehmens darzustellen, was neben dem Ziefener Betrieb in unseren Firmen noch alles geschah. Isoliert und ganz allein für sich hätte die Bandweberei nicht bestehen können. Hingegen eingebettet in das beschriebene Umfeld und unter Herrn Walthers Leitung war sie eine wertvolle Betriebsstätte, auf deren Produkte wir alle stolz waren und es immer noch sind. Was wir brauchen, sind grosse Heimmärkte wie Frankreich und England, in denen wir in möglichst grossem Rahmen Standardprodukte absetzen können. Die Spezialartikel aus Ziefen ergänzen die Produktepalette unserer Gruppe im oberen Preissegment.

Das Besondere an Herrn Walthers Rückblick ist sicher die detaillierte und oft sehr persönliche Beschreibung seiner Mitarbeiterinnen und Mitarbeiter. Sein Hang, seine Mitarbeiterinnen und Mitarbeiter rasch zu erfassen und pointiert zu charakterisieren, ist mir seit langem vertraut. Ich habe die Menschen ja auch gekannt, und beim Lesen trat mir das Bild all dieser geschätzten Frauen und Männer wieder deutlich vor Augen. In dieser Ausführlichkeit habe ich das noch nie angetroffen. Dazu kommen die mir so vertrauten Anekdoten und Reminiszenzen, die nun in diesem Buch verewigt sind. Mit seinen Erinnerungen hat Herr Walther der Firma ein schönes und bleibendes Geschenk gemacht. Ich danke ihm dafür herzlich.

Anhang

Glossar

Andrehböckli	Ein Hilfsgerät zum Andrehen eines neuen Zettels ausserhalb des Webstuhles. Es wurde auch zum Anlernen des Andrehens gebraucht.
Andrehen	Das Zusammendrehen der einzelnen Kettfäden mit den Fäden im Webgeschirr. Das wurde früher von Hand gemacht, heute maschinell mit Knüpfmaschinen.
Appretur	Die Abteilung, in der die gewobenen Bänder auf verschiedene Arten nachbehandelt resp. veredelt werden
Bandabzug	Mit dem Bandabzug (Walzeneinrichtung) werden die gewebten Bänder in eine Bandkiste abgezogen.
Behenkzettlerei	In der Behenkzettlerei werden die Behenkrölleli mit den Kettfäden für die Enden (Webkanten) oder die Bandfiguren bewickelt.
BIGA	Abkürzung für das Bundesamt für Industrie, Gewerbe und Arbeit, heute Bundesamt für Wirtschaft und Arbeit
«blooterig»	Unruhiges, gleichsam Blasen («Blootere») werfendes, nicht glattes Band
Chorbrettchen	Ein waagrecht liegendes, gelochtes Brettchen am Jacquard-Webstuhl, in dem die Litzenzügedes betreffenden Bandes reihenförmig geordnet eingezogen sind
Chorfaden	Eine feine, starke und gewachste Schnur für die Litzenzüge beim Jacquard-Webstuhl
Continue-Färbeanlage	Färbeanlage, bei der die rohen Bänder in einem Durchlaufverfahren gefärbt und fertig ausgerüstet werden
Drahtlitze	Die Drahtlitze ist aus einem feinen, verzinkten Draht mit eingelötetem Fadenauge gefertigt. Sie ersetzt die frühere, stark verletzliche Baumwolllitze.
Durchziehen	Die angedrehten (zusammengedrehten) oder geknüpften Kettfäden werden durch die Litzenaugen im Webgeschirr gezogen. Nachher kann mit dem Weben begonnen werden.
Ecossais-Weber	Ein Weber, der mehrfarbige Bänder in Kette und Schuss, sogenannte Schottenbänder, weben kann
Ecossais-Schlauchgewebe	Mehrfarbiges Band in Kette und Schuss, das schlauchförmig gewebt ist

Faveur-Bändeli	Ein leichtes und billiges Taffetband für Päckli
Federzugregister	Eine Zugvorrichtung mit Federn statt Gewichten zur Führung und Belastung der Webschäfte
Figurbordüre	Eine Verzierung mit figürlichem Motiv an einem oder beiden Rändern des Bandes
Französische Linie	Masseinheit in der Textilindustrie, welche 2.256 Millimetern entspricht
Geschirr-Fachstellung	Das offene Fach resp. die Lücke bei den Kettfäden im Webgeschirr, durch welche das Webschiffchen gleiten kann.
Glaspapier	Ein mit feinen Glassplittern bedecktes Papier, das um die Band-Abzugrollen gewickelt wird und einen guten Abzug der gewebten Bänder bewirkt
«Gnusch»	Ein grosses Durcheinander von mehreren Bändern in einer Bandkiste
Grosgrain	Das klassische Hutband mit einem dicken Webschuss und der markanten «Sägekante»
Harnisch	Gesamtheit der Litzenschnüre am Jacquard-Webstuhl
Kartendurchschlagen	Ein Schlageisen, mit dem die Löcher in die Webkarten geschlagen werden
Konenspulerei	Diejenige Abteilung, in der das rohe oder gefärbte Garn von Strangen oder Kuchen (Spulstrangen) auf konische Hülsen umgespult wird
kriegstechnische Bänder	Allerlei Bänder fürs Militär, deren Material, die Fadenzahl, die Farben und die Veredlung von der kriegstechnischen Abteilung genau vorgeschrieben und kontrolliert wurde
Kuchenware	Garnmaterial, das um ein schlauchförmiges Netzgewebe gespult wurde. Die beiden Schlauchenden wurden nachher über das Materialgestülpt, damit das Garn zusammengehalten und geschützt bleibt.
Kuchenwinderei	Diejenige Abteilung, in der das Garn ab Kuchen resp. Spulstrangen auf Randspulen umgespult wird
Knopflochwebmaschine	Eine Bandwebmaschine mit zwei übereinanderliegenden Schusseintragnadeln. Zum Weben eines Bandes mit Knopflöchern braucht es für beide Knopflochhälften eine separate Schussnadel.
Ladenbäumchen	Der obere Holzabschluss der Weblade
Ladenrechen	Eine Holzstange mit Metallnägeln in der Weblade eines Schlagstuhles, mit der beim Weben die Webschiffchen hin und her geschlagen werden
Ladenschrift	Zahnstange in der Weblade, mit welcher die Web-

Appreteur im Betrieb Selectus Ltd. in den fünfziger Jahren
(sah im Betrieb Basel etwa gleich aus).

	schiffchen mittels Zahnrädchen hin und herbewegt werden können
Lagerqualität	Eine häufig bestellte Bandqualität, welche die Firma nicht auf eine konkrete Kundenbestellung, sondern für das Vorratslager der Firma produzieren liess
Lamé-Fäden	Zierfäden aus Gold-, Silber- oder farbigen Metall- oder Kunststoffstreifen (0,5–1,5 mm breit)
Lamellenstecken	Auf jeden Kettfaden wird eine Metalllamelle gesteckt. Diese Lamellen überwachen die Kettfäden und bewirken den Stillstand der Webmaschine bei Fadenbruch.
Linienmass	Der Messstab zum Messen der Bandbreiten in französischen Linien (1 Linie = 2,256 mm; 12 Linien ergeben einen französischen Zoll oder 27,07 mm).
Litze	Die Kettfadenführung aus Baumwolle oder Metall mit einen Litzenauge (Fadenöse). Durch dieses Litzenauge gleitet der Kettfaden, der beim Weben nach oben oder nach unten bewegt wird.
Metalllitzen	Weblitzen, die aus Drähten oder Metallstreifen gefertigt sind

Mühlstühle/Bändelmühle	Die Bezeichnung für die ersten handbetriebenen Bandwebstühle mit mehreren Gängen resp. Bändern
Nationalbänder	Gestreifte Bänder in den Landes-, Kantons-, Gemeinde- oder Vereinsfarben
Ombre-Farbtönungen	Farbtöne in einer bestimmten Farbe, die mit leichten Abstufungen gefärbt wurden
Polausgleich	Durch den Wechsel der Polfäden beim Samtweben vom Ober- ins Unterband und umgekehrt müssen die Polfäden immer gleichmässig angestreckt bleiben. Das wird mit einer ausgeklügelten Polausgleicheinrichtung erreicht; siehe unter «Waage-System».
Polfäden	Florfäden beim Samt (franz. Poil)
Polyester-Zwirnerei	Abteilung, in der auf grossen Maschinen Polyester- Nylon- oder Viscosematerial aufgezwirnt wird
Ressortfederli	Sogenannte «Würmchen» (Wendelfedern), mit welchen beim Weben der Schussfaden gleichmässig angespannt wird. Je nach der Dicke des Schussmateria- les werden schwächere oder stärkere Ressorts gebraucht, die aus dünnerem oder dickerem Draht hergestellt sind.
Rispen	Das Trennen der geraden und ungeraden Kettfäden mit zwei Haltefäden. Damit wird die genaue Reihen- folge beim Andrehen der Zettelfäden an die Fäden im Webgeschirr des Webstuhles gewährleistet.
Schlagstuhl	Ein Bandwebstuhl, bei dem die Webschiffchen beim Weben mit dem Ladenrechen hin und hergeschlagen werden
Schiffchenkrälleli	Bei den breiten Bändern wird der Schussfaden nicht durch Ressorts (Federchen) angespannt, sondern durch eine Vielzahl von Glasringli, sogenannte Krälleli. Die Krälleli sind einander gegenüber auf Gummifäden aufgereiht, durch welche der Schussfaden abwechslungs- weise durchgezogen wird. Durch je mehr Krälleli der Schussfaden gezogen wird, desto höher wird die Faden- spannung.
Schiffchenlauf	Gleitfläche des Webschiffchens
Schiffchennase	Der Teil des Webschiffchens mit dem Schussspüli und der Fadenspanneinrichtung
Schusszähler	Ein Messgerät, auf dem die Anzahl Schüsse (Querfä- den) des Bandes direkt abgelesen werden kann
Sägerstuhl	Bandwebstuhl, bei dem die Webschiffchen beim Weben mittels Zahnrädchen hin und hergeführt werden

Schlenken	Eiserne, längliche Gewichte zur Beschwerung der Webschäfte
Sprossen beim Bandhaspel	Rundförmig angeordnete Holzleisten, auf welche die gewebten Bänder aufgewickelt werden
Spulstelle	Webspülimaschine mit vielen Spulstellen, die unabhängig voneinander arbeiten können
Stäubli-Schaftmaschine	Die Zugmaschine zur Steuerung der Webschäfte, System Stäubli, Horgen
Strangenware	Schuss- oder Kettmaterial, bei dem der Faden in Strangenform aufgewickelt wurde
Sektionalzettelmaschine	Bei dieser Zettelmaschine werden die Kettfäden in mehreren Fahrten auf die Zetteltrommel (sogenannten Tambour) gefahren, bis die vorgeschriebene Fadenzahl und Länge erreicht ist. Anschliessend werden die Fäden vom Tambour auf eine Scheibenrolle (Zettelrolle) umgefahren, resp. abgebäumt.
Trittvorrichtung	Eine Zusatzeinrichtung zur Schaftmaschine, mit welcher das Grundgewebe des Bandes mit entsprechenden Excentern gesteuert werden kann
Velcroband	Velcro-Band ist die Schutzmarke für das Klettverschlussband unserer Tochtergesellschaft Selectus Ltd. in England.
Vorwerk	Abteilung, in der das Material für die Webereizubereitet wird
Vorwerkmaschinen	Dazu gehören Zwirn-, Wind-, Spul- und Zettelmaschinen.
Webende	Die beiden Webkanten (franz. Lisiers) des Bandes
Webfach	Lücke zwischen den oberen und unteren Kettfäden, durch welche das Webschiffchen gleitet
Webladenbögli	Die Führungen aus Zwetschgenbaumholz für die Webschiffchen
Webladenbaum	Unterer, starker Holzbaum der Weblade, auf den die übrigen Ladenteile montiert werden
Webschaft	Der Webschaft besteht aus einer waagrechten Oberleiste und einer gleichlaufenden Unterleiste. Zwischen diesen beiden Leisten werden die Weblitzen aufgereiht.
Webschuss	Querfaden des Bandes
Weberhäklein	Das Handgerät, mit dem die Fäden durch Litzenaugen, Ressorts, Krälleli und Ösen gezogen werden können
Winderei	Diejenige Abteilung, in der die Randspulen für die Zettlerei ab Abrollgatter vorbereitet werden
Würfel-Samt	Ein von uns speziell entwickeltes Steuerungssystem, mit dem man auf den Schiffchen-Samtweb-

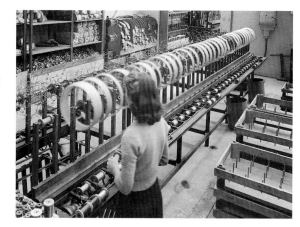

Winderei im Betrieb Selectus
Ltd., 1965 (sah im Betrieb
Ziefen etwa gleich aus) (Foto:
Temple Press Ltd.).

	stühlen einen zweifarbigen Würfel-Samt (schach-brettartig) weben konnte
Zahnschrift	Zahnförmige Holzstange, die unten im Webladen-baum eingebaut ist und beim Weben hin und her bewegt wird. In diese Zahnstange greifen die Zahnräd-chen der Ladenbögli und übertragen die Bewegung auf die Zahnschrift in den Webschiffchen.
Zettelkranz	Über den Zettelkranz mit vier Reihen Kranzrädchen laufen die vielen Zettelbehenke des auf-gemachten Webstuhles. Diese Zettelbehenke werden noch mit Gewichten belastet.
Zugplatine	Zughaken, mit denen die Litzenschnüre beim Jac-quard-Webstuhl hochgezogen werden.

Bibliographie

Grieder Franz: Glanz und Niedergang der Baselbieter Heimposamenterei im 19. und 20. Jahrhundert. Ein Beitrag zur wirtschaftlichen, sozialen, kulturellen und politischen Geschichte von Baselland. Liestal 1985 (Reihe «Quellen und Forschungen», Band 25)

Meier Martin: Die Industrialisierung im Kanton Basel-Landschaft 1820 bis 1940. Eine Untersuchung zum demographischen und wirtschaftlichen Wandel 1820 bis 1940. Liestal 1997 (Reihe «Quellen und Forschungen», Band 60)

Stohler Franz und Mitarbeiter: Heimatkunde von Ziefen. Liestal 1973, Seite 147

Walther Werner: Bild im Band. Seidenbilder – Jacquard-Bänder entworfen und gewoben. Archäologie und Museum, Band 28. Liestal 1994

Namenverzeichnis

Aerni Frieda, Ziefen, Weberin
Aerni Geschwister, Ziefen, Posamenter
Aerni Walter, Ziefen, Weber
Alder-Graf Philipp, Ziefen, Pfarrer
Althaus-Hertner Ruth, Thürnen, Zettlerin
Angst-Tschopp Edith, Ziefen, Webermeisterin
Antonini-Heid Frieda, Bubendorf, Andreherin

Ballmer Adolf Dr., Vorsteher des Kantonalen Arbeitsamtes
Bär Mina, Rümlingen, Posamenterin
Bitterlin-Blind Albert, Rünenberg, Posamenter
Bitterlin-Vogt Karl, Häfelfingen, Posamenter
Börlin-Furler August, Bubendorf, Weber
Börlin-Grieder Ernst, Rünenberg, Posamenter
Brogle-Dublanc Frau, Wittnau, Posamenterin
Buess Geschwister, Wenslingen, Posamenter
Bürgin-Gisin Karl, Häfelfingen, Posamenter
Bürgin-Tschan Walter, Häfelfingen, Posamenter
Buser Lydia, Rothenfluh, Posamentetin

Dähler-Buess Hans, Oltingen, Posamenter
Dettwiler-Schweizer, Frau, Titterten, Posamenterin
Dietrich-Schaad Hans, Reigoldswil, Präsident der Arbeiterkommission
Düblin Jacques, Oberwil, Kunstmaler
Dürrenberger-Schweizer Jakob, Lauwil, Posamenter

Eglin Erhard, Känerkinden, Posamenter
Epting Ernst, Basel, Materialeinkauf
Ewald Jürg, Dr., Arboldswil, alt Kantonsarchäologe und Leiter des Kantonsmuseums

Fabry-Nees Ernst, Bubendorf, Weber
Fässler Andrea, Bubendorf, gelernte Bandweberin
Franchi Ettorina, Ziefen, Winderin und Zettlerin
Freivogel Eduard, Basel, Fergstubenchef
Furler Flora, Ziefen, Andreherin und Zettlerin
Furler-Rudin Heinrich, Ziefen, Dorfweibel
Furler-Rudin Margrith, Ziefen, Zettlerin
Furler-Schlumpf Johannes, Weber
Furler-Widmer Rosa, Ziefen, Andreherin

Gass-Graf Jakob, Ormalingen, Posamenter
Gisin Anna, Ziefen, Winderin
Gisin Marie, Oltingen, Posamenterin

Gisin-Thommen Karl, Wittinsburg, Posamenter
Goossen Bernhard, Ziefen, Webermeister
Goossen Jan, Liestal, Webermeister
Graf-Grieder, Frau, Rünenberg, Posamenterin
Grieder Paul, Rünenberg, Posamenter
Grieder-Rickenbacher A., Kilchberg, Posamenter

Hafenbrack Otto, Basel, Chef der Farbstufe
Herold Walter, Basel, Webermeister
Herzog-Schmid Josef, Gipf, Webstuhlschreiner
Hochreuter Siegfried, Wittnau, Posamenter
Hugger Paul, Dr., Basel und Zürich, Professor für Volkskunde

Jauslin-Hartmann Adolf, Bretzwil, Posamenter
Jenny-Tschopp Hans, Ziefen, Webermeister

Keller Ida, Wittnau, Posamenterin
Kipfer Bethli, Ziefen, Bandnäherin
Kirchhofer Fritz, Basel, Visiteur und Gewerbschullehrer
Knoepfli Werner, Basel, Lehrlingskamerad
Koller August, Basel, Magazinchef
Kopp Fritz, Visiteur
Küpfer-Graf Alfred, Basel, Chef der Buchhaltung

Liechty Anna, Wittnau, Posamenterin
Löffel-Salathe Wilhelm, Ziefen, Heizer und Packer

Madonia Domenico, Bubendorf, gelernter Textilmechaniker
Mangold Geschwister, Buus, Posamenterinnen
Mangold-Kohler Wilhelm, Ziefen, Webstuhlschreiner
Matter Gebrüder, Buckten, Posamenter
Meier-Schaub Jakob, Ormalingen, Posamenter
Meury-Rothdauscher Katharina, Ziefen, Putzfrau
Moser-Furler Alfred, Ziefen, Personalchef im Betrieb Ziefen
Mundschin Hans, Bubendorf, Weber

Nussbaum-Rickenbacher Walter, Zeglingen, Posamenter
Nyffeler Anna, Rothenfluh, Posamenterin

Oezcelik Saim, Frenkendorf, gelernter Textilmechaniker

Paula Bürgin-Wassmer, Itingen, die letzte Schiffchen-Weberin
Pfaff Hans, Rothenfluh, Posamenter
Pfaff Karoline, Rothenfluh, Posamenterin
Plattner Oskar, Tenniken, Posamenter

Recher Verena, Ziefen, gelernte Bandweberin
Recher-Moser Ernst, Ziefen, Heizer und Packer, dann Windereimeister
Recher-Ott Brunhilde, Ziefen, Weberin
Recher-Ott Fritz, Ziefen, Webermeister
Recher-Stauffacher Alice, Ziefen, Personalchefin im Betrieb Ziefen
Recher-Stauffacher Hanspeter, Ziefen, Betriebsmechaniker
Roth-Stohler Emil, Reigoldswil, Werkstattchef der Fabrik Ziefen
Rudin Dora, Arboldswil, Spülimacherin und Einzieherin
Rudin Georg, Ziefen, Webermeister
Rudin Hans, Arboldswil, gelernter Textilmechaniker
Rudin Martin, Ziefen, gelernter Textilmechaniker
Rudin Mathilde, Ziefen, Winderin
Rudin-Schaad Johann, Ziefen, Weber
Ruepp Ernst, Anwil, Posamenter

Salathe-Schweizer Kurt, Lausen, Personalchef im Betrieb Ziefen
Schaad Jakob, Lauwil, Weber
Schaffner Ernst, Anwil, Posamenter
Schaffner Johann, Anwil, Posamenter
Schaub Emilie, Tenniken, Posamenterin
Schaub-Kohler Theophil, Birsfelden, Visiteur
Scheidegger-Abt Hans, Bretzwil, Posamenter
Schlumpf Ernst, Ziefen, Hilfsarbeiter
Schmassmann Schwestern, Buckten, Posamenterinnen
Schmassmann Walter, Dr., Liestal, ehemals Vorsteher des Kantonalen
Wasserwirtschaftsamtes
Schmid Hans, Basel, Lehrlingskamerad
Schwander Walter, Webermeister
Schwarzenbach James, Dr., Nationalrat, lanciert die Schwarzenbach-Initiative
Schweizer Albertine, Titterten, Posamenterin
Schweizer-Rudin, Witwe, Lauwil, Posamenterin
Schweizer-Schweizer Paul, Lauwil, Posamenter
Senn Gustav, Biddulph, Seniorchef und Gründer des englischen Betriebes
Senn Otto, Basel, unser Architekt, der die Fabrik Ziefen geplant hat
Senn Walter, Basel, der andere Architekt für die Fabrik Ziefen
Senn-Börlin Rudolf, Basel, Seniorchef der Senn & Co. AG,
Senn-Dietrich Hermann, Ziefen, Weber
Senn-Dürck Wilhelm, Riehen, Seniorchef der Fabrik in St.Louis
Spiess-Brunner Karl, Ziefen, Schreiner
Spiess-Wagner Fritz, Ziefen, Webermeister
Stohler-Habringer Franz, Ziefen, Dorfjournalist
Straumann-Wahl Heinrich, Bubendorf, Weber

Suter Paul, Dr., Reigoldswil, Rektor und früher Leiter des Kantonsmuseums
Suter Peter, Dr., Arboldswil, Lehrer

Thommen Andreas, Dr., Basel, Wirtschafts-Sachverständiger
Thommen Ernst, Basel, Direktor bei Senn & Co. AG
Trüssel-Völlmin Frieda, Sissach, Webermeisterin
Tschopp Karl, Ziefen, Weber
Tschopp Werner, Ziefen, Schreiner
Tschopp-Dunkel Heinrich, Ziefen, Heizer und Packer
Tschopp-Engel Kurt, Bubendorf, Weber
Tschopp-Hug Jakob, Ziefen, Bändelhaspler
Tschopp-Mahrer Walter, Ziefen, Schreiner
Tschopp-Oehler Louis, Ziefen, Weber
Tschopp-Rudin Rosa, Ziefen, Weberin
Tschopp-Schneider Hans, Ziefen, erster Hilfsarbeiter, Ziefen

Urwyler Hans, Ziefen, Webermeister

Vogt Friedrich, Lauwil, Weber
Vogt-Rudin Adolf, Lauwil, Weber

Wahl-Baumgartner Alfred, Ziefen, Zettlermeister
Wahl-Recher Hansruedi, Ziefen, Betriebsleiter ab 1. September 1987
Wahl-Spinnler Emil, Bubendorf, Posamenter
Waldner Emma, Ziefen, Zettlerin
Waldner Silvia, Ziefen, gelernte Bandweberin
Waldner-Tschopp Albert, Ziefen, Weber und Dorfcoiffeur
Wanner Gustav Adolf, Basel, Historiker
Weber Walter, Reigoldswil, Weber
Wermuth Martin, Lampenberg, gelernter Textilmechaniker
Wermuth-Häring Gottfried, Ziefen, Hilfsarbeiter
Wirz-Baumann Rosa, Bubendorf, Winderin

Yersin Yves, Filmschaffender, «Die letzten Heimposamenter»

Zettl Brigitte aus Eisenerz, Steiermark, Zettlerin

Unsere letzten Heimposamenter im Jahr 1973

Marie Gisin, Haus Nummer 58 in Oltingen
Emil Wahl-Spinnler in Bubendorf
Anna Liechty in Wittnau
E. Gloor-Beugger in Oltingen
Schwestern Schmassmann in Buckten
Gotthilf Gisin in Oltingen
Hans Dähler-Buess in Oltingen
Ernst Buser-Sacker in Rünenberg
Karl Gysin-Thommen in Wittinsburg
Paul Grieder in Rünenberg
Hulda Furler-Rudin in Ziefen
Ernst Brogle-Brogle in Wittnau

Total noch 12 Posamenterinnen und Posamenter

Textilfirmen und die wichtigsten Kontaktleute

Adrian Senn, Biddulph, Nachfolger von Peter-Senn
Alfred F. Rohrbach AG, Reinach AG, Bandweberei bis 1996
Bally Band AG, Schönenwerd, Bandweberei
Bandfabrik Breitenbach AG, Bandweberei und Apparatebau
Beat Senn-Werthemann, Basel, kaufmännischer Direktor von Senn & Co. AG
BIGA, Bundesamt für Industrie, Gewerbe und Arbeit in Bern
Bila AG, Lausen, Hemdenfabrik
De Bary & Co. AG, Basel, Bandweberei bis 1960
Dieter Senn, Biddulph, kaufmännischer Direktor des engl. Betriebes
Elastik AG, Gossau, Elastik-Bandweberei
G. Albiez AG, Buchs/AG, Bandveredlung
Gerold Buser, Zunzgen, Verkaufsleiter
Grayblock, USA, Bandgrossist und Bandfabrikant
Grob & Co. AG, Horgen, Hersteller von Webschäften und Weblitzen
Güsken GmbH Duisburg BRD, Samt-Webstuhlfabrik
H. Kuny & Co. AG, Küttigen, Bandweberei
Hanro AG, Liestal, Kleider- und Wäschefabrik
Hymann Hendler in New York, Bandgrossist
Jakob Müller AG, Frick, Webmaschinenfabrik
Kannegiesser AG, Ziefen, Maschinenfabrik für die Textilveredlung
Narrow Fabric Dyers Ltd. Luton, unsere erste englische Färberei
Otto Fuchs AG, Baden, Bandgrossist
Peter Senn, Biddulph, technischer Direktor des englischen Betriebes
Posag AG, Muttenz, Posamentenfabrik
Saturna AG, Basel, Bandweberei bis 1979
Schappe AG, Arlesheim, Zwirnereibetrieb
Schneider-Gerster AG, Gelterkinden, Bandwebmaschinenfabrik
Scholer & Co. AG, Liestal, Bandweberei bis 1979
Seiler & Co. AG, Basel, Bandweberei bis 1974
Selectus Ltd. Biddulph, englischer Senn-Betrieb
Senn & Co. AG, Basel, Band- und Schrägbandfabrikation
Société des Textiles en Biais, St.Louis, französischer Senn-Betrieb
SSV, Schweizerischer Seidenbandfabrikantenverein Basel
Stäubli AG, Horgen, Hersteller von Schaftmaschinen und Federzugregister
Texnovo SA. Italien, erste Nadel-Bandwebstuhlfabrik
Thurneysen & Co. AG, Basel, Bandweberei bis 1949
Urs Senn-Freiburghaus, Riehen, technischer Direktor von Senn & Co. AG
Vischer & Co. AG, Basel, Bandweberei
Wilh. Sarasin & Co. AG, Basel, Bandweberei bis 1949

Andere wichtige Firmen, die in den Aufzeichnungen erwähnt wurden

Burri-Mangold & Co. AG, Liestal, Baugeschäft
Caliqua AG, Basel, Heizungbau
Ernst Müller AG, Münchenstein, Blechwarenfabrik
Fritz Bertschmann AG, Basel, Tiefbau-Spezialfirma
Fritz Sauter AG, Basel, Regel- und Leittechnik
Gebrüder Bürgin AG, Seltisberg, Holzbau
Grosse GmbH in Deutschland, Jacquard-Webmaschinenfabrik
Gruner AG, Basel, Ingenieurunternehmung
Hans Schaffner AG, Bubendorf, Baugeschäft
Häring & Co. AG, Pratteln, Spezialbetrieb für Holzkonstruktionen
Hess AG, Ziefen, Zimmerei
Leo Balmer, Basel, Architekt der Archi-Co Basel
Muschamp-Tailor Ltd. England, Textilmaschinenfabrik
N. Zivy & Cie. SA. Oberwil, Bau von Messgeräten
Rainer Senn, Basel, Architekt der Archi-Co Basel
Willy Rippas Ziefen, Spengler- und Brunnmeister
Wyss AG, Sissach, Baugeschäft